中公クラシックス W74

トゥキュディデス

戦　史

久保正彰訳

JN314150

中央公論新社

目次

『戦史』の拓く地平

桜井万里子

一　トゥキュディデスの生きた時代

古代ギリシアの二大歴史家の一人トゥキュディデスは、アテナイ市民として生を受け、アテナイ市民として波乱に満ちた一生を送った。彼の『戦史』は、ギリシア世界がスパルタ陣営とアテナイ陣営とに分かれて激突したペロポネソス戦争（前四三一年〜前四〇四年）を叙述したものである。二七年間という長期に亘ったこの戦争は、トゥキュディデスの人生に大きな影を落とした。戦争さなかの二〇年間という長いあいだ（前四二四年〜前四〇四年）、追放処分を受けて祖国を離れざるを得なかったからである。この追放処分については後述することにして、まずは前五世紀のギリシア世界の中でのアテナイについて簡単に説明しておこう。なお、トゥキュディデスの著したこの史書には当初、書名がなかった。また、全体は八巻に分けられているが、それも後世の学者によるものである。

　前六世紀末までのアテナイはギリシア世界の中で突出した強国だったわけではない。スパルタやコリントスが、前者は軍事的強国として、後者は商業先進国としていち早く存在感を示すなかで、徐々に国力を高めていった。トゥキュディデスが指摘しているように、もともと肥沃とは言いがたいアテナイの国土（アッティカ）は三方を海に囲まれていたため、指導的立場にあった貴族たちの平民に対する経済的優位性は相対的なものに過ぎず、アッティカの地理的条件を活かして交易活動で成功した平民たちとの格差は次第に縮小していった。その過程でソロンの改革やペイシストラトス親子による僭主政下の国内整備などの努力が続き、前五〇八／七年のクレイステネスの改革で民主政の制度が出来上がり、貴族と平民がともに国を運営していく体制が成立した。

　そのようななかで、アジアの大国ペルシアが前四九〇年と前四八〇年の二回にわたってギリシア本土に侵入してくるいわゆるペルシア戦争が起った。アテナイは、ペルシア軍を撤退させるのに大きく貢献したので、ギリシア世界における評価を高め、デロス同盟の盟主として、前五世紀の国際政治の中心的存在となる。エーゲ海周辺の諸ポリスを糾合して強大化するアテナイを、前世紀からペロポンネソス半島の諸ポリスを傘下において指導的立場にあったスパルタは警戒し、両者の対立は次第に先鋭化していき、ついに前四三一年にペロポンネソス戦争が勃発したのであった。

著作冒頭でトゥキュディデスは自ら以下のように述べる。

アテナイ人トゥキュディデスは、ペロポネソス人とアテナイ人がたがいに争った戦《いくさ》の様相をつづった。筆者は開戦劈頭《へきとう》いらい、この戦乱が史上特筆に値する大事件に展開することを予測して、ただちに記述をはじめた。当初、両陣営ともに戦備万端満潮に達して戦闘状態に突入したこと、また残余のギリシア世界もあるいはただちに、あるいは参戦の時機をうかがいながら、敵味方の陣営に分かれていくのを見たこと、この二つが筆者の予測を強めたのである。(巻一・一章)

開戦時、トゥキュディデスは知的にも身体的にも成熟期を迎える三〇歳を目前にしていたとみられる。もっとも、トゥキュディデスの生年について正確なところは不明で、一般に前四六〇年から四五五年のあいだと推測されている。なぜなら、トゥキュディデスは、後述のように前四二四年にトラキア方面担当の将軍に選出されているが、アテナイの将軍は三〇歳以上の市民のあいだから選ばれる決まりだったので、彼は前四二四年に少なくとも三〇歳になっていたはずであり、しかも、先に引用した作品冒頭での執筆姿勢は、ペロポネソス戦争が始まった前四三一年にすでに国際情勢の本質を見抜くことができるほどに成熟し、もはや経験の浅い若者ではなかったことを示しているからである。

トゥキュディデスは、開戦以来注意深く戦争の推移を観察し、記録にとった。同時に、彼はアテナイ市民である以上、兵役に服する義務をも果たさなければならず、また、選出されれば、行政、軍事のいずれにおいても職務を遂行しなければならなかった。将軍としてのトラキア方面遠征の場合も同様で、これについてはトゥキュディデス自身が巻四・一〇四～一〇五章で述べているように、前四二四年にエーゲ海北岸のアンピポリスがスパルタの名将ブラシダスの指揮するペロポネソス軍の攻撃を受け、トラキア方面担当の将軍としてタソス島付近にいたトゥキュディデスに救援を要請したため現地に急行したが、間に合わず、アンピポリスはペロポネソス軍の手中に陥ってしまった。その責任を問われて、トゥキュディデスは追放されることとなったのであった。

この追放に関連してトゥキュディデス自身が述べているように、彼の父はオロロスという名だった（巻四・一〇四章）。この名はアテナイでさほど多い名ではない。ヘロドトス『歴史』巻六三九章によれば、マラトンの勇士ミルティアデスの妻はトラキア王オロロスの娘ヘゲシピュレであった。そこから、トゥキュディデスの父オロロスもトラキア王と何らかの血縁関係があったと推測できる。そのうえ、史家自身がトラキア地方の金鉱山採掘権を所有し、その地域の有力者たちのあいだで影響力があったと述べていることからも、この推測は正しいと考えられる。

二〇年間の亡命生活を終えたトゥキュディデスは、祖国敗戦後の前四〇三年にアテナイに帰国したとみられる。『戦史』自体は未完のままに、巻八・一〇九章の前四一一年の記述で終わっているが、トゥキュディデスがペロポネソス戦争終結以降も存命だったことは、巻五・二六章における記述（いわゆる第二序文）において「ここに終わる大戦の経過は二七年の長きに及んだ」と述べていることから明らかである。前四〇四年春の和平条約締結後、敗戦国アテナイでは「三〇人」による寡頭政権が成立する。このスパルタの傀儡政権の政治は間もなく恐怖政治に移行し、多数の無辜の市民が捕らえられ、その財産が没収された。一説には、一五〇〇名を下らぬ市民が殺害されたという。そのため、民主派市民が決起し、寡頭政権とのあいだで内戦が始まり、前四〇三年初夏には内戦終結、同年秋に民主政が回復した。この時、ペロポネソス戦争中、あるいは内戦中に国外で追放生活あるいは亡命生活を送っていた人々が帰国を許された。トゥキュディデスもこの時帰国したのではないだろうか。彼は帰国後も執筆を続けたのだが、前四世紀に入ってからの記述は『戦史』にないため、没年はおそらく帰国から数年後の前四〇〇年頃と推測されてきた。

ところが、近年、トゥキュディデスは前三九五年頃まで生存していたという見解が出されて注目を集めた。それはタソス出土の碑文の発見に基づく見解である。『戦史』巻八・八四章にはミレトスに駐留していたスパルタ勢のリカスがミレトスで病死したとあるので、トゥキュディデスがリカスの死を知っていたことになるが、そのリカスの名がタソスに前三九八／七年に駐留していたスパルタの役人の一人として新発見の碑文に刻まれていたというのである。この碑文に依拠し、トゥキュディデスの死はリカスの死より後の前三九五年頃とフランスの二人の研究者が見解を発表した(J.Pouilloux - F.Salviat, "Lichas, Lacédémonien, archonte à Thasos, et le livre VIII de Thucydide", *CRAI* (1983), 376-403.)。新発見の碑文史料に基づく有力な情報ではあるが、リカスという名は決して稀ではないことから、このリカスは同名異人であるという見解も出された。ここでは、現在もっとも信頼のおける『戦史』の注釈書全三巻を二〇〇八年に完結させたホーンブロワー(S.Hornblower, *A Commentary on Thucydides, Volume III: Books 5.25-8.109*. Oxford University Press, 2008, 995)と同様、没年を前四〇〇年頃とする通説に従っておきたい。

二 『戦史』の内容

全八巻九一七章からなる『戦史』にはこれまでに度々引用されたり、あるいは言及されたりしてきた箇所が多々ある。それは、ペロポネソス戦争の戦局を左右した戦闘の叙述、あるいは鋭く対象に迫るトゥキュディデスの歴史家としての資質が現れていると評価される叙述など、これまでしばしば言及されてきた箇所である。本書には『戦史』の全体が収められてはいないが、いま述べたような重要な箇所はほぼ含まれている。

すでに見たように、作品冒頭で作者トゥキュディデスは執筆の動機と叙述の基本方針を提示する。続いて、「考古学」と呼ばれている巻一・二～二〇章は、太古から執筆時にいたるまでのギリシアとアテナイの歴史の概略を叙述する。正確な記録を目指すトゥキュディデスが、ここでは神話伝承を素材にしつつギリシアの歴史の本質に迫ろうとする。その姿勢は、彼の膨大な知見と真摯で合理的な思考とを窺わせて、彼に対する信頼の間違いなさを読者に確信させる。アテナイの繁栄を、他地域にくらべとりわけ土壌が貧しかったことによるとする慧眼、国際的なパワーポリティックスの決定的要因が海軍力と経済力であるとする合理的思考がすでにここに現れている。

同巻八九～一一八章にはいわゆる「五〇年史」が語られている。ペルシア軍がアテナイを主体とするギリシア連合軍によって撃退されてからペロポネソス戦争開始までのほぼ五〇年間がそれに相当し、そこではアテナイの勃興と繁栄の軌跡が描かれている。九七章には、アテナイがデロス同盟盟主（ヘーゲーモーン）から帝国（アルケー）に変貌を遂げたとするトゥキュディデスのテーゼが提示され、それが今にいたるまで大きな影響力をもっている。

前四三一年にペロポネソス戦争が始まるが、それに先立ちアッティカの住民たちは、ペリクレス立案による作戦に基づき中心市の城壁内へ疎開し、臨戦態勢が整う。巻二・三四～五四章には、ペロポネソス戦争第一年目の戦死者の遺骨を公共墓地に埋葬し、ポリスの第一人者であるペリクレスが戦死者を讃えて行なった国葬演説が含まれている。前四三一年末頃のこの国葬にはおそらくトゥキュディデスも出席し、ペリクレスの演説に耳を傾けていただろう。その演説のなかには、「われらの国全体はギリシアが追うべき理想の顕現であり、われら一人一人の市民は、人生の広い諸活動に通暁し、自由人の品位を持し、おのれの知性の円熟を期することができると思う（巻二・四一章)」という名科白もあるように、戦死者が命を賭して守ったアテナイを賞賛する言葉が次々にくり出される。それは、ペリクレスが戦死者と戦争の一年目を戦い終えた市民たちをねぎらうために精魂こめて語りかけた自国賛美の言葉であった。そこに現れた民主政《デモクラティア》賛美の言葉は、しかし、トゥキュディデス自身の思想を語っているわけではないようだ。

ところで、アテナイの民主政に関するトゥキュディデスの思想については、近年あらたな解釈が提示されてきている(S.Hornblower、前掲書、405-416)。それは、前四一五年にシケリア(シチリア)遠征に出かけたアテナイ海軍を迎え撃つ態勢を準備していたシケリアの最大都市シュラクサイの市民アテナゴラスに、トゥキュディデスが語らせた以下の言葉である。

こう言うものもあろう、民主政治は愚劣であり、かつ真の意味での公正をも欠く。有産者こそ、よき政治をおこなうには適任者なのだ、と。だがあえて私は言いたい、第一に民主の民とは国全体の人間を代表するが、貴族政治は一部を代表するものに過ぎない。第二に、国庫の財を守る番人としては有産者にまさるものはないが、しかし協議立案の場においてすぐれたるは知性の人々であり、さらにまた事情を聞き適否を判断する場合には、民衆の知恵にまさるものはない。民主主義はこれらの個々の立場を認めまた全体の中に共存させ、それぞれに平等の権利を与えているのだ。これに反して貴族政治は、危険な仕事には一般民衆をも参加させるが、利益の配分には単に公平を無視するにとどまらず、全部の利益を独占する。これこそ諸君の中にいる有産者や若輩どもの願うところ、だが大国においては彼らの思いのままの支配が不可能であることを知らないのだ。（巻六・三九章、岩波文庫、下巻、六六頁）

なぜトゥキュディデスは民主政に関する自分の見解をアテナゴラスに語らせたのか。ペリクレスに語らせるよりも、客観性が高まるということなのかもしれない。国葬演説のなかの民主政賛美はいささか大言壮語ではないか、と思われるからだ。

話を『戦史』の重要箇所に戻そう。開戦の翌年の前四三〇年にアテナイを疫病が襲う。患者の症状まで含めた叙述が続く（巻二・四七〜五四章）が、患者の病状を詳細に書きとめるトゥキュディデスの科学的姿勢は、彼の史書の基本的質を理解するためにも見逃してはならない。

開戦から四年目の前四二八年にレスボス島のメテュムネを除く諸ポリスがアテナイに対し反乱を企てた。前四七八／七年に成立したデロス同盟参加諸ポリスは多くが武装を解除したが、レスボス島はキオス島とともに自国の海軍を保有し、アテナイに対しても相対的独立性を保ちつつ、強力な同盟市であった。そのレスボス諸市のデロス同盟からの脱退を目指す反乱を知ると、アテナイは早々に艦隊を派遣し、他方のレスボス諸市はスパルタ側に支援を要請するが、それも空しく、反乱は失敗に終わる。アテナイ民会は降伏したミュティレネに対して市民全員処刑を決定し、その即時執行を命じる使節を乗せた船が出航したが、翌日になって処刑のとりけしが決定され、その決定を報せる船は死刑執行の直前に現地に到着したという。民主政の問題点が明白に現れた事例だった（巻三・三六〜五〇章）。

次いで巻三・七〇〜八五章にはケルキュラの内乱が描かれている。『戦史』のなかでも際立って透徹する眼差しで人間の本性を見据えたすぐれた叙述、という評価の高い部分である。しかし、内乱の原因を「人間の本性」に還元させてしまっていることについては、いささか疑問を感じざるを得ない。古代ギリシアでは一二二のポリスにおいて計二七九例の内乱が起こったという研究があり、それを考慮に入れるならば、古代ギリシア世界に特有の何らかの内乱頻発の理由があったのではないかという疑問は消えない（桜井万里子『ヘロドトスとトゥキュディデス　歴史学の始まり』二〇〇六年、山川出版社、一三八〜一五二頁参照）。

巻四・三〜四一章はペロポンネソス半島南西に位置するピュロスを巡る攻防戦が中心に描かれている。この戦闘は幸運にもアテナイが勝利し、将軍デモステネスとともに民衆扇動家クレオンの評価も高まったのだった。続く巻五にはアンピポリスを巡っての戦闘で、スパルタのブラシダスとアテナイのクレオンが戦死し（二〜一一章、岩波文庫、中巻、二六五〜二七七頁）、その翌年からの和平交渉の試みと前四一六年のアテナイによるメロス島攻略（八四〜一一六章）等が描かれている。巻六、七はアテナイのシケリア遠征とシケリアにおける死闘が占め、最後の巻八では、シケリア遠征大敗後の同盟諸市の離反とアテナイにおける「四〇〇人」の寡頭政成立と解体、さらにその後日譚で、『戦史』は未完のままに終わる。

三　執筆の姿勢

トゥキュディデスは依拠する史料の選択に関して、きわめて自覚的で、慎重だった。これにはもちろん先輩の歴史家ヘロドトスへの対抗意識もあったであろう。

戦争をつうじて実際になされた事績については、たんなる通りすがりの目撃者から情報を得てこれを無批判に記述することをかたく慎んだ。またこれに主観的な類推をまじえることもひかえた。私自身が目撃者であった場合にも、また人からの情報に依った場合にも、個々の事件についての検証は、できうるかぎりの正確さを期しておこなった。（中略）また、私の記録からは伝説的な要素が除かれているために、これを読んでおもしろいと思う人は少ないかもしれない。（巻一・二二章）

神話伝承がふんだんに含まれているヘロドトスの『歴史』を念頭においてこのような表現となったと思われるが、客観的で正確な記述を目指すというトゥキュディデスの叙述の方法論は、いわゆる第二序文においてより具体的になる。亡命の身であることが幸いして「ペロポネソス側の実情にも接して、経過の一々をいっそう冷静に知る機会にめぐまれた」、と史家自身が述べている。

『戦史』には叙述のあいだにしばしば政治演説が含まれていて、これが同書の特徴の一つとなっている。これについてはトゥキュディデス自身が巻一・二二章で明示している通りで、正確な記録であるよりも、「おのおの発言者がその場で直面した事態について、もっとも適切と判断して述べたにちがいない、と思われる論旨をもってこれをつづった」のだった。事の本質を見極めることを心がけた史家は、自身の知見、経験と感性とを駆使して政見論争の核心に迫り、それを提示したのである。

さらに、トゥキュディデスは叙述の正確さを期すため、一年を夏と冬の二期に分けて順を追って記述するという斬新で卓抜な方法を考案し、戦争の第一年目から実践した。この叙述方法は各地で展開されていた戦闘を同一の時間軸上に捉えて理解することを容易にしてくれる。しかも、「考古学」と「五〇年史」の叙述にはこの方法はとられていないことから、二七年間の大戦を正確に叙述しようとしたトゥキュディデスの姿勢が窺えるのである。

巻五・一八章以降には「ニキアスの和約」と呼ばれている休戦条約の要約文がそのまま引用されている。このような条約文をそのまま引用する記述方法は、後述するように『戦史』では稀で、巻四一一八～一一九章を除けばここのみである。

ところでこの条約文をトゥキュディデスはどのようにして知ったのだろうか。条約文本文末尾の文言が示すように、条文を刻んだ碑がアクロポリスに建てられたのだが、追放中のトゥキュディデスはそれを直接見ることができなかった。その写しを何人かが彼に届けたのかもしれない。

あるいは、帰国後に自分自身の眼で確認したのかもしれない。

先に引用したトゥキュディデスの史料に関する見解（巻一・二二章）には、前五世紀に大量に存在していたはずの民会決議や他国との条約などの公文書についての言及はない。そのような文書は参照しにくかったからなのだろうか。否。アテナイは前五世紀に民主政が整備されるにつれ、民会決議や「ニキアスの和約」のような他国とのあいだの条約（これも民会決議を経ている）や財政上の歳入歳出などの記録、神々への奉献品のリストなどを石板（ステーレー）に刻み、アクロポリスやアゴラに設置して情報を公開した。したがって、夥しい数の石碑が公文書として公共の場に林立していたはずで、この傾向を現在の研究者は「碑文文化」あるいは「碑文習慣」などと呼んでいる。トゥキュディデスは『戦史』執筆に当たって他の史料とともに碑文史料をも参照したにちがいない。それにもかかわらず、『戦史』において碑文史料への言及あるいはその引用は少ない。それはなぜなのか。

トゥキュディデスが「ニキアスの和約」の全文を引用したことについて、「条約文がその字句のまま記述の間に残っていることは（中略）、歴史記述の文体的統一を甚しく乱すのみか、条約条項の中には不明の点や、それまでに説明的記述を欠いている点が多く、前後の記述との喰違いを露呈している」と述べる久保正彰氏（岩波文庫、中巻、四五四頁の注7）をはじめ、多くの研究者によって文体の統一という観点からそれは指摘されてきた。ところが、最近ドイツの碑文学者のシュマルジュクは、トゥキュディデスは志の高い作家であり、また歴史家としての責務を果たそうとしたため碑文に刻まれた決議や条約文の頻繁な引用を避けたが、「ニキアスの和約」の条文引用は、不安定な休戦の数年間が戦争の休止ではなく、むしろ相互不信と対立の継続であった、というトゥキュディデスの見解を効果的に伝えている、という見方をしている（B. Smarczyk, "Thucydides and Epigraphy", in A.Rengakos and A.Tsakmakis (eds.), *Brill's Companion to Thucydides*, 2vols. 2006, 507)。碑文の条文引用の効果は、シュマルジュクの言う通りかもしれない。だがそれでもなお、巻五の全体に眼を向けるならばやはり、この引用は巻五全体の中で浮き上がっているという印象を否定できない。この箇所はトゥキュディデスが手直しをできずに終わってしまった、とみなしたほうがよいのではないだろうか。

四　トゥキュディデスと史実の選択

『戦史』が対象とする同じ時代に生起したにもかかわらず、トゥキュディデスが取り上げなかった事柄は少なくない。冒頭で戦争について書き残すと述べていることから考えて、戦争に直接関係ないことには触れなかったということであろうか。アテナイがペルシアとの戦争に終止符を打ったといわれる「カリアスの和約」については言及されていないが、これもペロポネソス戦争と直接関係がないとトゥキュディデスが判断したためであろうか。アテナイの国力を象徴するパルテノン（女神アテナの神殿）の記述はあるが、この神殿の建造工事（前四四七年～前四三二年）については何も述べられていない。女性についての記述がきわめて少ないことや、同時代に活躍した三大悲劇詩人アイスキュロス、ソポクレス、エウリピデスや大喜劇詩人アリストパネスへの言及がないことも、同じように説明できるのだろうか。記述事項を取捨選択する際にトゥキュディデスが設けた規準については、まだ検討の余地があるようだ。

トゥキュディデスは当時の信心深い民衆が信仰していた神々についてほとんど触れていないが、神々に祈願する民衆の行動については冷静に叙述している。ペロポネソス戦争の一年目が終わったところでアテナイを襲った疫病についての叙述において、患者の病状を詳細に書きとめるトゥキュディデスの科学的姿勢についてはこれまでも論じられてきたが、同時に神々にすがる人々の姿を描くにあたっても、「患者たちは、あらゆる神殿に助けを求めて嘆願につめよせ、予言の社やその他これに類する神力にすがったが、なんの利益《りやく》も得られず、やがてはみな病苦に打ち負かされて、もはやこのような場所に寄りつかなくなってしまった（巻二・四七章）」、ときわめて冷静な観察をしている。

『戦史』を通じて一貫しているのは、神々への信心に基づいて人々が実践する供犠や祈願などの行為については述べるが、それに対する神々の反応（と人々が信じる現象）については触れない。前四二六年におこなわれたデロス島の清め（巻三・一〇四章、岩波文庫、中巻、一二〇頁）も、デルポイの神託に従ったからであるとはいえ、アテナイ人たちが再び神々との関係改善を図ったための政策と解釈されているが、そのようなことはトゥキュディデスの記述にはない。彼はただ清めの事実を述べるだけである。

事実の曲解によって出来上がってしまった「僭主殺害者」の信仰の手強さについては、トゥキュディデスは怒りとともに詳述する。前五二七年のペイシストラトスの死後に僭主の座を継承した息子ヒッピアスの政権は、前五一〇年に倒壊する。その倒壊のきっかけとなったのは、ヒッピアスの弟ヒッパルコスがアテナイの若者ハルモディオスとアリストゲイトンによって前五一四年に暗殺されたことであった。この暗殺について、ヒッパルコスは僭主であったために殺害されたのだという、事実に反する噂が広まった。しかし、ヒッパルコス暗殺は僭主政の倒壊を目指したものではなかったというトゥキュディデスの主張は、すでにヘロドトスが、ヒッパルコスの殺害から四年間もアテナイは僭主の圧制に苦しめられた、と述べている（『歴史』巻五・五五章）こととと合致する。それにもかかわらず、ハルモディオスとアリストゲイトンの彫像がアゴラに建てられ、その後に彼らに対する「僭主殺害者」信仰が確立してしまう。ヘロドトスとトゥキュディデスをもってしても、この史実の歪曲を正すことはできなかった。

トゥキュディデスは言う、「このような誤伝はじつに多く、またかならずしも事柄の古さのために記憶に誤謬《ごびゅう》を生じたものばかりではなく、現在の出来事についてすら誤報がひんぱんに生ずる。（中略）大多数の人間は真実を究明するための労をいとい、ありきたりの情報にやすやすと耳をかたむける（巻一・二〇章）」。さらにトゥキュディデスは続ける、「もっとも明白な事実のみを手掛りとして、おぼろな古事とはいえ充分史実に近い輪郭を究明した結果は、当然みとめられてよい（巻一・二一章）」。これこそが「考古学」で採られた方法だったのであり、また、史家は耳を傾ける人々をも念頭に置いた叙述を心がけたのであろう。一一頁に引用した史料論の「私の記録からは伝説的な要素が除かれているために、これを読んでおもしろいと思う人は少ないかもしれない」、という文章の中の「これを読んで」は文字通りには「これを聴いて」という意味である。それは、『戦史』の一部は朗読されていたという見方の根拠の一つとなっている。先に言及したホーンブロワーは朗読された可能性のある箇所のなかに、「メロス島の対話」と「シケリア遠征記」とを含めている（S. Hornblower、前掲書）。

前者はメロス島へのアテナイ海軍の攻撃に先立つメロス側代表とアテナイの使節のあいだの対話である。以下にその一部を引用しておこう。

われら双方はおのおの胸にある現実的なわきまえをもとに、可能な解決策をとるよう努力すべきだ。諸君も承知、われらも知っているように、この世で通ずる理屈によれば正義か否かは彼我の勢力伯仲のとき定めがつくもの。強者と弱者のあいだでは、強きがいかに大をなしえ、弱きがいかに小なる譲歩をもって脱しうるか、その可能性しか問題となりえないのだ。（巻五・八九

章）

他方、メロス側の代表者はこう提案する。

われらを敵ではなく味方と見なし、平和と中立を維持させる、という条件は受け入れてもらえないものであろうか。（巻五・九四章）

アテナイの使節は述べる。

神も人間も強きが弱きを従えるものだ、とわれらは考えている。（中略）諸君とても、また他のいかなるものとても、われらがごとき権勢の座につけばかならずや同じ轍を踏むだろう。さればこれが真実ゆえ、われらにも神明のはからいに欠くるところがあろうなどと、思い恐れるいわれは見当たらぬ。（巻五・一〇五章）

このように「メロス島の対話」は、アテナイ側とメロス側の緊迫感に満ちた外交交渉の記録という体裁をとっているが、実際に交わされた対話がそのまま記述されているわけではなく、トゥキュディデスの想像によるところが大きいとみられている。メロスという小国が大国アテナイの艦隊に包囲されながらも最後まで降伏せずに終には壊滅し、ほとんどの男性市民が戦死あるいは処刑され、女性や子供は奴隷として売り飛ばされてしまったという事実を前にして、そこに非情な政治力学のリアリズムを見てとったトゥキュディデスは、この小国の悲劇を書かないわけにはいかなかった。大国アテナイの兵士であれ、小国メロスの兵士であれ、一人一人を襲う死に軽重はない。それは演劇の競演をディオニュソス劇場で楽しむアテナイ市民にも明日訪れる運命だったかもしれない。朗読された時この「対話」はアテナイ人の胸に強く迫ったにちがいない。

他方の「シケリア遠征記」(巻六、七)は長大で、朗読すれば八時間はかかっただろうと推測されている。聴衆は波瀾万丈の戦の展開に手に汗握る思いで耳を傾けただろうが、終盤の、シュラクサイによる封鎖大作戦に直面して撤退を決めた、ニキアス率いるアテナイ軍の窮状については、どのような思いでこれを聴いたのだろうか。

もともとシケリア遠征に乗り気でなかった将軍ニキアスが、二年間を戦って後、絶体絶命の中で懸命に兵士たちを鼓舞する姿は、トゥキュディデスが自分で目撃したはずはないが、迫真に迫り、哀惜の思いを禁じえない。アテナイの人々は朗読されたその様を涙なしには聞けなかっただろう。

トゥキュディデスは、人類の至宝というべきギリシア悲劇と喜劇について無言を通す。演劇が春の大ディオニュシア祭などで宗教行事の一環として競演されたために言及を避けたのだろうか。恐らくそうではあるまい。悲劇は、過去のさまざまな神話や伝承をもとに、それらを典型的な形に高めて演じられる。そうした典型的な在り方に感動するよりも、事実を事実として叙述し、歴史の細部に宿る真実を探る眼差しを彼は求めた。

悲劇に登場するのは英雄や王族たちである。ディオニュソス劇場で悲劇の競演を鑑賞する市民たちは、そのような高貴な人々を襲う悲劇に涙し、カタルシスを味わった。競演終了後、観客は劇場を出て日常生活に戻る。トゥキュディデスは劇的な感動として消えるよりも、永続的な叙事的眼差しを重視した。それは今後展開する人間の営みの相似た過程が、過去の真相を見極めることによって、さらに明瞭に洞察されることを期待してのことだったであろう。自らの歴史叙述が「今日の読者に媚びて賞を得るためではなく、世々の遺産たるべく綴られた」と語るところにトゥキュディデスの面目が躍如としている。

（東京大学名誉教授）

凡例

本書は中公バックス〈世界の名著〉5『ヘロドトス　トゥキュディデス』（一九八〇年）をもとにして編集したものである。

一　本書は抄録であり、省略部分は要約して文字の大きさを落として組んだ。

一　（　）はトゥキュディデスが説明文として挿入したと底本校訂者が判断した部分であり、〔　〕は近世の諸研究者が古代後期の挿入付加分として削除するべきだとしている部分である。

一　読みやすさを考慮し適宜改行を施した。

戦史

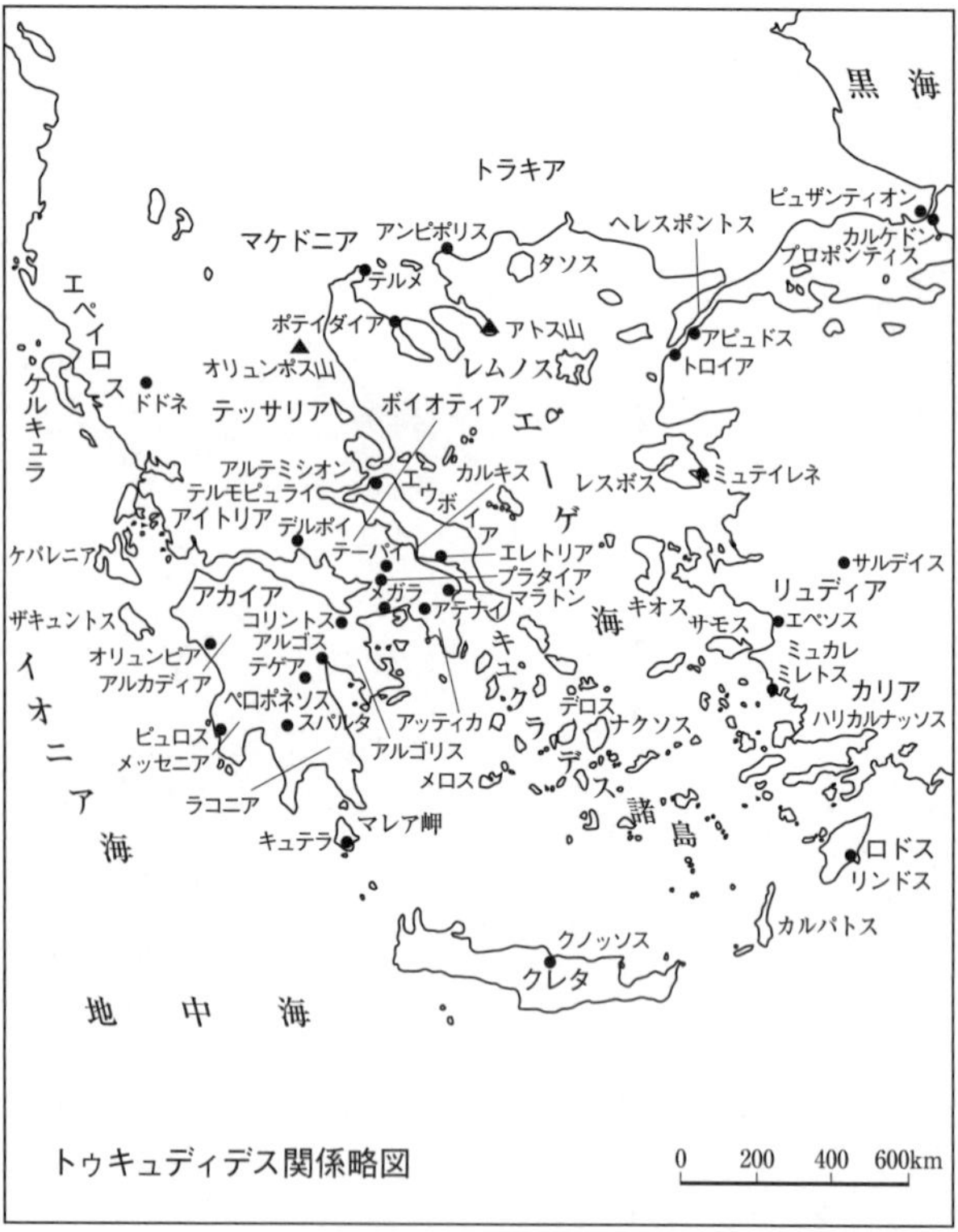

トゥキュディデス関係略図

巻一

〔一〕アテナイ人トゥキュディデスは、ペロポネソス人とアテナイ人がたがいに争った戦《いくさ》の様相をつづった。筆者は開戦劈頭《へきとう》いらい、この戦乱が史上特筆に値する大事件に展開することを予測して、ただちに記述をはじめた。当初、両陣営ともに戦備万端満潮に達して戦闘状態に突入したこと、また残余のギリシア世界もあるいはただちに、あるいは参戦の時機をうかがいながら、敵味方の陣営に分かれていくのを見たこと、この二つが筆者の予測を強めたのである。じじつ、この争いはギリシア世界にはかつてなき大動乱と化し、そして広範囲にわたる異民族諸国、極言すればほとんどすべての人間社会をその渦中におとしいれることにさえなった。

もとより今次大戦以前に起こった諸事件や、さらに古きにさかのぼる出来事については、時の隔たりも大きく、厳密に事実を確かめることは不可能であった。しかし及ぶかぎりの古きにさかのぼって筆者がなしたもろもろの考証から、信ずるにいたった推論の帰結を述べるなら、戦争をはじめとする往時の諸事績は、けっして大規模なものであったとはいいがたい。

〔二〕その一つの理由は、比較的に新しい時代のことである。「ヘラス」の名で呼ばれる土地に住民が定着するようになったのは、比較的に新しい時代のことである。これより古くは、住居は転々として移り、個々の集団は、より強大な集団によって圧迫されると、そのつどそれまで住んでいた土地を未練なく捨てて、次の地に移っていった。交易もおこなわれていなかった。また陸路や海上の便によってたがいに安全に往来することもなかった。

かれらは各集団ごとに、ただ生活をいとなむに足りるだけの土地を領有していた。しかし、いつなんどき外敵が攻め寄せて、城壁の備えもない聚落《しゅうらく》にたいして掠奪を働くかもしれず、そのためにかれらは日々に必要の糧《かて》さえ確保できれば所をえらばなかったので、物資の余剰をもたず、土地に果樹を栽培しようともしなかった。このような生活をもつ住民はしごく簡単に転住することができた。しかしまたこのために、かれらは強大な都市やその他の諸設備によって勢力をたくわえることはできなかった。

住民の移動がことにひんぱんにおこなわれたのは、地味にめぐまれた地方、すなわち現在のテッサリア、ボイオティア、ペロポネソス（アルカディアを除くその大部分）をはじめとするもっとも豊饒《ほうじよう》な地域である。そのわけは、地味の豊かさのために権力が住民の一部によって占められると、これが内乱を生み、全体に潰滅的な打撃を与える結果となり、そのためにまた他部族による陰謀の好餌《こうじ》となる場合も多かったからである。

これにたいしてアッティカ地方では土壌の貧しさがさいわいして、太古より内乱がきわめてまれであったので、古来つねに同じ人たちがこの地に住みついてきた。次にあげる一事はこの見解をもっとも顕著に裏づけている。すなわち他国にまさるアッティカの繁栄は、難民人口の増加によってもたらされた。その他のギリシア各地から、戦争や内乱のために国を追われ、アテナイ人の保護を求めて亡命してきた王侯貴族の数は多い。これら亡命者たちは市民の列に加えられて、はるかに古い時代から人口を増加させ、国をいっそう強大にしてきた。そしてついにはアッティカだけではこれを収容することができなくなって、後日イオニア地方にまで植民市を建設することとなったのである。

〔三〕また次に示す一例も、太古のギリシアが弱小であったことを充分に物語っているように思う。すなわち、トロイア戦争①以前には、ギリシアが一致協力して事を成した例がなかったのではないだろうか。思うに「ヘラス」という、地域の名前すらはじめは存在していなかったらしい。デウカリオンの子ヘレン以前には、じじつこの名称はまったく存在せず、個々の部族名、なかんずくペラスゴイ族の名が、おのおのの住む土地の名称として用いられていた。しかしヘレンとその子らの勢力がプティア地方において強まり、かれらの援助を他の諸国が求めるようになって、ヘレン族との接触が深まり、それぞれ他の部族もしだいにヘレン族と呼ばれるようになったけれども、全住民がこの名称で統一されるまでには、長い年月が必要であったと考えられる。

この見解をつよく裏づけているのはホメロスである。なぜならば、かれはトロイア戦争よりもはるかに後世の人でありながら、ギリシア勢全体を一つの名称で総括的に示していない。かれが「ヘラスびと」と名ざすのは、本来のヘレン族と出所をともにする、プティアからアキレウスに従った強者たちに限られており、その他のギリシア人は詩のなかでは、「ドナオスびと」、「アルゴスびと」、あるいは「アカイアびと」などと呼ばれている。「ヘラスびと」の総称をまだ欠いていたために、したがってまた、これと対比して異民族を区別する名称の必要もなかったのであろう、ホメロスは「バルバロイ（非ギリシア人）」という言葉をつかっていない。

こうして、個別的なヘレン族は、個々の町に広がり、たがいにその言葉を理解するようになって、その者たちがやがて全体として「ヘラス人（ギリシア人）」と呼ばれるようになったのであるが、トロイア戦争以前には弱体であったため、またたがいに疎遠であったために、一団となって事を成すことはできなかった。しかしトロイアに遠征するためには、まずかれらは、海洋航行の術を充分に心得ていなければならなかった。

〔四〕伝説によれば、最古の海軍を組織したのはミノスである。かれは現在ギリシアにぞくする海のほとんど全域を制覇《せいは》し、キュクラデス諸島の支配者となった。そしてカリア人を駆逐し、自分の子供たちを指導的な地位につけて、島嶼《とうしょ》のほとんど全部に最初の植民をおこなった。もちろんかれは、勢力の及ぶかぎりの海域から海賊を追い払い、収益の道を拡大することに努力した。

〔五〕というのは、その昔ギリシア人や、異民族の中でも大陸の沿岸や島嶼に住んでいたものたちは、舟で海をわたってたがいにひんぱんに往き来しはじめると、海賊行為を働くようになったからである。仲間の首領を指揮者にいただき、かれらは自分の利益や家族たちをやしなう糧を求めて、城壁の守りもなく村落のように散らばった町を襲い掠奪をおこなった。かれらはこのような所業に廉恥の心はおろか、むしろこれこそ真の名声をもたらす所以《ゆえん》と信じて、ここに生活の主源を求めていた。

これは今日ですらなお、かかる行為にたけているのを誇りとする一部の大陸住民の風習に残っているし、またじじつ、昔の詩人らは、どこからであれ船でやって来た人間には、いちおう、海賊か、とまず尋ねる習慣を書きとどめている。しかし、そういって尋ねた者は相手を非難しているふうではないし、尋ねられたほうでも、失礼な尋ね方だと思う様子は見うけられない。

かれらの掠奪行為は、陸地においてもおこなわれた。じじつ今日にいたるまで、オゾリスのロクリス人、アイトリア人、アカルナニア人などの住む内陸地帯や、それらに隣接するギリシアの諸地方では太古の生活様式がつづいている。ちなみにこれら内陸地の住民の帯剣は、かつて盗賊が跋扈《ばっこ》した時代の名残《なご》りである。

〔六〕これはすなわち、かつてのギリシアでは、家屋を守る城壁がなかったこと、たがいに往来するには危険がともなったこと、などの理由から人々はみな帯剣をつねとし、また一般日常生活にも武器を伴侶としていたためにほかならず、この点は今日の異民族の慣いと同様であったにちがいない。今日ギリシアにおいても類似の風習が残っていること自体、かつてはこれに似た生活が広く一般にもおこなわれていたことを示す証拠である。

そのなかにあって率先して帯剣をはずし、生活の緊張をやわらげ、かつてない優雅の風に改めたのはアテナイ人である。このみやびた暮しの一例として、アテナイ人貴族の長老たちの麻織物の長衣、頭に髷《まげ》をつかねる蟬《せみ》形の黄金ピンなどがあったが、この風俗がすたれたのはさほど昔のことではない。② これがもとで、アテナイとの部族的なつながりにひかれてイオニア人の長老たちのあいだでも、この衣髪の形が長らく保たれてきた。

だがふたたび装束の華美をいましめ現在の姿に改めたのはラケダイモン人がそのはじめであった。そして生活様式全般についても、富裕なものらは一般市民とできるだけわけへだてのない習慣を定めることに力をつくした。また、はじめて裸体となって見物人の前に現われ、競技のときに体に塗油をほどこすことをはじめたのも、ラケダイモン人である。その昔は、オリュンピアの競技においてさえ、選手たちは腰帯をしめて技を競ったものであるが、これも比較的に近ごろに

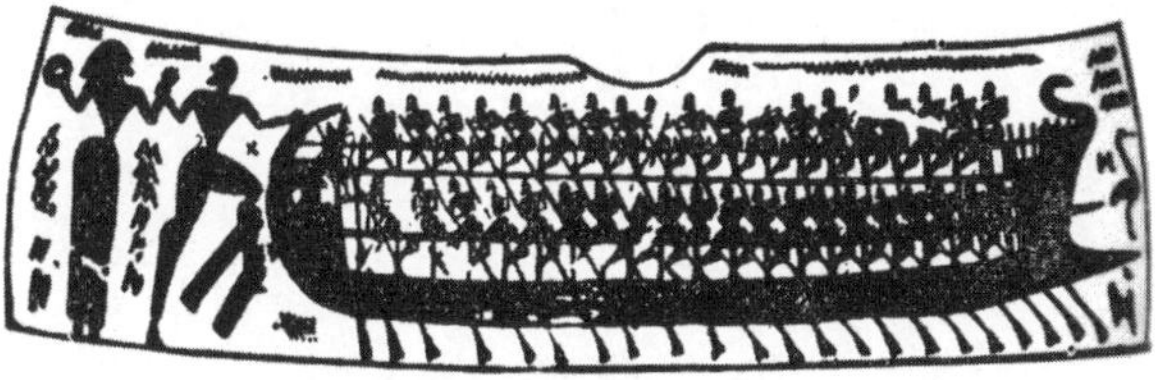

土器断片に描かれた前８世紀の舟

なってから、改められた。

現在なお、一部の異民族、とりわけアジアの民族のもとで、ボクシングやレスリングの競技が催されるときには、参加者は腰帯をしめてたたかう。その他一般的に往時のギリシア世界が、現在の異民族諸邦と多々類似する習慣をもっていたことは、容易に示しえよう。

〔七〕都市のなかでも、すでに海洋航行がいっそうさかんになってから建設された、もっとも新しいもののうちには、物資の余剰も旧よりもさらに増してきたので、付近の海岸にそって、城壁を築くものが現われた。また陸峡地帯を占拠して、通商の便を確保し隣国にたいする守備をかためようとするものもあらわれた。これより古くに設けられた諸都市は、それらが内陸にあろうと島にあろうとその別なく、長らく跋扈した盗賊を避けて、なるべく海岸からはなれたところに居を構えており（というのは、航海民族でなくても海岸近くに住む者たちはみな、たがいに掠奪しあっていたからである）、今日にいたるまでこれらの内陸の高所は人の住むところとなっている。

〔八〕当時島嶼にいた住民はほとんどカリア人ないしはフェニキア人で

あり、かれらもまたさかんに海賊行為を働いていた。これを示す証拠がある。今次大戦中にデロス島がアテナイ人の手で清められ、島で死んだ人間の墓地がことごとく取り除けられたとき判明したところでは、その半数以上がカリア人の墓であった。これは遺体とともに埋められていた武器や、今日なおカリア人がおこなっている埋葬形式からわかった。

しかしいったんミノスの海軍が組織されると、海上の便はいっそう大となり（というのは、かれが島嶼のほとんど全部に植民したおり、島々の賊どもはかれの手によってよそへ移されてしまったからである）、海岸地帯の人間たちは、以前にもまして財貨をたくわえたので、住居をより安全に守ることにつとめた。やがてさらに富の蓄積がなされると、四周に城壁をめぐらす者もあらわれた。このような富の集積は、弱者が強者の軛《くびき》に甘んじ、強者は物資の余剰によって弱小都市を属国とし、両者それぞれの立場で可能な収益を求めることによってすすめられたのである。そしてこのような過程がくりかえされ、勢力がいっそうたくわえられるに及んで、やがてトロイアへの遠征がおこなわれた。③

〔九〕アガメムノンが遠征軍を起こしえたのは、ヘレネの求婚者たちがテュンダレウスに差し出した誓約によって縛られていたことがさほどに重大な理由ではなく、アガメムノン自身が当時の列侯の中でひときわすぐれた勢力をもっていたためだと思われる。ペロポネソス人のあいだで古くから伝わる伝承をもっとも正確に受けついでいる者たちは、次のようにいう。

すなわち、最初ペロプスはアジアから莫大《ばくだい》な資産をたずさえて貧困な人間どもの住む地をおとずれ、富によって権力をたくわえ、自分は外来人であったにもかかわらず、その国に自分の名前をつけた。そしてその後、かれの子孫たちはさらに大きい富と権力を集積した。そしてエウリュステウス王がアッティカでヘラクレスの子供たちによって殺されたあと、王の母方の叔父《おじ》アトレウスが位をついだ。エウリュステウスは出陣にさいして、一族の縁につらなるアトレウスにミュケナイ王国[4]と王位の後見をゆだねたのであるが（アトレウスはそのとき、兄クリュシッポスを死なせたために父家を追われて、たまたまエウリュステウスのもとにいた）、エウリュステウスが生還する望みが絶えると、ヘラクレスの子らを恐れたミュケナイ人は、富裕の噂《うわさ》たかく、ミュケナイ人大衆に好評を得ていたアトレウスの即位を希望したので、かれはミュケナイをはじめエウリュステウスが支配していた王国の全版図を受けついだ。

かくて、ペロプスの後裔《こうえい》がペルセウスの後裔をしのぐ勢力をとなえることとなった。思うにアガメムノンはこの権力をつぎ、また海軍においては列国をしのぐ勢力をたくわえていたので、諸国はかれにたいする好意よりもむしろ恐怖をつよく感じて、遠征軍に参加することを拒まなかったのであろう。かりにホメロスの証言をもとに推論すれば、じじつアガメムノンはだれよりも多数の船を率いているのみか、アルカディア人にも船を提供している。また王笏伝授の由来を述べるくだりでは、アガメムノンが多数の島嶼とアルゴス全土の王である旨を、ホメロスは言っている。とすれば、アガメムノンの住まいは内陸地にあるのだから、かれがかなりの海軍力を保有していなかったなら、その権勢は沿岸の島々（しかしその数は知れているから「多くの」とは言われまい）を越えて外海の島嶼にまで及びえなかったにちがいない。⑤ さてトロイア戦争の規模を知れば、それ以前の戦争がどのようなものであったかを想像することができる。

〔一〇〕しかしたとえミュケナイが小規模であり、また当時の各地の城砦がわれわれの目にはとるに足りないように思われても、それを理由にして、詩人が歌い伝説が主張するほどの大軍勢などありえなかったと疑問視することは、かならずしも資料を正確に理解するものとはいいがたい。たとえばもしかりに、ラケダイモン人の城市が荒廃に帰し、あとに神殿と、建造物の礎石だけが残ったとすれば、はるか幾世代ものちの人々はどう思うだろうか。きっとラケダイモン人の名声について深い疑念をいだくにちがいない（ところが実際かれらはペロポネソスの全面積の五分の二を領有し、残りのペロポネソス全土とその外側にも散在する同盟諸国を指揮する立場にある。それにもかかわらず、都市的集住も行なわれておらず、華美な神殿や建造物ももたないラケダイモンは、ギリシア古来の生活様式を踏襲して村落単位の分住をつづけているために、その実際の力と比べて貧弱であるという感を免れがたい）。だがもしアテナイが同じ惨害をこうむったとすれば、後世の人はその都市の華麗な外観を見て、アテナイの実力を事実の二倍にも誇大視することであろう。この例からも明らかなように、城市の外観をその実力よりも重視して、いたずらに疑いをはさむことは当を失している。

かのトロイア遠征については、これは当時としては前代未聞の大戦争であったとすべきである。しかし今日の戦争に比べればはるかに小規模であったと考えてよい。ここにまたホメロスに多少なりと史実をみとめるならば、かれは詩人としてありがちな誇大な修飾をもちいて遠征軍を歌っているけれども、しかし史実はかれの叙述から類推しても、かなり貧弱な戦いであったように見うけられる。

その理由をあげれば、かれは参加した一二〇〇艘《そう》の船のうち、ボイオティア勢の船一艘には一二〇人、ピロクテテス麾下《きか》の船には五〇人ずつ乗船していたとしているが、これは最大と最小の員数を表わしていると思われる。その他の船の大きさについては、「船ぞろい」のくだりではなにも記されていない。また、戦闘員全部が船上では漕手として働いたことは、ピロクテテスの船員構成によって明らかにされている。櫂座《かいざ》にあるものを、全部弓兵として扱っているからである。操船にたずさわらぬものといえば、王や最高責任者のほかごく少数であったちがいない。ことに、かれらは戦争のための装備を搭載して大海横断をひかえており、またその船には甲板によるおいがなく、むしろ昔の海賊船にちかい装備しかほどこされていなかったのであるから、員数はおのずと制限されたであろう。さて一艘につき最大と最小の員数の中間値をとってみると、全ギリシアからこぞって送りだされた軍勢にしては、いささか少数の感を免れえないのである。⑥

〔一一〕その原因は人口不足ではなく、物資欠乏が主たるものであった。なぜならば、糧食輸送の道がないため、現地で戦闘をつづけながら食糧補給ができる程度の、比較的少数の軍勢を率いていったからである。そして到着ののち戦いに勝って陣地を確保してからも（この上陸作戦でかれらが勝ったことは自明である。さもなくば陣地のまわりに石垣を築くことができなかったにちがいない）、その後も全兵力を戦闘にあてることはなく、糧食の道をひらくために、ケルソネソス地方の耕作や掠奪行為に兵力をもちいていたようである。兵力が分散されていたので、トロイア側の反撃はますます容易になり、その折々に戦闘にまわされたギリシア勢と同程度の兵力によって一〇年間の長きにわたって、対抗できたのである。

もしかりにギリシア勢が糧食の余剰をもって戦いにのぞみ、海賊行為や農耕などおこなわず、戦力を結集して攻撃を続行していたならば、戦闘によってやすやすと敵城を攻め降《くだ》すことができたにちがいない。またたとえ兵力を全部結集することができなくとも、常時兵士を交替させて攻勢を維持していたならば、城のまわりに陣をしき、敵勢を籠城《ろうじょう》に追い込んで、より短時間に、しかもより労少なくしてトロイアを落とすことができたであろう。しかしながら、トロイア戦争以前の出来事がいずれも、物資不足のために貧弱なものでしかありえなかったように、この大遠征にしても、もちろんそれまでの事績に比べれば、最高の名に値するものであったにせよ、実際の成果をもってはかるならば、その名声やまた今日なお詩人によって修飾され世人の信ずるとこ

前7世紀当時の海戦の様子を伝えるイタリアあるいはシケリア製の壺。左がギリシア人、右がエトルリア人である。

ろとなっているトロイア事績には、事実のはなはだしい誇張があることが判明する。

〔一二〕トロイア戦争後にいたっても、まだギリシアでは移動するもの、定着する者がつづいたために、平和のうちに発展することができなかった。そのわけは、トロイアからのギリシア勢の帰還がおくれたことによって、広範囲な社会的変動が生じ、ほとんどすべての国では内乱が起こり、またその内乱によって国を追われた者たちがあらたに国を建てる、という事態がくりかえされたためである。また、現在のボイオティア人の祖先たちは、もとはアルネに居住していたが、トロイア陥落後六〇年目に、テッサリア人に圧迫されて故地をあとに、今のボイオティア、古くはカドメイアといわれた地方に住みついた（もっとも、かれらの一部はこれより古くからこの地方のある部分を領しており、そこからの兵士がトロイア遠征にも加わっている）。また八〇年後には、ドーリス人がヘラクレスの後裔らとともに、ペロポネソス半島を占領した。⑦

こうして長年ののち、ようやくギリシアは永続性のある平和をとりもどした。そしてもはや住民の駆逐がおこなわれなくなってから、植民活動を開始した。アテナイ人はイオニアとエーゲ海の大部分の島嶼に植民を送り、ペロポネソス人はイタリア、とりわけシケリア島の多くの地方に植民市をひらき、またその他のギリシアのいくつかの地域にも植民した。これら植民市はいずれもみな、トロイア戦争後の建設になるものであった。

〔一三〕ギリシア人の勢力が増大し、そして以前よりもさらに熱心に物資の獲得につとめるようになると、諸都市ではいっせいに僭主《せんしゅ》が台頭し、収益はさらに増大した（それまでは世襲の王がある一定の権限をあたえられて統治をおこなっていた）。そこでギリシア各地には海軍が組織され、ギリシア人はますます海にむかって勢力をひろげていった。

船の構造を、ほとんど現在のものに近く改新したのは、コリントス人が最初であり、またギリシアで最初の三段櫂船を建造したのもコリントスであった、と伝えられる。さらにサモス人のために四艘の船を造ったのも、コリントスの造船家アメイノクレスであったらしい。アメイノクレスがサモスにおもむいたのは、今次大戦の終わった年からさかのぼって、せいぜい三〇〇年くらい昔であったろうか⑧。最古の海戦として知られているのは、コリントス人とケルキュラ人との戦いであって、右と同じ算定によると、古くとも、これは二六〇年以前の出来事であった⑨。

コリントス人は陸峡地帯に都市を営み、きわめて古くから通商の中心を占めていた。というのは、古くはギリシア人はペロポネソス半島へ往来するとき、海路よりも陸路をえらび、コリントス領を横切ってたがいに交流していたので、この地の住民は、古来詩人らも「富み豊かなる地」とこれを呼んでいるように、物質的な力をたくわえることができたのであった。さらにギリシアの船がさかんに海をわたるようになってから、コリントス人は船舶を建造し、海賊を制圧して、コリントスを海陸両面における商業活動の中心地たらしめ、財貨の収益によって都市の勢力を大いに伸長させた。

その後、最初のペルシア王キュロスの治世からその子カンビュセスの時代にかけて、イオニア人も強力な海軍をもつにいたった。かれらはキュロスと戦いをまじえ、イオニア近海の制海権をそうとうの期間にわたって確保した。また、カンビュセスの時代にサモス島の僭主であったポリュクラテスも海軍力を充実させて、他の島々をサモスの隷属国にし、レネイア島を奪ってこれをデロス島のアポロン神に奉納した。また、ポカイア人は、マッサリアに植民地を築いたとき、カルタゴ人を海戦で打ち破った。

〔一四〕以上あげたものは、最大の海軍力を擁した列国である。しかし、これらの海軍はトロイア戦争から幾世代ものちに建設されたものでありながら、三段櫂船の数は少なく、ほとんどは、トロイア戦争の時と同じような五〇櫂船や、その他の軍船から成り立っていた。ペルシア戦争よりわずか以前、すなわちカンビュセスに次いでペルシア王となったダレイオス[10]の治世晩年にはじめて、シケリア地方の僭主らやケルキュラ人のもとで、多数の三段櫂船がもちいられるようになった。クセルクセスの進軍以前のギリシアでは、これらが海軍国の名に値する国々であった。じじつ、アイギナ人やアテナイ人をはじめ、その他の国々も船をもってはいたが、いずれも数は少なく、しかも持ち船のほとんどは五〇櫂船であった。さらに遅れて、アテナイ人とアイギナ人とのあいだに戦いが起こり、またペルシア勢の侵入が目前に迫ったとき、テミストクレスはアテナイ人を説いて軍船を建造させ、こうして生まれた船隊によって海戦を挑んだのである。しかしこのときの船は、まだその全船体をおおう甲板装備をもっていなかった。

〔一五〕さて以上は、古い時代から比較的近い時代におよぶ、ギリシア海軍史の要約である。しかしこのようなものであっても、これに意をもちいたものは、物質的な収益や版図の拡張を得て、侮りがたい勢力をたくわえることができた。かれらは攻撃の船隊をさしむけて島嶼を従わせることができたし、ことに充分な領地をもたない国々にとっては願ってもない手段となったからである。

他方、陸上の戦闘に目を転じるならば、なにがしかの勢力伸長に資するほどの陸戦は、まったくおこなわれなかった。陸戦があったことは事実であるが、それらはいずれの場合にも、関係国は隣接国同士に限られており、自国の領土から遠くはなれた敵国を屈服させるための遠征は、ギリシア人のなすところではなかった。強国を盟主に戴いて属国群が連盟を結成したり、あるいは対等な国々が協力して同盟軍をつのった例はたえてなく、陸戦といえば隣国間の争いにとどまったためである。あえて例外を求めれば、古い昔にカルキス対エレトリアの戦いが行なわれたが、この戦いでは他のギリシア諸邦もいずれかの側と同盟をむすび、敵味方の陣営にわかれた。

〔一六〕ギリシアの勢力伸展はまた、その他さまざまの障害によってもはばまれた。イオニア諸都市が隆盛をきたしてまもなく、キュロス王を戴くペルシア帝国はクロイソスを倒し、ハリュス河からエーゲ海にいたる地域を併呑《へいどん》して、大陸沿岸のイオニア人諸都市を隷属させた。その後ダレイオスはフェニキア海軍をもちいて、エーゲ海の諸島をも併せた。

〔一七〕また、僭主の支配した政治がおこなわれたギリシアの都市では、為政者はいずれも、自分や一族の発展を望む私欲のみに明けくれていたので、できるかぎりの政権安定を念じて政治をおこない、自国領の周辺の住民らを攻める以外には、けっして領地をはなれて兵をすすめ、大きな成果をあげたものはいなかった。じじつ大規模な勢力拡大をとげえたのは、シケリア諸地方の僭主だけである。長年こうした四周の事情にはばまれて、ギリシアは史上に残るほどの事績を協力して成すこともなく、また個々の都市も積極的な行動の意欲を欠いていた。

〔一八〕その後、アテナイの僭主や、かつてギリシアのほとんどの地方において栄えていた僭主たちは、シケリアを除けば、その大多数がラケダイモン人の干渉によって最終的に追放された（ラケダイモンでは、ドーリス人が現在の領土に国を築いてのち、他に類例のないほど長年にわたって内戦がつづいた。それにもかかわらず、きわめて古くから政治的秩序を確立し、[11] それいらい僭主によって政権を奪われたことがなかった。ラケダイモン人は、今次大戦が終わるまでの四百余年にも及んで同一の政治形態を固執しており、[12] これによって自国の力を充実させ、また他の国々の秩序回復のために干渉することができた)。

ギリシアが僭主らの手から解放されてからいかほどの年数も経ずして、マラトンにおけるペルシア対アテナイの戦いがおこなわれた。この戦いの後一〇年目にふたたびペルシアはギリシアを従えるために、大軍を率いて侵攻した。頭上に危機が迫ったとき、戦力抜群であったラケダイモン人は同盟ギリシア勢の先頭に立った。またアテナイ人は、ペルシア勢が接近すると、城市を捨てることを決意して家財を取り払い、軍船に乗り組んで全市民が海兵となった。こうして全ギリシア人は一致協力してペルシア勢撃退に成功したのである。

やがてほどなくしてギリシア人は、ペルシアの支配から解放されたものも、解放軍に加わっていたものも、アテナイあるいはラケダイモンの両陣営のいずれかに与《くみ》することとなった。これら両国は、一つは海軍他は陸軍によって覇をとなえ、他のいずれの国にもまさる勢力を示したからである。そしてしばらくは両者のあいだに戦友の友誼《ゆうぎ》が保たれていたが、やがてラケダイモン、アテナイ両国間に紛争が生じると、そのつどおのおの同盟諸国を率いてたがいに戦いを挑んだ。そしてその他のギリシア都市のあいだでも、事が起こると、両大国間の緊張に乗じてそのいずれかの陣営に走るものがあらわれた。その結果、ペルシア戦争から今次大戦にいたるまで、とりきめによる休戦期間を除けば、両陣営はたがいに戟《ほこ》を交えるか、さもなくば各自の陣営から離叛したものを討伐するか、そのいずれかの状態にあったので、両者ともつねに戦備によく意をもちいたし、また実戦の経験はただちに操練となって生かされたので、戦場の駆引きにもいっそう熟達することとなった。

〔一九〕一方ラケダイモン人は、同盟国の指揮者ではあったが、年賦金徴収の対象となる属国を従えていたわけではない。かれらは同盟国の国内政治が、ラケダイモン自体にとって有利におこなわれることのみを望んで、各国の寡頭政を支持していた。他方アテナイ人は、キオスとレスボス以外の同盟国から次々と軍船を徴収し、やがては同盟加盟国の全部にたいして年賦金を課し、その納入を義務づけた。こうして今次大戦にそなえたアテナイただ一国の戦備は、かつてアテナイ側同盟の諸国が無傷の戦力を保有し、盟主たるアテナイが全盛を誇ったころよりも、さらに強大なものとなったのである。

〔二〇〕さて往古の事績について筆者の究明しえた概観は以上のごときものである。しかし、これに関する従来の資料をそのままもちいて信頼できる推論の基礎とすることは、ほとんど不可能であった。なぜなら人間は、古事にまつわる聞き伝えであれば、たとえそれが自分の土地に関わりをもつ場合でも、遠い国々の物語と同様に、まったく無批判な態度でこれをうけいれるからで

ピッパルコスを襲うハルモディオスとアリストゲイトン

ある。

一例をあげれば、アテナイの一般民衆は、ヒッパルコスが僭主であったためにハルモディオスとアリストゲイトンに暗殺されたのだ、と思っている。しかし事実は、ヒッピアスがペイシストラトスの長子であり、かれが政権の座にあった。ヒッパルコスとテッサロスはかれの弟たちであった。暗殺の当日、決行寸前になってハルモディオスとアリストゲイトンは、陰謀がすでに一味の寝返りによってヒッピアスに知らされているのではないか、と一抹《いちまつ》の疑いをいだいた。そこでかれらは、ヒッピアスがすでに感づいているものと考えて、かれには危害を加えなかった。しかしどうせ逮捕されるのなら、思いきった危険を冒しても手柄を立てようと、ちょうどレオコレイオンという場所でパンアテナイア祭[13]の行列の飾りつけをしていたヒッパルコスに行きあたったので、これを殺害した。一般民衆はこの史実についてはまったく無知である。

このような誤伝はじつに多く、またかならずしも事柄の古さのために記憶に誤謬《ごびゅう》を生じたものばかりではなく、現在の出来事についてすら誤報がひんぱんに生ずる。またこれはアテナイ人にかぎらず、その他の人々も犯すあやまちである。たとえば、ラケダイモンの王たちは、決議にさいして、おのおの一票ではなく二票の投票権をもつとか、ラケダイモンには事実上その影すらみとめられないピタネ部隊なるものが存在するとか、いずれも広く信じられているが、じつは誤報である。このように、大多数の人間は真実を究明するための労をいとい、ありきたりの情報にやすやすと耳をかたむける。

〔二一〕しかしながら、古い事績については、私が前節で論証を重ねて解明したような状態こそ、事実にもっとも近いと考えて誤りはないはずである。われわれの論旨をもってすれば、古事を歌った詩人らの修飾と誇張にみちた言葉にたいした信憑性《しんぴょうせい》をみとめることはできない。また伝承作者のように、あまりに古きにさかのぼるために論証もできない事件や、おうおうにして信ずべきよすがもない、たんなる神話的主題をつづった、真実探究というよりも聴衆の興味本位の作文に甘んじることも許されない。しかしそのいずれをも排し、もっとも明白な事実のみを手掛りとして、おぼろな古事とはいえ充分史実に近い輪郭を究明した結果は、当然みとめられてよい。

この論旨は今次大戦の記録にもあてはまる。おうおうにして人間は、自分がその渦中にあっていま戦いつつある戦争こそ前代未聞の大事件であると誤信する。そして戦争が終わり、直接の印象が遠のくと、古い事績にたいする驚嘆をふたたびあらたにするものである。しかし印象ではなく結果的な事実のみを考察する人々には、今次大戦の規模がまさに史上に前例のない大きいものであったことがおのずと判明するだろう。

〔二二〕他方、演説についての記録はやや事情がことなっている。戦闘状態にすでにある人やまさにその状態に陥ろうとする人が、おのおのの立場をふまえておこなった発言について、筆者自身がその場で聞いた演説でさえ、その一字一句を正確に思い出すことは不可能であったし、またよそでなされた演説の内容を私に伝えた人々にも正確な記憶を期待することはできなかった。したがって政見の記録は、事実表明された政見の全体としての主旨を、できうるかぎり忠実に、筆者の目でたどりながら、おのおのの発言者がその場で直面した事態について、もっとも適切と判断して述べたにちがいない、と思われる論旨をもってこれをつづった。

しかし、戦争をつうじて実際になされた事績については、たんなる通りすがりの目撃者から情報を得てこれを無批判に記述することをかたく慎んだ。またこれに主観的な類推をまじえることもひかえた。私自身が目撃者であった場合にも、また人からの情報に依った場合にも、個々の事件についての検証は、できうるかぎりの正確さを期しておこなった。しかしこの操作をきわめることは多大の苦心をともなった。個々の事件にさいしてその場にいあわせたものたちは、一つの事件についても、敵味方の感情に支配され、ことの半面しか記憶にとどめないことがおおく、そのためにかれらの供述はつねに食いちがいを生じたからである。

また、私の記録からは伝説的な要素が除かれているために、これを読んでおもしろいと思う人は少ないかもしれない。しかしながら、やがて今後展開する歴史も、人間性のみちびくところふたたびかつてのごとき、つまりそれと相似た過程をたどるであろうから、人々が出来事の真相を見きわめようとするとき、私の歴史に価値をみとめてくれればそれで充分である。この記述は、今日の読者に媚《こ》びて賞を得るためではなく、世々の遺産たるべくつづられた。

〔二三〕さて、これまでの諸戦争のなかで、最大の事績はペルシア戦争によってうちたてられた。とはいえこれも、わずか二度の海戦と二度の陸戦⑭によって、すみやかに勝敗が決した。しかるに今次大戦では、その期間も長きにわたり、またそのため、これに匹敵する期間にかつてギリシアがなめたこともないほどの惨害が全土に襲いかかった。じじつ、これほど多数の都市が、異民族やギリシア人自身の攻撃をうけ、はては奪われ荒廃に帰した例はかつてなかった（また都市のなかには、奪われたのち、べつの住民をむかえた例さえいくつかある）。この戦争や内乱のために、未曽有《みぞう》の数の亡命者、多量の流血がくりかえされた。

また、古くからいいつたえられてはいたが、実際の事象が比較的にまれであったために疑問視されていたようなことが、まごうことない事実となってあらわれた例もある。たとえば、ギリシアのほとんど全土をゆさぶった強烈な地震がその一つ、また日蝕《にっしょく》も古記録に残る事例よりもはるかにひんぱんに重なって生じた。さらに、地方によってははなはだしい旱魃《かんばつ》を生じ、そのための饑饉《ききん》、そしてかの激しい破壊力をふるい少なからぬ人命を奪った伝染性疫病もこれらに重なった。これらはみないずれも、今次大戦とあいまって、暴威をほしいままにした。

この大戦は、アテナイ人とペロポネソス人が、エウボイア島攻略ののち両者のあいだに発効した和約⑮を破棄したとき、はじまった。私は、まずこの和約破棄にいたらしめた原因を問い、両者の紛争の記述からはじめ、ギリシア人を襲ったこの大動乱の原因を後日追究する人の労をはぶきたい。というわけは、この事件の真の原因は、一般におこなわれている説明によっては、捕捉されがたい性質をもつからである。あえて筆者の考えを述べると、アテナイ人の勢力が拡大し、ラケダイモン人に恐怖をあたえたので、やむなくラケダイモン人は開戦にふみきったのである。しかしながら、和約を解消し開戦にいたらしめた直接の誘因として、両陣営から公にされた諸理由には、次に記すいくつかの事件がふくまれていた。

それは、アテナイとペロポネソス同盟の有力国コリントスが、コリントスの植民市ケルキュラとポテイダイアの両市をめぐって対立して、事実上両国が交戦状態に入った二つの事件をさしている。ケルキュラ（現在のコルフ）はアドリア海東岸に近い島国であり交易によって繁栄していたが、もとはコリントスからの植民団の建国になるドーリス族の国であった。前四三五年夏、ケルキュラとその母国コリントスは、両国の共同設営になる植民市エピダムノスの処置に関してけわしく対立し、ついに両国海軍の激突を招く。ケルキュラは勝ったが、コリントスが報復のために大軍勢を準備中と知って、急遽アテナイに使節を送って援助を乞う。コリントス側もアテナイにたいして、ケルキュラを助けてはならぬと警告する。しかしアテナイはペロポネソス同盟との対決の日が迫っているのを感知して、ケルキュラ保有の海軍を味方につけておくことを利とし、コリントスの警告を蹴《け》ってケルキュラと相互防衛同盟を締結、ただちに船隊を派遣する。そして前四三三年晩夏、再度ケルキュラを襲ったコリントス海軍とアテナイ海軍とはやむなく戦うこととなったのである。アテナイがケルキュラに与したのはまた、この島がギリシア本土からイタリア、シケリアに渡航するさいに重要な寄港地であったからでもある。

他方ポテイダイアは、やはりコリントスからの植民団が築いた国であるが、アテナイと同盟関係にありアテナイに年賦金を支払っていた。前四三三年から翌年にかけて、ケルキュラ問題を不服としたコリントスはひそかにこのポテイダイアをアテナイの同盟から離脱させようと画策する。そうはさせじとアテナイ側も対抗策をもってポテイダイアに迫るが、けっきょくポテイダイアは離叛を声明し、前四三二年夏、コリントス、アテナイ両国の軍事的対決が現地においておこなわれる。アテナイ軍はポテイダイアを四面から封鎖して攻城戦を続行しながら、やがてペロポネソス戦争に突入することとなる。

両事変において苦杯を喫したコリントスは、スパルタにおけるペロポネソス同盟参加国会議開催を要求した。近年のアテナイの侵略行為に関してアイギナ、メガラ、コリントスらの被害者国が非難の演説をなし、これに対する非公式の弁明がスパルタを訪問中の一アテナイ市民によって述べられる。その後で同盟参加国の代表者を退席させてスパルタ人だけの会議が催される。英知で名高い老王アルキダモスは慎重論をとなえ、おのれを持して機の熟するを待つこそスパルタ人のあるべき姿であると主張するが、これに対してスパルタの監督官ステネライダスは開戦即決主義をとなえて投票にもち込み、アテナイの侵略行為を事実と認める市民多数をかぞえる。前四三二年七月ころと思われる。なおペロポネソス同盟全体としての対アテナイ戦決定は、同盟参加国全員の代表を集めておこなうこととなり、これはほぼ一ヵ月後の運びとなった。

〔八八〕ラケダイモン人が和約は破られたとみとめ戦争開始を決議した理由は、同盟諸国の説得に動かされたことにも多少はよるにせよ、主たる理由はアテナイがすでにひろくギリシア各地を支配下にしたがえているのを見て、それ以上のかれらの勢力拡大を恐れたことにある。

〔八九〕さてかえりみれば、アテナイ人が勢力を拡大するにいたった諸般の経緯は、次に述べるごときものであった。

ペルシア勢は海陸両決戦においてギリシア勢のまえに敗北を喫してヨーロッパから撤退し、また一部の生存者はミュカレの海戦で打ち破られた。その後、ミュカレでギリシア勢の総指揮者であったラケダイモン王レオテュキデスは、ペロポネソスから従軍していた同盟軍諸兵を率いて故国へ引きあげた。だが、アテナイ人ならびに、当時すでにペルシア王の支配から離脱していたイオニア、およびヘレスポントス沿岸のギリシア側の同盟諸国の軍勢は、戦線にとどまってペルシア勢のたてこもるセストスの包囲攻撃をつづけた。そして現地で冬を過ごし、ペルシア勢が城市から退いたのでこれを占領した。その後かれらの部隊はヘレスポントスから海路、それぞれの出身の都市へ帰っていった。

アテナイの一般市民は、ペルシア勢がかれらの領土から退散するとただちに、子供たち婦女たち、家財のたくわえなどを、避難させてあった場所から故国に迎え、また都市の復興と城壁の再構築の準備にとりかかった。なぜなら、周囲の城壁はわずかに残影をとどめ、家屋はほとんどが倒壊して、ただペルシア勢のおもだったものたちが宿営した家々のみが残っているにすぎなかったからである。

〔九〇〕復旧の動きを察知したラケダイモン人は使節をアテナイにつかわした。かれらは、アテナイ人のみならずいっさいの他市が城壁を構えることを快しとしなかったのである。これに加えて、今やアテナイ人がかつては所有していなかった多数の軍船をたくわえ、またかれらがペルシア軍に対して果敢な勇気を発揮したことを危険視した同盟諸国が、さかんにラケダイモン人を指嗾《そうし》したことが使節派遣の主因となっていた。使節はアテナイ人に城壁を築くなと要求したのみか、さらにペロポネソス以外の町々にまだ残っているすべての囲壁を取りつぶすラケダイモンの計画に力をかしてもらいたい、と申し入れた。もとよりアテナイ人にたいするかれらの真意や猜疑《さいぎ》心はおくびにも見せず、ただもしペルシア勢がふたたび襲来しても、先般テーバイを基地としたように敵が要害堅固の城市を根拠地としてもちいることができぬようにしておきたい、ペロポネソスさえ確保しておけば、前ギリシア人の非難所としても攻撃基地としても充分に役立つ、といったのである。

このラケダイモン人の言葉に対してアテナイ人は、テミストクレスの提案にしたがって、使節の趣旨については自分たちのほうから使いを派遣するから、と答えてただちにかれらを厄介《やっかい》払いした。そしてテミストクレスは至急自分をその使いとしてラケダイモンに送るようにとアテナイ人に命じ、自分のほかにも同行使節を数名えらばせた。しかしこれらの同行者はただちには出発させず、城壁が防禦《ぼうぎょ》戦に必要な最低限の高さに築きあげられるまで、アテナイにとどめておく。国内にある者は市民も帰女も子供たちもぜんぶを動員して城壁構築を急ぎ、仕事をすすめるために役立つ材料ならば、公共私人の所有の別なくすべての構築物を取り壊してこれを城壁材に投入せよ。このような指示をあたえ、ラケダイモンでの政治工作は自分にまかせておけ、といい残してテミストクレスは出発した。

やがてラケダイモンに到着したが、かれは表向きの役所に近づこうともしない。ただいろいろと口実をもうけては逗留《とうりゅう》をひきのばしていた。そしてラケダイモンの要職にあるもののだれかが、なぜ公式の場に出頭しないのか、と尋ねると、同僚の使節を待っている、かれらは急用にさまたげられて出発が遅れたのだが、まもなく到着することと思う、いやじつのところ自分もなぜかれらがまだあらわれないのか、怪しんでいる、と答えるのであった。

〔九一〕こういわれたものたちは、テミストクレスにたいする友情からいちおう納得した。ところがほかの旅人たちがラケダイモンにやってくると、口々に、アテナイに城壁ができつつある、いやすでに相当の高さになっている、と断言したので、かれらもこの情報を信じないわけにはいかなくなった。これに気づいたテミストクレスは、風評に惑わされてはならぬ、それよりもまず信頼できるスパルタ市民を派遣し、確かな知らせをもって判断の拠《よ》り所とすべきではないか、と提案した。

そこでかれらは偵察を出した、が、テミストクレスはこれら偵察者についてひそかにアテナイへ通牒《つうちょう》を送り、できるだけそれとわからぬようにかれらを引き留めておき、自分たちがラケダイモンから送還されるまでは釈放してはならぬ、と命じた（この間にすでにかれの同僚の使節として、リュシクレスの子ハブロニコスとリュシマコスの子アリステイデスが到着し、城壁はもう充分な状態にある、と報じたのである）。というのは、もしラケダイモン人が真相を知ると、自分たち使節を逮捕するのではないか、とテミストクレスは危ぶんだのである。本国のアテナイ人は、通牒の指示どおりにラケダイモンからの偵察者を引き留めておいた。

そこでテミストクレスはラケダイモン人のもとにおもむき、その場においてもはや一言の装いもなく発言した。われらの都には市民を守るに充分な城壁の備えが完了した、もしもこの件につきラケダイモンあるいはその同盟諸国がわれらのもとに使節を派することを望む場合には、爾後《じご》

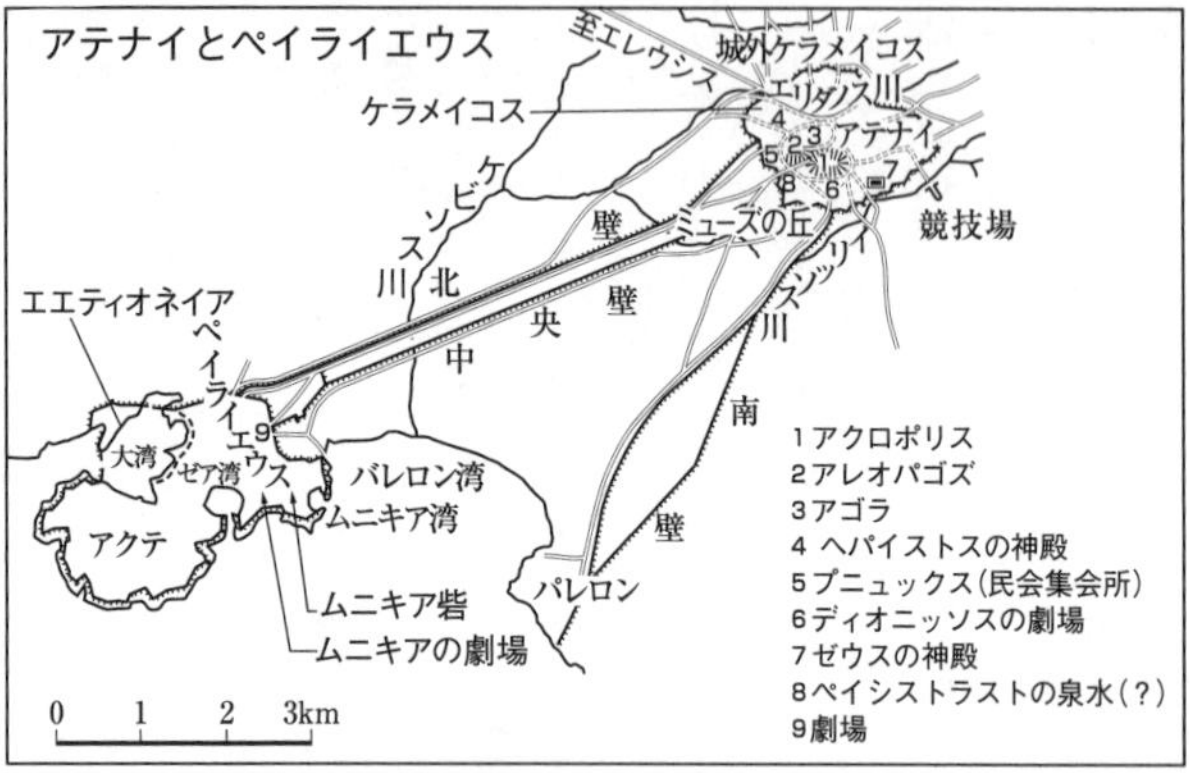

おのれの損益と公共の福祉について充分わきまえのある人間を相手にしていることを心得てもらいたい。じじつ先ごろ城市を遺棄し軍船に身を託することを良しとしたときにも、ラケダイモン人らの意中をはかることなく決議を決行したのであるし、またかれらと同じ協議の席にあっておこなった提言を見ても、われらの判断はなんびとにも劣らなかったことがわかるだろう。さて今回も、われらの国としては城壁をそなえるほうがよい、と判断し、自国の市民にとっても全同盟諸国にとっても、このほうが利益が大きいと考えた。なぜならば、たがいに対等な備えがなくては、全体のために、対等ないしは公平な提案をなすことができないからだ。だから城壁についても、全部の都市からこれを取り除いて同盟者となるか、さもなくば全部がこれをもつことが条理にかなうと信ずる、とテミストクレスはいった。

〔九二〕ラケダイモン人はこれを聞いても、アテナイ人にたいして露骨な怒りを示さなかったが（というのは、さきのかれらの使節の表向きの趣旨は築壁を妨碍《ぼうがい》することではなく、共通の福祉のために意見を提するのを主眼としていたし、またかれらは当時ペルシア戦におけるアテナイ人の勇敢さを高く買って、アテナイにたいしてきわめて友好的な態度をとっていたからである）、しかし内心の意図を果たすことができずひそかな憤りをいだいた。そして両国の使いはそれぞれなんの咎《とが》めをこうむることもなく故国へ立ち去った。

〔九三〕このような経緯によってアテナイ人は、ごく短時日のあいだに都市のまわりに城壁を築くことができた。この工事が大急ぎでおこなわれたことは、今日でもはっきりとわかる。なぜなら土台石はありとあらゆる種類の石で敷かれていて、ある部分などは石と石との切組みがなされておらず、墓地の石碑やすでに何か別の用途に細工されている石材を寄せ集めて、適当な大きさや形のものを重ねていったものである。町の周壁を旧よりも拡張したためであり、このためにすべての資材があわただしく動員された。

またテミストクレスは、ペイライエウス港の残余の部分にも城壁をめぐらす案も実行させた（この工事はさきにかれがアテナイの執政官をつとめた年度に着手されていた）[17]。かれは、この地が自然によって形作られた三つの湾をかかえていることに眼をつけ、その地の利点を思い、また今や海軍国となったアテナイは勢力拡大のための絶好の機会を握っていると信じたからであり（じじつかれこそアテナイの発展は海洋制覇《せいは》にかかっている、と断言した最初の人物であった）、ここにただちにみずからの手でその礎《いしずえ》を置いたのである。

またアテナイ人が、今なおペイライエウス近辺へ行けば見られる厚さに壁を築いたことも、テミストクレスの意見による。これは交互二列にならんだ荷車が壁の間を行き交《か》いながら石材を運んだためである。そして内外両側の壁間の空間には砂利や粘土などを詰めず、そのかわりに直角に接面の切り組まれた巨大な石を挿入し、石と石とは鉄の鎹《かすがい》と熔鉛で接合された。しかし、壁の高さは、かれが意図したせいぜい半分にしか達しなかった。テミストクレスの計画では、城壁の高さと厚みが充分であれば、守備隊が少数あるいはきわめて弱体の老幼婦女からからなっていても、敵勢の攻撃を防禦することは充分可能であり、その間他の市民たちは軍船に乗り組むことができる、というのであった。

思うに、かれが船隊充実を第一義にしたのは、ペルシア王としては遠征軍の進路を、陸伝いよりも海上にえらんだほうが無難であるにちがいない、と考えたためであろう。またかれは、アテナイの町よりもペイライエウスのほうが利用価値が高いと信じていた。じじつ、かれはアテナイ人に、万が一にもかれらが陸上からの攻撃に耐えかねることがあれば、ペイライエウスに降りてきて船隊を動員すれば、敵勢が幾万あろうとも対抗できる、とたびたび忠告をくりかえしていた。

ともあれ、アテナイ人はこのようにしてペルシア勢退去ののち急遽、城壁の構築工事を終わり、一般の復旧工事もつづけていた。

〔九四〕一方、クレオンブロトスの子パウサニアス⑱は、ギリシア勢の総指揮官としてペロポネソス諸国の船隊二〇艘とともに、ラケダイモンから派遣された。同航船隊として、アテナイからは三〇艘、その他の同盟諸国からも多数の軍船が遠征に参加した。かれらはキュプロス島に遠征し、島の大部分を征服したのち、方向を転じてペルシア勢がたてこもるビュザンティオンに船をすすめ、パウサニアスの指揮下にこれを包囲、城攻めにして降服させた。

〔九五〕しかしこのときすでにパウサニアスは乱暴な振舞いに及ぶことがあり、一般のギリシア将士らのあいだで不評を買い、ことにイオニア人のように、ペルシア王から解放されてまだ日も浅いものたちはかれをいたく嫌った。そこでかれらはアテナイ勢のもとにおもむき、同族の誼《よしみ》によってアテナイ人がかれらの指揮者になることを要請し、あわせてもしパウサニアスが横暴な振舞いをなすときは、そのままに放置しないよう、申し入れた。アテナイ人はこの要請を承諾し、かれらの窮状を座視することのないよう、またその他一般の事態がもっとも好ましい解決に落ち着くように、意を用いた。

その間にパウサニアスの評判は故国にまで達し、本国ラケダイモン人は事の真否を糾明するために、かれを召還した。というわけは、かれの数々の罪状はラケダイモンをおとずれる一般ギリシア人の非難をうけ、かれの振舞いは戦争指揮者というよりもむしろ僭主の模倣《もほう》に近いと思われたからである。たまたま、かれが召還をうけたとき、ペロポネソス出身の将士ら以外のギリシア側同盟者らはみな、かれを嫌うあまり、アテナイ勢に与したわけである。かれはラケダイモンに帰還すると、個人にたいしてかれ自身が加えた不正行為について処罰をうけたが、最大の罪状については無罪の判決を言い渡された。

ともあれ、かれの罪状中とりわけ重視されていたのはペルシア王との内通であり、疑いの余地ない証拠があると見なされたのである。そこでラケダイモン人は、今回はパウサニアスを指揮官として国外に派遣せず、ドルキス以下数名のものに少数の兵士をつけて、パウサニアスの後任にしようとした。だが同盟諸兵は、かれらに指揮をゆだねることを拒否した。ドルキスらはこれを知ると帰国した。ラケダイモン人は、その後は後任の指揮者を派遣することをやめた。かれらは、国外に派遣されたものが、パウサニアスにおいて顕著にみられたように、みすみす堕落することを恐れた。またかれらとしては、このさいペルシア戦争の負担から逃れたい気持もあり、戦争続行のためには当時ラケダイモンと親交の厚かったアテナイが、指揮者として充分である、と考えたためでもある。

〔九六〕アテナイ人は、このようにパウサニアスにたいする嫌悪がもとで同盟諸国がアテナイ側に要請したため、指揮権をうけつぎ、その第一段階としてペルシア人追討のために、どの加盟国が軍資金、どの国が軍船を供給するべきかをとりきめた。その表向きの理由は、ペルシア王の領土に破壊行為を加え、報復する、ということであった。そのためにはじめてギリシア同盟財務官

という アテナイ人のための官職が設けられ、この職にあるものたちが同盟年賦金を収納することとなった[19]。年賦金というのは、同盟収入のうち貨幣で納入される部分の名称である。最初の年度に査定された年賦金は四六〇タラントンにのぼった。同盟財務局はデロス島に設置され、加盟諸国の代表会議は同島の神殿において開催されることとなった。

〔九七〕アテナイ人は、最初は同盟加盟国はおのおの独立自治権をもち、全員参加の議席上で衆議によって事を決する、という前提のもとに同盟盟主の議席を占めていた。しかるにペルシア戦争終結いらい今次大戦開始にいたる年月のあいだに、さまざまの事態を、戦争あるいは政治的な交渉によって決裁しなくてはならなくなった。まず、かれらとペルシア勢との紛争解決、次には同盟内での離叛国にたいする処置、さらには事あるごとにかならず容喙《ようかい》をこころみるペロポネソス同盟加盟国との対決、などであった。

この経緯を詳述することは明らかに本旨逸脱である。しかし私があえてこれを記したのは次の理由による。すなわち私より以前に著わされた史書は、その扱う時代がペルシア戦争前であれペルシア戦争そのものであれ、ことごとくこの戦後の時代の記述を省略している。またヘラニコス[20]はこの時期の事柄に『アテナイ史』中で触れてはいるけれども、関連記事は僅少《きんしょう》であり、年代は正確さを欠いている。しかるにこの時代の歴史こそ、アテナイ人の同盟支配権成立の段階を如実に示しているのである。

アテナ女神への初穂として年賦金の60分の1の金額が都市別に刻まれた前432年の石版

〔九八〕まず最初にアテナイ人は、ペルシア勢がたてこもるストリュモンの河畔の都市エイオンを包囲攻撃して降服させ、住民を奴隷にした。この作戦の指揮官はミルティアデスの子キモンであった。次にエーゲ海の島スキュロスを攻め、ここに住んでいたドロプス人を奴隷にし、自分らの植民市にした。またその後、アテナイ人とカリュストス人とのあいだに戦いが起こった。他のエウボイア諸都市はこの事件には中立を保っていた。やがてカリュストス人は条件つき降服をおこなった。これらの事件後、同盟から離脱したナクソス人にたいしてアテナイは兵をすすめついに城攻めにして降服させた。これはかつて同盟国であったものがその権限を奪われてアテナイの隷属国となった最初の例であるが、これと同じ運命は残余の同盟諸国をも次々に襲うこととなった。

〔九九〕離叛にいたらしめた原因にはさまざまのものが数えられるが、とりわけ、年賦金や軍船の滞納、またときには全面的な参戦拒否などが、主たる契機をなしていた。というのは、アテナイ人は同盟諸国が義務を遂行することを杓子定規《しゃくしじょうぎ》に要求し、このような重荷を担ったこともなく、また担う意志もないものたちにたいして苛酷な強制を課し、同盟諸国を苦しめたからである。またさあらずとも先ごろとはちがって、アテナイ人は盟主として一般的にいちじるしく不評判となってきていた。かれらは同盟軍を率いて遠征するときにも特権を行使するようになったので、ますます容易に同盟離叛国に強圧を加えることができるようになった。

しかし事態をここにいたらしめた責任は同盟国自身の側に帰せられる。なぜならば、故国からはなれることを嫌った多くの同盟諸国の市民らは、遠征軍に参加するのを躊躇《ちゅうちょ》し、賦課された軍船を供給するかわりにこれに見合う年賦金の査定をうけて計上された費用を分担した[21]。そのために、かれらが供給する資金をもとにアテナイ人はますます海軍を増強したが、同盟諸国側は、いざアテナイから離叛しようとしても準備は不足し、戦闘訓練もおこなわれたことのない状態に陥っていたのである。

〔一〇〇〕その後、同盟の参加を得たアテナイ勢は、ペルシア勢とパンピリア地方のエウリュメドンの河口方面で遭遇し、陸上戦と海戦をおこなった。同日に戦われた両面の戦闘においてアテナイ勢が勝ち、総計二〇〇艘にのぼるフェニキア軍の三段櫂船を捕獲ないしは撃沈した。アテナイ勢の指揮官はミルティアデスの子キモンであった。

その後しばらくして、タソス島市民がアテナイから離叛する事件が起こった。紛争の原因はタソス人が対岸のトラキア地方に所有していた通商基地と金脈の帰属権の問題であった。アテナイ勢は船隊を率いてタソス島を攻め、海戦を挑んで叛乱軍を破り、さらに上陸作戦をおこなった。

これと時を同じくしてかれらは、現在のアンピポリス、当時の名称ではエンネア・ホドイに植民市をひらく目的で、アテナイ市民と同盟諸国市民からなる計一万名の植民団をストリュモンの下流地帯に送り込んだ。かれらはエンネア・ホドイを攻略し、ここに住むエドニア人らをしたがえた。しかし、さらにトラキアの内陸地帯にすすんでエドニア領内のドラベスコスまで来たとき、かの地〔エンネア・ホドイ〕の植民活動にかねて敵意をいだいていた全トラキア人部族の総攻撃をうけて潰滅した。

〔一〇二〕一方、タソス島市民は海陸の戦いにおいて敗れ、籠城のやむなきにいたって、ラケダイモン人の干渉を求め、どうかアッティカ領に侵入して自分らの危急を救ってもらいたいと要請した。ラケダイモン人は、アテナイ側には内密に救援を約し、まさに実行に移さんとしたとき、障害にうちあたった。このとき地震が起こり、[22]これに乗じたラケダイモンの国有奴隷《ヘイロテス》らや、トゥリア人アイタイア人など周住民《ペリオイコイ》[23]らが叛乱を起こしてイトメの山塞《さんさい》にたてこもったためである。この国有奴隷というのは、そのほとんどがかつてのメッセニア人の子孫であり、メッセニアがラケダイモン人の領土となってから奴隷の身分に落とされていた。その由来から、国有奴隷たちはメッセニア人という総称で知られている。ともあれ、イトメにたてこもったかれらを相手にラケダイモン人は戦闘状態に入ってしまったので、タソス島の市民は籠城三年目に次の条件のもとにアテナイ勢に降服した。すなわち城壁を取り除くこと、船舶を譲渡すること、賠償金を査定どおり即刻支払い、査定された年賦金を爾後《じご》納入すること、トラキア本土の利権と金脈の所有権を放棄すること。

〔一〇二〕他方、ラケダイモン人は、イトメの叛乱鎮圧の戦いが長びいたために、アテナイをはじめ他の諸国に加勢を求めた。アテナイ人はキモンを指揮官として、おびただしい数の援兵を送った。とくにアテナイ人の加勢を求めた理由は、かれらが攻城戦に有能であるとの評判を得ていたことにあったが、しかし包囲作戦が長びくに及んで、ラケダイモン人はこの評判が口ほどにもないものだと思いはじめた。自分たちであれば、とうの昔に強襲を重ねて攻略したはずだ、と考えたからである。

そしてこの遠征がもとではじめて、ラケダイモン人とアテナイ人との友好関係にははっきりとした裂け目が入ることとなった。というわけは、ラケダイモン人は、いかに攻めてもすぐには敵城を落とすことができないとわかると、アテナイ人の不敵さと革新的な態度に不安をいだいた。また、方言習俗を異にするアテナイ人が現地に駐留をつづけると、イトメ山塞内部の叛乱軍の説得に応じて、革命を幇助《ほうじょ》することになるのではないか、と危ぶんだ。だが内心の猜疑を色にも見せず、ただ、もはやアテナイ勢の応援を必要とはしないから、という理由で同盟諸軍のなかからアテナイ勢だけを送り返したのである。

アテナイ人のほうでは、この送還命令の理由を尋常とはみとめず、その裏には無根の猜疑がかくされていることを知ると、屈辱を感じ、ラケダイモン人からこのような扱いをうけるいわれはないとして、ラケダイモンから撤兵するとただちに、ペルシア戦役にさいして両国間にむすばれていた同盟条約を破棄し、かわりにラケダイモンと交戦状態にあるアルゴス人と同盟をむすび、また同時にテッサリア人にたいしても、アルゴス、アテナイ両国は同一の誓文をかわし同様の同盟条約をむすんだ。

〔一〇三〕イトメにたてこもっていた叛乱軍は、一〇年目についに抵抗をつづけることが不可能となり、次の条件によってラケダイモン人に降服した。すなわち、かれらは休戦協定のもとにペロポネソスからの退却を許されるが、二度とこの地に足を入れてはならない。もし捕えられたなら、そのものは捕えたものの奴隷となる、というのであった。これに先だって、「イトメにましますゼウスにすがる嘆願者を放つべし」というデルポイの神託がラケダイモンに降《くだ》ったとかで、これもかれらに右の処置をとらせた理由になった。そこで叛乱に加わった国有奴隷は、男子、婦女、子供たちもペロポネソスを去った。アテナイ人は、このたびのラケダイモン人にたいする憎悪から、これら難民を迎えいれ、ちょうどそのころオゾリスのロクリス人の手から奪ったばかりであった、ナウパクトス市㉔の市民としてかれらを植民した。

また、メガラ人はコリントス人が境界争いで自分らを制圧したことを恨んで、ラケダイモンから離叛してアテナイ側の同盟に参加した。アテナイ人はメガラとペガイ㉕を占領し、メガラ市民のために、かれらの城市からニサイア港に達する長い城壁を構築し、アテナイ兵がその守備についた。この一件が重大な原因となって、コリントス人はアテナイ人にたいしてはじめて激しい憎悪を燃やすこととなったのである。

〔一〇四〕このころ、プサンメティィコスの子リビュア人イナロスがペルシア王にたいする叛乱を企てた。かれはエジプトと境を接するリビュアの王であったが、パロスの先にあるマレイア市㉖を根拠地として、ペルシア王アルタクセルクセスの手からエジプトの過半を離叛させ、かれ自身がこの地の統治者となるに及んでアテナイ人の加勢を求めた。アテナイ勢はそのときちょうど自国と同盟諸国の軍船計二〇〇艘を率いて、キュプロス島を攻撃中であったので、キュプロスの作戦を中止してエジプトにむかい、海からナイル河を遡航《そこう》して河流を制圧し、メンピスの三分の二を奪って、残る三分の一のレウコンテイコスと呼ばれる地区を攻撃した。この内部には、戦いに敗れて落ちのびたペルシア人、メディア人、ならびに叛乱軍に加担しなかったエジプト人などがたてこもっていた。

〔一〇五〕他方、本国のアテナイ人は船隊を率いてハリエイスにむかい、この地に上陸作戦をおこない、コリントス、エピダウロス両国勢を相手に戦ったが、勝利はコリントス勢にあがった。その後、ケクリュパレイア島沖合でペロポネソス勢船隊と海戦をおこない、アテナイ側が勝利を得た。その後アテナイとアイギナのあいだにも戦争が生じ、アイギナ島沖合で両国海軍の大海戦がおこなわれ、両側の同盟諸軍もこれに参加した。アテナイ勢は勝ち、しかも敵船七〇艘を捕獲すると、アイギナ島に上陸して敵の城市を包囲攻撃しはじめた。アテナイ側の指揮官は、ストロイボスの子レオクラテスであった。

これを見てペロポネソス同盟側はアイギナ市民救援を目的に、さきにコリントス、エピダウロス両国勢の配下にあった傭兵《ようへい》の重装兵三〇〇をアイギナ島に渡らせ、他方コリントス勢はゲラネイアの丘陵を占拠し、同盟諸軍を率いてメガラ領内に攻め降りた。かれらは、アテナイが多数の兵力をアイギナに送り、他方またエジプトにも進駐している現在、さらにメガラに援軍をくり出すことはできないだろう、もしアテナイが援軍を出すとすれば、アイギナの囲みを解いてその兵員を移動させねばなるまい、と考えたのである。

しかしアテナイ人はアイギナ攻撃中の軍勢を移動させず、そのかわりに、本国に残っていた最年長と最年少の兵員を動員し、ミュロニデスの指揮下にメガラにかけつけた。そしてコリントス勢と戦いを交えたが、押しつ押されつ引きわけとなって、両軍とも陣を引いた。しかし両勢いずれも、戦闘において優勢であったのは自分らのほうである、と信じていた。そしてアテナイ勢は（勝負なしとはいえ、じじつかれらのほうが優勢だったので）、コリントス勢の撤退後、勝利碑を立てた。他方、コリントス勢は戦闘の不首尾を町の老人らに嘲侮《ちょうぶ》されたので、ふたたび準備をととのえると合戦後一二日目にもなろうとするころ、メガラに侵入し先日の戦闘における勝利を主張して、勝利碑を立てようとした。するとアテナイ勢はこれにたいしてメガラから討って出て、勝利碑を立てていたものらを倒し、他のものらにも襲いかかって撃破した。

〔一〇六〕敗れたコリントス勢は退却に移ったが、そのうちのかなりの数の兵たちは急追されて道を誤り、ある私有地に入り込んでしまった。ところが運悪くそのまわりには大きい濠《ほり》が掘りめぐらされていて出口がなかった。これを知ったアテナイ勢は重装兵を正面に配して敵の退路を絶ち、周囲に軽装兵を立たせ、中に閉じこめられた敵兵を一人残らず投石によって打ち殺した。ここにコリントス側の損害は甚大な数にのぼった。しかしコリントス勢の本隊は故国に撤退することができた。

〔一〇七〕これとおよそ同じころ、アテナイ人は長壁をさらに延長する計画をたて、パレロンとペイライエウスの両港付近の海岸にまで拡張する工事に着手した。

また、ポーキス人はラケダイモン人の出身地《メトロポリス》であるドーリス人の地域に兵をすすめ、ボイオス、キュティィニオン、エリネオンの三城市を攻撃してその一つを奪った。ここに及んでラケダイモン人は、自国の重装兵一五〇〇、同盟諸国軍一万名をドーリス人救援におもむかせた。指揮官は、パウサニアスの子プレイストアナックスがまだ弱年であったため、その代理としてクレオンブロトスの子ニコメデスがこれをつとめた。そしてポーキス人に退陣を強いて、かれらが占領していた城市を返還せしめ、ペロポネソスへの帰路についた。

だが、かれらがクリサ湾[27]に路をとる場合にそなえて、海路を封鎖しようとアテナイ勢が軍船を浮かべて待ちかまえていた。とはいえゲラネイアの峰づたいにすすむことも、アテナイ勢がメガラとペーガイをおさえている以上、ラケダイモン側にとって安全とは思えなかった。ゲラネイア越えは悪路であるのみか、常時アテナイ勢の守備兵がおり、しかもこのときかれらがこの方面でも阻止しようとする気配が見えたからである。そこでラケダイモン勢はまずボイオティアにすすみ、ここにしばらくとどまって、もっとも安全な帰路を研究することに決めた。

本国アテナイのなかの一派は、かねて民衆の権利を奪い長壁構築を中止させることを望んでいたので、これを機にボイオティアのラケダイモン勢に密使を送り、かれらの気を煽《あお》ろうとした。この動きにたいして、アテナイ人は国内の兵員を動員し、アルゴス勢一〇〇〇名をはじめ同盟諸国軍の加勢を得て、ボイオティアにむかった。かれらの総数は一万四〇〇〇に達した。かれらは退路を絶たれた敵の虚をつき、あわせて民主制を脅かす不穏分子を絶つために兵をすすめたのである。同盟によって、アテナイ側にはテッサリアの騎兵隊も加わったが、戦闘に入るやラケダイモン側に寝返りをうった。

〔一〇八〕会戦はボイオティアのタナグラにおいておこなわれ、ラケダイモンと同盟諸国の軍勢に勝利があがったが、敵味方両勢ともおびただしい数の戦死者をだした。かくしてラケダイモン勢はメガラ領への進路を得て、この地の樹木を伐り倒すなどしてから、ゲラネイアを越えコリントスの陸峡を通って、ペロポネソスへ引きあげた。

アテナイ人は会戦後六二日目に、ミュロニデスの指揮下にふたたびボイオティア人を攻めた。そしてオイノピュタの戦いでボイオティア勢を打ち破り、ボイオティアおよびポーキスの各地に勢力を確立し、タナグラの周壁を取りつぶし、またオプスのロクリス人からはもっとも富裕な市民一〇〇名を人質にとった。そのころアテナイの長壁工事も一段落をとげた。これらの事件の後、アイギナ市民もアテナイ人の要求どおりに降服し、城壁を取り壊し、船舶を譲渡し、爾後査定どおりの年賦金を支払うこととなった。アテナイ勢は、トルマイオスの子トルミデスの指揮下にペロポネソス沿岸攻撃に船隊を派遣し、ラケダイモン人の造船所を焼打ちにし、コリントスの植民市カルキスを奪い、またシキュオン領内に上陸作戦をおこなって住民を撃破した。

〔一〇九〕他方、エジプトにおけるアテナイと同盟諸国の軍勢は駐留をつづけるあいだに、ありとあらゆる戦闘の体験を余儀なくされた。というのは、最初エジプトにおけるアテナイ勢の優勢がつづくと、ペルシア王はペルシア人メガバゾスに軍資金をもたせてラケダイモンに派遣し、ペロポネソス同盟を説きつけてアッティカに侵入させ、アテナイ勢をエジプトから撤退させる契機を作らせようとこころみた。しかし説得は功を奏さず、資金もむなしく費やされんとしたので、メガバゾスは残金をもってアジアに引き返した。王はそこでゾピュロスの子、ペルシアの将メガビュゾスに大軍を与えてエジプトにむかわせた。かれは陸路エジプトに到着すると、エジプト叛乱軍とその同盟諸国軍勢と戦って破り、メンピスからギリシア勢を駆逐し、ついにかれらをプロソピティスという島に追い込んだ。そして一年六ヵ月にわたってこれを包囲した。かれは島をめぐる水路を閉じて運河を干し、軍船を陸地に座礁させ、かつての島の大部分を陸続きにし、ついにこれを陸づたいに攻めて奪取した。

〔一一〇〕こうしてギリシア勢の企ては、六年間にわたる戦闘のすえ、潰滅に終わった。多勢の従軍兵のうち、リビュアを通過してキュレネまで逃げ落ちたものは僅少であり、ほとんど全部の将士は生命を失った。エジプトはふたたびペルシア王の領土となったが、ただ沼沢地の住民を治めるアミュルタイオス王の領土のみなお独立を維持した。というのは、沼沢地の面積は広大であるため、ペルシア勢といえどもかれを捕捉することができず、またじじつ沼沢地の住民はエジプトでは無二の猛勇をもって知られていたからである。エジプト叛乱の張本人と目されたリビュア王イナロスは、裏切りのわなに落ちてペルシア人に捕えられると磔刑に処せられた。

アテナイをはじめその他の同盟諸国からは、五〇艘の三段櫂船が交替で漕ぐ手を休めずエジプトにむかった。かれらは事件の結末を何も知らなかったので、メンデスに近いナイルの河口に船隊を寄港させた。するとまたかれらにむかって、ペルシア側の陸上部隊、海上からはフェニキアの海軍が襲来して軍船の過半数を撃破し、わずか半数にもたりなくなったアテナイ勢はふたたび海上に逃げのびた。大軍を率いてエジプトを襲ったアテナイと同盟諸国の遠征はこのような結末に終わった。

〔一一一〕またそのころ、テッサリア王エケクラティデスの子オレステスがテッサリアからアテナイへ亡命し、アテナイ人を説得して自分をテッサリア王に復位せしめようとした。アテナイ人は当時同盟関係にあったボイオティア、ポーキス両国の軍勢を加えて、テッサリアの城市パルサロスまで進軍した。かれらは、重装兵部隊の掩護が届く地域内では優勢をとなえることができたが（というのはそれより先ではテッサリア側の騎兵隊が道をはばんだからである）、城市を攻撃することができず、のみならず遠征の目的を何一つとして達成できなかったので、やむなくふたたびオレステスとともに不成功の裡にアテナイへ引きあげた。

この事件後ほどなくして、アテナイ勢一〇〇〇名はペガイに碇泊中の軍船に分乗して（アテナイ人はペガイを占有していた）、クサンティッポスの子ペリクレスの指揮下に沿岸航路をシキュオンにむかってすすみ、上陸勢を迎撃したシキュオン勢に白兵戦を挑んで、これを破った。その後ただちにアカイア人を同盟軍にくみ従え、海を越え、アカルナニアの城市オイニアダイを攻め、包囲攻撃をつづけた。しかしこれを攻略するにはいたらず、軍勢は故国に引き返した。

〔一一二〕それから三年後に、ペロポネソス同盟とアテナイとのあいだに五年間の休戦条約がむすばれた。そしてアテナイ人はギリシア本土における戦闘から手を引き、そのかわりにキュプロス島へ自国と同盟国の船二〇〇艘を派遣してこれを攻めた。指揮官はキモンであった。そのうち六〇艘は、エジプトの沼沢地の王アミュルタイオスの要請に応じてかの地にむかい、残余の船隊はキティオンの包囲攻撃に参加した。しかしキモンが斃《たお》れ、また饑饉《ききん》に襲われたのでキティオンから撤退し、キュプロス島サラミスの沖を通過した海域で、フェキニア、キュプロス、キリキアの連合軍と海戦、陸戦をまじえ、両戦における勝利を得て本国へ帰港、エジプトへむかった別働隊もこれとともにかの地から帰ってきた。

他方ラケダイモン勢は、この事があったのち、いわゆる神聖戦争に兵を送り、デルポイの神域を勢力下に収めたのち、これをデルポイ人の管轄にゆだねた。[28] しかしかれらが引きあげたのち、ふたたびアテナイ人は兵を送り、これを奪回してポーキス人の管理に復した。

〔一一三〕この事件後、しばらく経てから、アテナイ人は、ボイオティア人亡命者らが、オルコメノス、カイロネイアなどをはじめボイオティアのいくつかの地方にたてこもったので、これらの諸地方を敵と見なして打倒すべく、自国の重装兵一〇〇〇名に同盟各国の諸軍を加えて遠征をおこなった。指揮者はトルマイオスの子トルミデスであった。そしてカイロネイアを奪い市民を奴隷にし、守備隊をあとに残して引きあげた。アテナイ勢がコロネイアまですすんだとき、オルコメノスのボイオティア人亡命者、かれらに従うロクリス人、エウボイア人亡命者、その他かれらと意見をともにするものたちが一団となって、アテナイ勢を襲撃し、これと戦って勝ち、アテナイ勢の一部をうち倒し、一部を捕虜にした。ここにアテナイ人は兵員送還を条件として休戦条約をむすび、全ボイオティア領土から兵を引いた。こうしてボイオティアの亡命者たちは故国に復帰し、残りのボイオティア諸地方もふたたび独立自治権を回復した。

〔一一四〕この事件後、ほどなくしてエウボイアがアテナイ人の支配から離叛した。これを討つべくアテナイの軍勢を率いてペリクレスがすでにエウボイアに渡ったとき、かれらのもとに知らせが届き、メガラの離叛、ペロポネソス勢のアッティカ侵入計画、アテナイ守備兵がメガラ人に殺害され、ニサイアに逃れたものだけが助かったこと、メガラ人の叛乱にはコリントス、シキュオン、エピダウロスの諸国が介入していること、などが報じられた。ペリクレスは急遽エウボイアから軍勢を本土にもどした。

その後ペロポネソス勢は、パウサニアスの子ラケダイモン王プレイストアナックスの指揮下にアッティカに侵入し、エレウシス方面からトリアに及ぶ耕地に破壊行為を加えた。しかしそれよりさらに深入りすることはなく、本国へ引きあげた。そこでアテナイ勢はふたたび兵を送ってエウボイアに渡った。指揮者はペリクレスであった。そして全島を屈服せしめ、ヘスティアイア以外の諸都市を条約国にくみ従えたが、ヘスティアイアからは全市民を追放し、アテナイ人の占有地とした。

〔一一五〕かれらがエウボイアから兵を引いてからまもなくアテナイは、ラケダイモンとその同盟諸国とのあいだに、三〇年間休戦の和約をむすんだ。そしてそれに従い、ニサイア、ペーガイ、トロイゼン、アカイアをペロポネソス側に返還した。[29] これら諸地域はアテナイ人がペロポネソス側から奪取していたからである。

和約発効後六年目に、プリエネの帰属をめぐって、ミレトス人とサモス人とのあいだに戦いが起こった。戦いで敗れたミレトス人はアテナイにかけつけて、サモス側の非を攻撃した。またサモスに政変を起こそうと企てる幾人かのサモス市民が、個人的な立場からミレトス側の訴えに加わって、側面からこれを支持した。このような事情から、アテナイ人は軍船四〇艘をサモスにさしむけ、この地に民主制をたてた。またサモス市民のなかから人質として五〇人の子供、同数の市民をとり、これらをレムノス島に移し、サモスには監視兵を後に残して引きあげた。

しかしサモス人のなかにはアテナイ勢の干渉を待たずに、大陸に逃げのびたものが幾人かいた。かれらはサモス内に残っていた最有力者らと当時サルディスにいたペルシア太守、ヒュスタスペスの子ピッストネスとのあいだの連絡にたって両者間の同盟条約をむすび、また七〇〇名ばかりの傭兵を集めた。そして夜陰にまぎれてサモスに逆上陸すると、まず民衆派打倒の反革命を起こして敵のほとんど全部を屈服させ、次に人質にとられている自分たちの仲間をレムノス島から救出し終えると、アテナイからの離叛を宣言した。そしてアテナイ人監視兵とサモス駐在のアテナイ人施政官らの身柄をピッストネスに引き渡すと、ただちにミレトス進撃の準備にとりかかった。サモスの離叛と同時にビュザンティオン市民も叛乱を起こした。

〔一一六〕アテナイ人はこの知らせをうけると、サモス方面に軍船六〇艘を送ったが、そのうち一六艘をさいて別任務につけ（その一部はフェニキア海軍の動静を偵察するためにカリア水域に、一部はキオス、レスボス両国から援軍をつのるために、それぞれ航海していた）、残る四四艘はペリクレスをはじめ計一〇名の将軍のもとに、トラギア島水域で、二〇艘の兵員輸送船をふくむサモス海軍計七〇艘を敵にして海戦をおこない（サモス勢はみなミレトスからの帰路にあった）、アテナイ勢は勝利を得た。

その後、アテナイ本国からの加勢四〇艘と、キオス、レスボス両国からの二五艘が先遣隊に加わるに及んで、サモスに上陸、敵勢を圧倒して、敵城市を周囲三方から攻撃壁によって遮断《しゃだん》し、海上からも封鎖して、包囲態勢をかためた。ペリクレスは、フェニキアの攻撃船隊が接近しつつあるとの知らせをうけて、サモスを海上封鎖中の軍船六〇艘を動員し、急遽カウノスおよびカリアの水域に出動した。さきにサモス勢の船五艘がステサゴラス以下数名の使者を乗せて、フェニキア海軍の救援を求めて走っていたからである。

〔一一七〕このすきをねらってサモス人は、突然軍船を漕ぎ出して、無防禦のアテナイ勢宿営地を襲い、前哨船《ぜんしょうせん》を撃破し、迎撃に漕ぎ出そうとするアテナイ船隊を打破した。こうしてサモス近辺の水域を一四日間掌握して、望みの資材を搬入送出することができた。しかしペリクレスが帰ってくると、ふたたび海上は封鎖された。

その後、アテナイ本国から、トゥキュディデス、ハグノン、ポルミオンらの麾下の四〇艘、トレポレモスとアンティクレスの麾下の二〇艘、キオス、レスボス両国からの三〇艘が新手の応援に加わった。サモス勢は形ばかりの海戦をこころみたが、抗戦をつづけることが不可能となって、籠城九ヵ月目に城門をひらき、条約をむすんで降服した。その条件は城壁の取り壊し、人質、軍船譲渡、そして要求された賠償金を年次に分割して支払うこと、であった。ビュザンティオン市民も叛乱蜂起前と同様にアテナイの隷属国となる条件で降服を申し入れた。

〔一一八〕この事件が終わって幾年のへだたりもおかずして、(30) さきに記述した諸事件、すなわちケルキュラ紛争、ポテイダイア紛争をはじめ、その他今次大戦の直接的原因となったもろもろの事変が起きた。これらをふくめて、ギリシア人がおたがい同士のあいだで、また異民族にたいしてなしたすべての事績は、クセルクセスの撤兵から今次大戦勃発にいたる約五〇年の期間に成就された。この時間と事件の歩みとともに、アテナイ人はその支配圏をますます強固な組織となし、かれらはいちじるしい勢力拡張をとげた。

しかしラケダイモン人はこれに気づいていながら、干渉らしい干渉を見せず、ほとんど終始して静観の態度を変えようとしなかった。一つにはラケダイモン人の性癖として万やむをえざる場合を除いては、急いで戦いにおもむくことを好まぬためであったが、また自国の内乱がかれらの出足を鈍らせていた。やがてアテナイの勢力は衆目にも疑いないまでの発展をとげ、ついにはペロポネソス同盟をも侵蝕する事態となった。ここにいたってかれらはもはや看過するに忍びず、ただ全力を鼓舞して反撃するべきであるとし、なおできうればアテナイ勢力を潰滅させんとして今次の大戦を起こしたのであった。

さて、記述をもとにもどすと、ラケダイモン人は和約がすでに破られてアテナイ勢の侵略は事実であるとの判断を下すと、デルポイに使者を送り、開戦するべきか否かを神に尋ねた。伝えられるところでは、神はもしかれらが全力をつくすなら勝つであろう、そして神みずから、かれらが祈れば力をかす、祈らずとも加護を与える、という神託を与えた。

前四三二年夏、ペロポネソス同盟諸国は対アテナイ戦決行を票決し、戦争準備にとりかかる。一方同盟盟主国ラケダイモン（その首都がスパルタである）は幾度かにわたってアテナイに使節を派して、アテナイ側の政治的譲歩をせまる。最初は宗教的な呪いを清めよという形で、アテナイの指導者ペリクレスにたいする中傷をこころみる。ついで、ポテイダイアからの撤兵、アイギナ自治権返還、メガラ禁令解除、などの要求を伝える。最後に来た使節は、「諸君がギリシア人に自由を返してやるならば、まだ平和の可能性がある」と申し述べる。ラケダイモンはギリシア解放戦の指揮者という旗印を望んでいたのである。

これにたいしてアテナイ側では戦争回避論もとなえられるが、ペリクレスは相手側の要求はこれまでのアテナイの政策にたいする深刻な挑戦であることを指摘し、アテナイの国是を守るためには戦いをも辞すべきではないと主張する。『戦史』の記述によればここでペリクレスは、今回の大戦は武器と武器の衝突ではなく、海洋貿易、年賦金、海軍力に拠って立つアテナイと、農業本位のペロポネソス同盟諸国との、経済的持久力の争いとなるであろうことを予見し、この点におけるアテナイ側の絶対的優位を指摘したことになっている。この点は、さきにスパルタにおいて慎重論を述べたアルキダモスの見解と一致しており、また他方では開戦論の先鋒に立ったコリントスの主張にたいする徹底的な反論を形作っている。

しかし同時にペリクレスはアテナイ市民にたいして厳重な警告を発する。戦争中は支配圏の拡大を望んではならない、またみずからの手で危険を増す道をえらんではならない。アテナイはみずから誤算を恐れなくてはならない、と注意している。そして最後通牒をもたらした使節にたいしては、アテナイ側からの交換条件として、ラケダイモンは鎖国主義を排して門扉《もんぴ》を諸国に開放せよ、一四年以前のラケダイモンとの和平条約成立時に、アテナイ側同盟に自治権保有国が加わっていたなら今でも自治権を付与しよう、ラケダイモンは衛星諸国にたいする内政干渉をやめよ、ラケダイモン、アテナイ間の紛争解決には合法的決裁が望ましい、戦争はしかけないが、しかけられればうけて立つ、等々の返答を与えて送り返した。交渉は決裂したのである。

〔註〕

（1）史家の神話、伝説を扱う態度は独特で、もろもろの伝承はいちおう史実に根ざしていることを事実と認めるが、その事実の説明や評価は伝承によらず、自分の合理的判断によって再考証する。

（2）このような風俗はアッティカの壺絵にも散見されるが前四八〇年以降にはしだいにすたれた。

（3）物質財貨の余剰蓄積は戦力に転換されうる、という論理はペロポネソス戦争前夜のペリクレス、アルキダモス両者の演説でも、骨子となっている。

（4）この伝説はエウリピデス『ヘラクレスの子ら』に劇化されている。ミュケナイ王国の系図は、

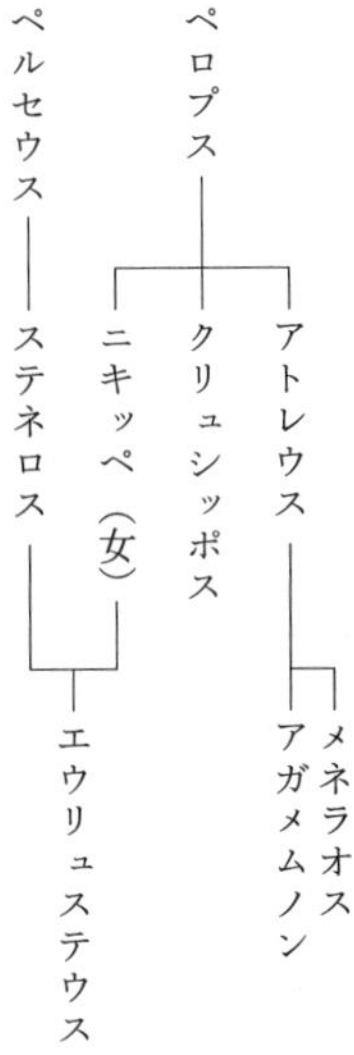

（5）この論は、『戦史』をつらぬく政治と軍備の基本的な大綱を古い時代にあてはめたものにすぎない。つまり、海を支配するものは望みの地を従えることができるが、陸を支配するものは容易に遠隔の地を攻めえない。

（6）計一〇万二〇〇〇名。『戦史』諸戦で動員されている兵力に比すれば、驚くべき大軍勢といってよい。しかしトロイア遠征はギリシア全土からの大遠征、その割にすれば少数である、との意味で

あろうか。
(7) ドーリス人の侵入についての疑義はまだ充分に解明されていない。侵入形態と経路はかならずしも明らかではなく、幾波もの侵入がおこなわれたともいわれている。
(8) 史家はおそらく前四〇四年をさして、今次大戦の終わった年としているのであろう。
(9) ケルキュラはコリントスの植民市であった(前七三〇年ころ建設)。
(10) ダレイオスの没年は前四八五年。
(11) いわゆるリュクルゴスの立法による。
(12) 実際にはその間に二度にわたるメッセニア戦争(旧住民との領土争奪戦争)があり、ラケダイモンの政治制度には多々改変が加えられたと考えられる。
(13) アテナイ市で最大の祝典、女神アテナの誕生を祝う。古典期におけるその情景はパルテノン神殿のフリーズ彫刻に写されている。
(14) アルテミシオンとサラミスの海戦、テルモピュライとプラタイアの陸戦。
(15) 前四四五年にアテナイとペロポネソス同盟のあいだに結ばれた。
(16) サラミスとプラタイアの戦い。
(17) 後世の伝によれば前四九三/二年と言われている。
(18) スパルタ二王家の一つ、アギアダイ一族に属する。その系譜は次のとおりである。

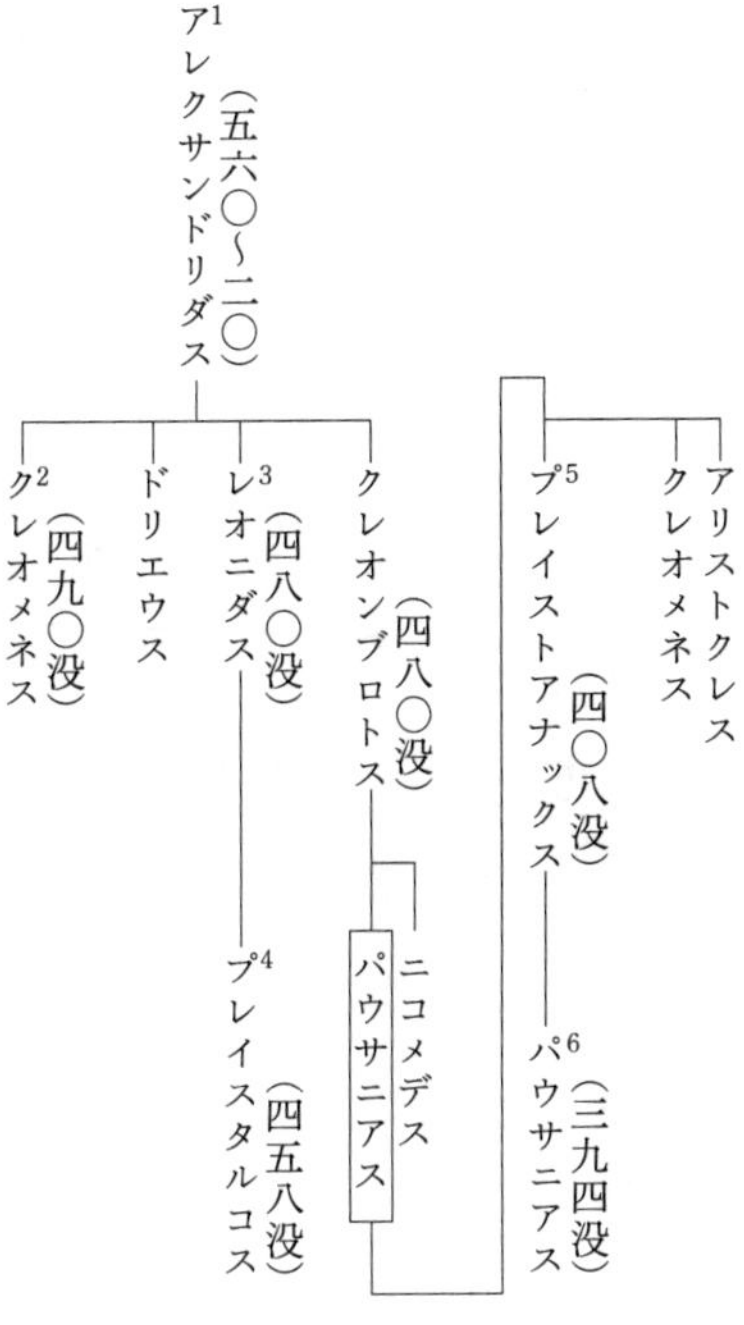

(19) 約二〇〇の加盟国から毎年収納された年賦金のうち、各国負担金額の六〇分の一がアテナ女神への初穂として奉納された。

(20) レスボス生れの人。前五世紀末に、アテナイの執政官表を年代基準として、『アテナイ史』を著わす。

(21) 査定は四年目ごとにおこなわれ、ディオニュシア祭（早春）を納期としていた。

(22) この災害はラケダイモンの人口に致命的な打撃を与えたのではないかと言われている。「ヘイロテス」は国家の所有に属する隷農であり、奴隷身分であったが、自由に売買される奴隷とは異なり、一定の農地に付属し、定量の年貢を納めていた。ただ市民人口よりはるかに多数だったために、スパルタ市民はかれらの監視に全力をあげていた。

(23) 周住民はスパルタの周辺で地方自治体を営む群小部落の自由民でいわゆる「ラケダイモン人」の中にふくまれたが、スパルタ市民のような参政権はなかった。トゥリア、アイタイアは、メッセニア湾岸に近く位置していた。

(24) ナウパクトスはコリントス湾の入口に位置し、『戦史』を通じてアテナイ側の西方支配にとって無二の重要性をもつ根拠地となった。

(25) ペガイはコリントス湾に面し、アテナイ側にとっては基地ナウパクトスとの便を増すうえで重大なプラスであったが、コリントスにとってはこのうえない脅威となった。

(26) 後世のアレクサンドリア付近。

(27) コリントス湾、本訳ではこの名称をもちいる。

(28) オイノピュタの会戦後、アテナイとの同盟によってデルポイはポーキス人の管理下に置かれていたもののごとくである。古代ギリシアの政治には神託が重大な役割を占めていたので、デルポイの神託殿を支配下にもつことはだれしも望むところであった。

(29) ペロポネス側はアテナイの海洋支配と同盟機構を恒常的にみとめ、アテナイ側はペロポネソスにたいして侵略攻撃を加えない、というのが、平和条約の基本線であった。ラケダイモンにとって、この段階においてアテナイが強力であることは、ボイオティアを牽制し、コリントスを味方につけておく契機となり、あながち損ばかりではなかったのである。

(30) 以上で「五〇年史」は終わり、記述は二四節以下の大戦前夜史にむすびつく。この間のアテナイの文学、芸術、建築などの諸分野における業績は、ギリシア文化の絶頂をきわめたが、作者はそれらに一言も触れず、ただ「戦争の歴史」をつづる。

巻二

戦争開始を直接に促すこととなったのはプラタイア事件である。前四三一年三月七日ごろ、ボイオティア領内にあるアテナイの同盟国プラタイア市が、テーバイ勢の夜襲をうける。テーバイはボイオティア連邦の盟主国でありまたペロポネソス同盟に連なる大国であるが、対アテナイ戦の切迫を知って近隣のプラタイアをアテナイ側から離脱させようと武力干渉をこころみたのである。だがこの作戦は挫折し、その結果ペロポネソス同盟対アテナイの関係はついに最終的に悪化する。

それから二ヵ月有余、ペロポネソス同盟とアテナイ側同盟の両陣営は戦争準備に最後の拍車をかける。アテナイ側は強大な城壁と海軍の力に依存して、平野における戦闘を回避してもっぱら持久戦による敵戦力消耗をはかる。アテナイの領土（アッティカ）の多数の集落に居住していた大多数のアテナイ市民たちは、城壁内に移住して窮乏生活に耐えることとなる。家畜類は一まとめにしてエウボイア島に移送される。

他方ペロポネソス同盟側は、大量の陸上部隊を同盟諸国から徴集し、これをアテナイ領内に投入して耕地の破壊、果樹の伐採に当たらしめる作戦を立てる。

前四三一年五月下旬、アテナイ領にペロポネソス同盟軍は侵入、破壊行為を重ねつつ漸進して、アテナイの城壁からその姿が望見できるまでに接近する。ペリクレスはアテナイ人には迎撃を許さず、侵入軍が領内にいるあいだに軍船一〇〇艘、重装兵一〇〇〇名、弓兵四〇〇の攻撃船隊を出港させて、ペロポネソス半島沿岸諸地域にたいする攻撃をおこなわしめる。同時にまた軍船三〇艘をエウボイア、ロクリス地方に送って警戒に当たらしめる。ペロポネソス勢は農繁期が近づくとアテナイを後にして故地にもどる。このような戦いの経過はペリクレスの予測したとおりであって、ペロポネソス側は毎年農閑期の四、五月ころから一月前後のあいだアテナイ領で破壊をほしいままにするが、これにたいしてアテナイ側は強力な船隊と陸戦部隊をペロポネソスに派して海辺諸市を脅かしつづける、というシーソー・ゲームが前四二五年夏までくりかえされる。大戦初期においてはアテナイ側の物的・心理的被害は大きいが、数年間この状況がつづくとペロポネソス側にとってもきわめて深刻な事態を招来することとなる。

毎年主たる戦闘は春から秋までのあいだにおこなわれ、冬期から翌春までは大規模な軍勢の移動はおこなわれず、小康状態が復することとなる。

〔三四〕 同冬、[1] アテナイ人は祖国の慣習[2]に従って、今次大戦の戦没者たちの国葬をとりおこなった。それは次のごとくになされた。

葬儀のおこなわれる二日前に式幕を張った霊壇《れいだん》に戦死者の遺骨をまつり、遺族の者たちはそれぞれ心ゆく捧げものを供える。埋葬のときがくると、葬儀の行列は、部族《ピューレー》べつに[3]一つの糸杉の霊棺に遺骨を収め、これを車にのせて引かせていく。亡きものはみな自分の部族のものたちの骨とともに収められるのである。さらに、おおいのかけられた棺架が、空《から》のままこれにつづいて運ばれていく。これは行方不明となって屍体の収容されなかった戦死者たちのためである。葬儀の列に加わりたいものは、市民、他国人のべつなく許される。また遺族の女たちは墓地に集まって追悼の嘆きをあげる。行列は国家の墓地につくと霊棺を安置する。墓地は町の郊外のわけても美しい場所にあって、[4]戦いのたびに命をささげたものたちがここに埋められている。ただマラトンの戦死者だけは例外で、アテナイ人はかれらの並みすぐれた武徳を称《たた》えて、マラトンの地に死者をほうむった。霊棺が土でおおわれてしまった後で、戦死者にふさわしい讃美の言葉が述べられる。これを述べる役割は、識見ひときわすぐれ、市民の高い尊敬をうけているもののなかから、国がえらんだ人間に与えられる。これが終わると、参列者は帰っていく。アテナイ人の葬儀はこのようにおこなわれる。そして戦時中をつうじて国の葬儀がおこなわれるたびに、この慣習どおりの儀事がすすめられた。

さて初年度の戦没者の葬儀のおりに、弔辞《ちょうじ》者にえらばれたのはクサンティッポスの子ペリクレスであった。儀事がその段にいたると、かれは墓前からはなれて、会衆全部に聞こえるように高く築かれた壇に登ると、次のような言葉を述べた。

〔三五〕「かつてこの壇に立った弔辞者の多くは、この讃辞を霊前のしきたりとして定めた古人を称えている。戦いの野に生命を埋めた強者らには、讃辞こそふさわしい、と考えたためであろう。しかし思うに、行為によって勇者たりえた人々の栄誉は、また行為によって顕示されれば充分ではないか。なればこそ今、諸君の目前でおこなわれたように、この墓が国の手でしつらえられたのである。それに反して、多くの勇士らの勇徳が、わずか一人の弁者の言葉の巧拙によって褒貶《ほうへん》され、その言うなりに評価される危険は断じて排すべきだと私は思う。なぜならば、真実の評価をなすべき基礎を欠く場合、公正な発言をおこなうことはきわめてむずかしい。事実を知り同情をもって耳を傾けるものは、おのれの心情や理解が弁者の言葉には汲みつくされていないと考えるであろう。逆に事実をわきまえず、しかもおのれの力量をもってしては成しがたい事績を聞いて嫉妬するものは、弁者の誇張を憤る場合も多々あるからだ。なぜなら、他者への讃辞は聞き手の自信を限界とし、その内にとどまれば素直に納受されるが、これを越えて讃辞を述べれば、聞き手の嫉妬と不信を買うにとどまる。しかしながら、戦没者への讃辞は古人が嘉《よ》しとした慣例ゆえ、私もしきたりを守り、諸君のできるだけ多くの人々の心情と理解を言葉につくすよう、つとめなくてはならぬ。

〔三六〕まず私は、わが祖先に讃辞をささげたい。今日この場にあって、祖先の思い出に最初の位をゆずるのはわれらの義務であり、この機にふさわしいからである。なぜならば、この土を、わが血脈の祖先らは古《いにしえ》よりつねに住み耕やし、その自由を守る勇徳によって世々今日にいたるまで子らにゆずり渡してきた。そのゆえにわれらは遠き祖先に与うべき讃辞を惜しまない、だがそれにもまさる高い讃辞をわれらの父にささげねばならぬ。われらの父は古き領土に加えて、営々辛苦して今日の支配圏を獲得し、これを今日のわれらに残していった。そしてここにいるわれら自身、今なお壮《さか》んな活動期にある者たち⑤は、受けついだ支配をいや増しに押し広げ、わが国の備えをあらゆる面で充実させ、和戦のいずれを問わず、かつてなき完全な態勢を把握するにいたった。ここに到達するまでの戦いの道程は、われらや父たちがギリシアの内外から襲う敵勢を勇敢に撃退し、かの戦いにはこの地を、この戦いにはかの地を得たという一々の手柄話に伝えられて、諸君はすでに熟知のこと、ながながとこれをくり述べることを省きたい。

しかしながら、われらがいかなる理想を追求して今日への道を歩んできたのか、いかなる政治を理想とし、いかなる人間を理想とすることによって今日のアテナイの大をなすこととなったのか、これをまず私は明らかにして戦没将士にささげる讃辞の前置きとしたい。この理念を語ることは今この場にまことにふさわしく、また市民も他国の人々もこの場に集《つど》うものすべて、これに耳を傾けるものには益するところがあると信ずる。

〔三七〕われらの政体は他国の制度を追従するものではない。ひとの理想を追うのではなく、ひとをしてわが範に習わしめるものである。その名は、少数者の独占を排し多数者の公平を守ることを旨として、民主政治⑥と呼ばれる。わが国においては、個人間に紛争が生ずれば、法律の定めによってすべての人に平等な発言がみとめられる。だが一個人が才能の秀でていることが世にわかれば、輪番制に立つ平等を排し世人⑦のみとめるその人の能力に応じて、公の高い地位を授けられる。またたとえ貧窮に身を起こそうとも、国に益をなす力をもつならば、貧しさゆえに道を閉ざされることはない。われらはあくまでも自由に公につくす道をもち、また日々にたがいに猜疑の目を恐れることなく自由な生活を享受している。よし隣人がおのれの楽しみを求めても、これを怒ったり、あるいは実害なしとはいえ不快を催すような冷視を浴びせることはない。私の生活においてわれらはたがいに制肘《せいちゅう》を加えることはしない、だがこと公に関するときは、法を犯す振舞いを深く恥じ恐れる。時の政治をあずかるものに従い、法を敬い、とくに、侵されたものを救う掟《おきて》と、万人に廉恥の心を呼びさます不文の掟とを、厚く尊ぶことを忘れない。

〔三八〕われらはまた、いかなる苦しみをも癒《いや》す安らぎの場に心をひたすことができる。一年の四季をつうじてわれらは競技や祭典を催し、市民の家々の美しいたたずまいは、日々に喜びを改め、苦しみを解きながす。そしてわが国の大なるがゆえに、あらゆる土地のすみずみから万物の実りがここにもたらされる。すべての人々が産みいだす幸を、わが国土のめぐみと同様に実らせ味わうことができるのである。

〔三九〕また、戦いの訓練に目を移せば、われらは次の点において敵側よりもすぐれている。まず、われらはなんびとにたいしても都を開放し、けっして異国の人々を逐《お》い払ったこと[8]はなく、学問であれ見物であれ、知識を人に拒んだためしはない。敵に見られては損をする、という考えをわれらはもっていないのだ。なぜかと言えば、われらが力と頼むのは、戦いの仕掛けや虚構ではなく、事を成さんとするわれら自身の敢然たる意欲をおいてほかにないからである。

子弟の教育においても、彼我のへだたりは大きい。かれらは幼くして厳格な訓練をはじめて[9]、勇気の涵養《かんよう》につとめるが、われらは自由の気風に育ちながら、彼我対等の陣をかまえて危険にたじろぐことはない。これは次の一例をもってしても明らかである。ラケダイモン人はわが国土を攻めるとき、けっして単独ではなく、全同盟の諸兵を率いてやって来る。しかるにわれらは他国を攻めるに、アテナイ人だけの力で難なく敵地に入り、おのが家財の防禦にいとまない敵勢と戦って、りっぱにかれらを屈服させることができる。しかもいまだかつてなんびともわれらの総力を相手に戦場で遭遇したためしはない。われらは余力をさいて海軍の操練をおこない、陸上部隊を諸地に派兵しているからだ。たまたま敵勢がわが軍の一小部分と遭遇しこれに勝とうものなら、全アテナイ勢を破ったかのごとくに豪語し、敗れればまた全軍に打ち破られたかのごとくに言う。

ともあれ、苛酷な訓練ではなく自由の気風により、規律の強要によらず勇武の気質によって、われらは生命を賭《と》する危機をも肯んずるとすれば、はやここにわれらの利点がある。なぜなら、最後の苦悶に耐えるために幼少より苦悶に慣れ親しむ必要がない。また死地に陥るとも、つねに克己の苦悩を負うてきた敵勢にたいしていささかのひるみさえも見せぬ。これに思いをいたすとき、人はわが国に驚嘆の念を禁じえないだろう。だがわれらの誇りはこれにとどまるものではない。

〔四〇〕われらは質朴のうちに美を愛し、柔弱に堕することなく知を愛する。われらは富を行動の礎とするが、いたずらに富を誇らない。また身の貧しさをみとめることを恥とはしないが、貧困を克服する努力を怠るのを深く恥じる。そしておのれの家計同様に国の計にもよく心をもちい、おのれの生業に熟達をはげむかたわら、国政のすすむべき道に充分な判断をもつように心得る。ただわれらのみは、公私両域の活動に関与せぬものを閑を楽しむ人とは言わず、ただ無益な人間と見なす。そしてわれら市民自身、決議を求められれば判断を下しうることはもちろん、提議された問題を正しく理解することができる。理をわけた議論を行動の妨げとは考えず、行動に移るまえにことをわけて理解していないときこそかえって失敗を招く、と考えているからだ。

この点についてもわれらの態度は他者の慣習から隔絶している。われらは打たんとする手を理詰めに考えぬいて行動に移るとき、もっとも果敢に行動できる。しかるにわれら以外の人間は無知なるときに勇を鼓するが、理詰めにあうと勇気を失う。だが一命を賭した真の勇者とはほかならず、真の恐れを知り真の喜びを知るゆえに、その理を立てていかなる危険をもかえりみないものの称とすべきではないだろうか。

またわれわれは、徳の心得においても、一般とは異なる考えをもつ。われらのいう徳とは人からうけるものではなく、人にほどこすものであり、これによって友を得る。またほどこすものは、うけた感謝を保ちたい情にむすばれ、相手への親切を欠かすまいとするために、友誼《ゆうぎ》はいっそう固くなる。これに反して他人に仰いだ恩を返すものは、積極性を欠く。相手を喜ばせるためではなく、義理の負い目をはらうにすぎない、と知っているからだ。こうしてただわれらのみが、利害得失の勘定にとらわれず、むしろ自由人たるの信念をもって結果を恐れずに人を助ける。

〔四一〕まとめて言えば、われらの国全体はギリシアが追うべき理想の顕現であり⑩、われら一人一人の市民は、人生の広い諸活動に通暁し、自由人の品位を持し、おのれの知性の円熟を期することができると思う。そしてこれがたんなるこの場の高言ではなく、事実をふまえた真実である証拠は、かくのごとき人間の力によってわれらが築いた国の力が遺憾なく示している。なぜならば、列強の中でただわれらの国のみが試練に直面して名声を凌《しの》ぐ成果をかちえ、ただわれらの国にたいしてのみは敗退した敵すらも畏怖をつよくして恨みを残さず、従う属国も盟主の徳をみとめて非をならさない。かくも偉大な証蹟をもってわが国力を衆目に明らかにしたわれらは、今日の世界のみならず、遠き後の世にいたるまで人々の賞嘆のまととなるだろう。

われらを称えるホメロスはあらわれずともよい。言葉のあやで耳を奪うが、真実の光のもとに虚像を暴露するがごとき詩人の助けを求めずともよい。われらはおのれの果敢さによって、すべての海、すべての陸に道をうちひらき、地上のすみずみにいたるまで悲しみと喜びを永久にとどめる記念の塚を残している。そしてかくのごときわが国のために、その力が奪われてはならぬと、いまここに眠りについた市民らは雄々しくもかれらの義務を戦いの場で果たし、生涯《しょうがい》を閉じた。あとに残されたものもみな、この国のため苦難をもすすんで耐えることこそ至当であろう。
〔四二〕私がわれらの国についてかくも長く語った理由は二つ、一つにはこのような栄誉を担う諸君とそうではない敵勢とにとって、この戦いに勝つか負けるかはまったくちがった意味をもつことを諸君に自覚してもらいたかった。また一つには、明瞭な礎の上に戦没者の功を明らかにしたく思ったからである。
しこうしてすでにかれらの功績の主たるものは述べつくされた。なぜなら、私が国にささげた讃美は、ここに眠る人々やかれらと行動をわかちあった人々の勇徳によって真の美を得たからである。ギリシアに人多しといえども、この市民たちのように、讃辞の重みにまさるとも劣らぬ実績の重みを担って平衡を逸しないものがいくたり見いだせようか。いまこの地に安らぐものたちの最期こそ、一個の人間の徳を何よりも先んじて顕示し、これを最終的に確認した証《あかし》である、と私は思う。たとえなにがしかの欠陥をもてるものでも、祖国のために戦ってあっぱれ勇士の振舞いをとげれば、この徳は何にもまさるものとしてみとめられてよい。善の輝きによって悪を消し、公に益することによって私の害をつぐなったからである。かれらのなかには一人として、富を愛《め》ずる未練さから卑怯《ひきょう》の振舞いをしたものはなく、また貧窮から脱し逸楽を願う心から死をためらうものもなかった。おのれの満足よりも敵にたいする報復を恋い求め、これこそ万死に値する最高の美と確信して、死を覚悟で敵を討ち、至高の祈願を全うすることを決意した。そしてさだかならぬ勝敗の運を希望に託し、目前に迫る敵戦列にたいしてすべてをおのが槍と盾に託することを潔しとした。危険のさなかに残っては、命のかぎり立ちつくすことこそ、退いて身を守るより貴《とうと》しと信じて、かれらは来たるべきものを生命でうけとめ、おのが名を卑怯のそしりから守った。ついに死の手につかまれたとき、恐れは去り、生死の分明はとるに足りぬ偶然のさだめという誇らかな覚悟がやどった。

〔四三〕こうしてこの市民たちは、われらの国の名にふさわしい勇士となった。残されたものたちは、道のより安らかならんことを祈るがよい、だが、敵勢にむかってはいっそう果敢なる戦意をゆめ忘れてはならぬ。敵を撃破すればいかに大きなしあわせが待っているかということは諸君も承知のはず、またこの場で喋々《ちょうちょう》と述べる要もない。とすれば、諸君はただ報国のすすめに満足するだけではなく、われらの国の日々の営みを心にきざみ、これを恋い慕うものとならねばならぬ。そしてその偉大さに心をうたれるたびに、胸につよく嚙《か》みしめてもらいたい、かつて果敢にもおのれの義務をつらぬいて廉恥の行ないを潔くした勇士らがこの大をなしたのである、と。かれらは身は戦いの巷《ちまた》に倒れようとも、おのが勇徳を国のために惜しむべきではないとして、市民がささげうる最美の寄進をさしのべたのである、と。

なぜならば、かれらは公の理想のためにおのが生命をささげて、おのが名には不朽の賞讃を克《か》ちえたるのみか、衆目にしるき墓地に骨をうずめた。いま安らぎを与えているこの土ばかりがかれらの骨を収めているのではない。かれらの英名は末ながく、わが国に思いをいたすものの言葉にも行ないにも、おりあるたびに語り伝えられる。世にしるき人々にとって、大地はみなその墓というべく、その功はふるさとにきざまれた墓碑にとどまらず、遠き異郷においても生ける人々の心に碑銘よりしるき不文の碑となって生きつづけていく。

かれらの英名をもし諸君が凌《しの》がんと望むなら、幸福たらんとすれば自由を、自由ならんとすれば勇者たるの道あるのみと悟って、戦いの危険にたじろいではならぬ。真に生命をも軽しとする人間は、さいわいの望みを絶たれ苦悩にあえぐものの中にはいないはず、いな、運命の逆転を恐れるもの、逆転によって現世のしあわせが大きくゆらぐ恐れをもつ場合にのみ、人は生命の危険を忘れうる。誇りをもつ人間ならば、怯懦《きょうだ》のために屈辱をなめる苦しみは、祖国を信じ力のかぎり戦いながら突如生命を絶たれるよりも、はるかに耐えがたいと思うからだ。

〔四四〕こう考えればこそ、ここに集まっている戦死者の親たちには、憐れみの言葉を語るまい、ただ一言、私は慰めの言葉を伝えたい。あなたたちは、さだかならぬ人生の転変をつうじて人となり、すでに覚悟も固いはず、人の世のしあわせとは、死すべきときには、あなたたちの子供らのように、死にふさわしい至高のいわれをもつこと。そして悲しむべきときには、あなたたち自身のように、何よりも貴い嘆きをもったことではないか。生にこめられた幸福が、死にこめられたしあわせによってたがいに補いあっているからだ。

前5世紀アッテカの壺（ユトロポリス）。墓碑として用いられた。横たわる死者の周りには4人の女たちが嘆きとむらい、下段の騎乗の若者たちは死者への訣別を告げている。

もとよりあなたたちの悲しみを除くことがむずかしいことは、私にもよくわかっている。ことに人のさんざめく幸福をみれば、楽しかりし昔を思い、思い出を恨むこともあろう。しあわせを知らぬものには不幸も辛くはない、しあわせをつねとし、これを奪われたものこそ不幸の嘆きはひとしお辛いのだ。

しかし悲哀には勝たねばならぬ、まだ子供がもてる年の人々は次の子供たちに希望を託すがよい。年を追って育つ子らが亡き子らの追憶をおのれの心から遠ざけてくれよう。また新しき子らは亡きものの空《あき》を埋め、守りを固くし、国にも二重の益をなすこととなろう。しこうして市民たるもの、みなおのれの子の生命にかかわると思えばこそ、対等と正義を政治の場において主張しうるのではないだろうか。またあなたたちのなかで、すでに年老いた人々は、久しき人生をしあわせに過ごしえたことを果報に思い、残る悲しみもあと日数みじかいものとして、先立った子らの栄光によせて悲しみをやわらげてもらいたい。諺にも言う、ただ名を惜しむ心のみが老いを知らぬ、仕事をなし終えたあなたたちの境涯にあっては、けっして我欲に汲々《きゆうきゆう》として老醜をさらしてはならぬ、人々の敬愛を集めるものとなってもらいたい。

〔四五〕残された子供たち、弟たち、諸君にとってこれからの試練はけわしいものとなる（人はみな逝《ゆ》きし父兄たちを称えるからだ）、いかに諸君が克己精励して徳を磨くとも、かれらを凌駕《りようが》することはおろか等しいとさえ思われず、つねにやや劣るとの評に耐えねばなるまい。生者が死者と競うとき、見るものは生者に嫉妬を覚えるが、死者にはすなおな好意をささげるからだ。このたび夫を失うこととなった人々に、婦徳について私から言うべきことはただ一つ、これにすべてのすすめを託したい。女たるの本性にもとらぬことが最大の誉れ、褒貶いずれの噂をも男の口にされぬことをおのれの誇りとするがよい。

〔四六〕しきたりに従い言葉によって述べるべきものを、私は死者にささげた。行為によってかれらがうけるべき埋葬の礼はすでにとどこおりなくおこなわれ、かれらの子らがうけるべき養育は、この日から成年の日まで国が国費によっておこなうであろう。この特典は、かくのごとき試練に耐えた勇士らとその子らに、国がささげる栄冠である。徳に至高の誉れを与うる国は、徳集まり国政栄える、という。ともあれ、嘆きを身内のものにつくし終われば、ここを立ち去るがよい」

〔四七〕その冬の葬儀はかくのごとくとりおこなわれた。そしてこの冬が終わると、今次大戦の第一年が終わった。

翌年の初夏、[11]ペロポネソスをはじめ同盟諸国は、初年度と同じく各国総兵力の三分の二を動員して、アッティカに侵入し（総指揮官はラケダイモン王、ゼウクシダモスの子アルキダモスであった）、陣をさだめて耕地に破壊行為を加えた。そしてかれらが侵入してから幾日も経ずして、アッティカではアテナイ人のあいだで疫病発生の兆候があらわれはじめた。このような変事は諸地方に前例があり、なかんずくレムノス近辺で暴威をふるったことが伝えられているが、今次の規模ほどに疫病が蔓延《まんえん》し、これほど多くの人命に打撃を与えた例は、まったく前代未聞であった。

はじめは医師もそれがなんであるか実体をつかむことができなかったために、療治の効をあげることができず、それのみかかれらは患者に接する機会がもっとも多かったので、自分たちがまず犠牲者になる危険にさらされた。またその他、人の知るかぎりの手をつくしても、病を治すことができなかった。患者たちは、あらゆる神殿に助けを求めて嘆願につめよせ、予言の社やその他これに類する神力にすがったが、なんの利益《りやく》も得られず、やがてはみな病苦に打ち負かされて、もはやこのような場所に寄りつかなくなってしまった。

〔四八〕一説によると、疫病はエジプトのナイル上流地域にあるエチオピアに発生し、やがてエジプトからリビュア一帯に広がって、さらにはペルシア領土の大部分をも侵した、といわれている。アテナイの市街地においてはまったく突然に発生したので、また最初に感染したのはペイライエウスの住民であったところから、アテナイの巷ではペロポネソス勢が貯水池に毒を入れたのかもしれぬ、という噂さえ流れた。ペイライエウスには、清水の泉がまだなかったのである。[12]やがて病害はペイライエウスからアテナイの市街に及び、ここにいたって死亡者の数はたちまち激増した。

この疫病の、ありうべき原因とか、また人体にかくもはなはだしい異常をきたすに足る諸因については、医学者も市井人もおのおの意見をもっていることと思うので、私はあえてこの点について意見をさしはさまない。ただ私は病状の経過について記したい。またいつなんどき病魔が襲っても、症状の経過さえよく知っていれば誤診をふせぐよすがにもなろうかと思い、[13]自分自身の罹病《りびょう》経験や他の患者の病態を実見したところをまとめて、主たる症状を記したい。

ギリシアの泉。祭祀のために女たちが水を汲んでいる。

〔四九〕この年は、その他一般の病気に関しては、とりわけ罹病者の少ない年であったと、おおよその意見は一致している。多少の病人がいたとしても、疫病発生後はみなこの病状に移行したことが指摘された。しかしふつうは、それまで健康体であったものが、とりわけてなんの原因もなく突然、頭部が強熱に襲われ、眼が充血し炎症を起こした。口腔内では舌と咽頭《のど》がたちまち出血症状を呈し、異様な臭気を帯びた息を吐くようになった。これにつづいてくさみを催し、咽頭が痛み声がしわがれた。まもなく苦痛は胸部に広がり、激しい咳をともなった。症状がさらに下って胃にとどまると吐き気を催し、医師がその名を知るかぎりの、ありとあらゆる胆汁嘔吐《おうと》がつづき、激しい苦悶をともなった。ついに患者の多くは、激しい痙攣《けいれん》とともに、空《から》の吐き気に苦しめられたが、これらの症状は人によって胆汁嘔吐のあとで退いていく場合と、さらに後まで長びく場合と、二とおりが見られた。

皮膚の表面に触れると、さほど熱はないが、蒼白《そうはく》みが失せ、赤みを帯びた鉛色を呈し、こまかい膿疱《のうほう》や腫物《はれもの》が吹きだした。しかし体内からは激しい熱が体をほてらしたために、ごく薄手の外衣や麻布ですら身につけると我慢ができず、裸体になるほかは耐えようがなく、できることなら冷水に身を投げいれればどれほど心地よかろうか、と思うほどであった。じじつ、看《み》とる人もいない多勢の疫病患者は、間断ない渇きに苦しめられ、貯水池に躍り込んで熱と渇きを癒そうとした。しかしいくら水を飲めども渇きはいっこうに癒されなかった。その間一時も体を安静にしておくことも眠りにつくこともできず、苦しみはつのった。

しかしながら、病状がますます悪化していく期間は、体力はほとんど衰弱することなく、苦痛にたいしても予想に反する抵抗力を示しつづけ、大多数のものはいくぶんかの体力を残しながら、高熱のために七～九日目に死んでいった。さもなくば、この症状を脱出しても、病勢はさらに腸部に下り、ここに激甚な潰瘍《かいよう》を生じると同時に、水のような下痢に襲われ、このために体力を消耗して、やがては、衰弱死をとげることとなった。というのはそれまでに、最初に頭部に症状を発した疫病は、上からはじまって体のすみずみまで侵していたからである。

たとえその最悪の症状から辛うじて生きのびた人間も、体の末端部分に後遺症をとどめることとなった。病は恥部や手足の末端部までも襲ったために、病が治っても多くのものは、これらの部分の機能を奪われた。また視力を失ったものも幾人かいる。またあるものは、恢復《かいふく》の兆《きざし》が見えるとたちまち、いっさいの事物に関する記憶を完全に失い、自分自身も親類友人の別もわからなくなってしまった。

〔五〇〕この疫病の全貌はとうてい筆舌につくしがたく、ことにこれに襲われた個人の難渋は人間として耐えうる限界を越えるほどであった。またとくに次の点で、それまでの一般の病気とはいちじるしい違いを見せた。というのは、人肉を食する鳥獣類は、埋葬もされていない屍体が累々としていたのに、これに近寄ろうとしないか、さもなくばこれを食したために死んでいった。そう考えてよい理由は次のごとくである。この種の猛禽類は絶えて姿を見せなくなり、屍体のまわりにもその他の場所にも見いだすことができなかった。これに反して犬類については、人間と共住しているために、結果的な反応をよりはっきりと見てとることができたのである。

〔五一〕さて全体的な病状はさきに記したとおりであるが、もちろんこれには個人的な差があった。しかし多岐にわたる個別的な症状の記述は省略する。また、その他には一般の病気にかかって難儀する例は、この期間にみとめられなかった。ふつうの病でも一度かかれば、いずれは疫病を併発してしまうのであった。そしてあるものは手当てが不充分のために死に、あるものは手厚い看護をうけてもやはり死んだ。また、これさえ与えれば助かる、と断言できるだけの療法はただの一つとして発見されることなく、一人を救った医薬が、別の人にはかえって障《さわ》ることとすらあった。さらにまた、この疫病にたいしては、身体が壮健であるものでも虚弱者に比べて、とくにつよい抵抗力を示したわけではなく、病はすべての人々を倒し、いかなる食餌《しょくじ》をとっているものもこれをふせぐことができなかった。

しかしこの疫病から生じうるもっとも恐るべき現象は、罹病したとわかった人がたちまち絶望につき落とされたことであり（人はすぐに絶望し、体力よりも気力の衰弱のためやすやすと諦めて、もはや抵抗しようとさえしなくなった）、また、患者から看病人へと病が燃え移り、家畜の倒れるように人々が死んでいったことである。この病が激甚な破壊力をふるった原因はここにみとめられる。なぜならば、感染を恐れてたがいに近づこうとしなければ、だれも看病しようとするものもなく、病人のでた多くの家々は空家同然となり患者は独り残されて死ぬほかはなかったし、またその反対に患者に近づけば、たちまち感染した。ことに、多少なりと人道に思いをいたす人々は感染の危険を免れえなかった。かれらは、死者の家族たちでさえうちつづく災害に打ちのめされて追悼の嘆きさえも怠りがちであるのを見ると、つとめを怠るのを恥じる気持から、身の危険も投げうって友人の家をおとずれるのであった。しかしながらそれにもまして、疫病から生命をとりもどしたものたちは、死者や病人にたいして深い憐れみを禁じえなかった。かれらはその苦しみがいかばかりのものかをすでに体験していると同時に、今は自分たちは安心できる状態に復していたからである。一度罹病すれば、再感染しても致命的な病状に陥ることはなかったのである。恢復したものは、人々からその幸運を羨望《せんぼう》視され、本人は当座の喜悦に眩惑《げんわく》されて、もういかなる病気で死ぬことも絶対になかろうなどと、浅はかな希望をいだくものすらあった。

〔五二〕このただでさえ容易ならぬ事態を、いっそう窮迫させたのは、地方から都市への集団入居であり、双方あい重なって地方からの入居者はだれよりも悲惨な苦しみを強いられた。住むべき家もなく、四季をつうじてむせかえるような小屋がけの下に寝起きしていた入居者たちを、死は露骨な醜悪さで襲った。次々と息絶えていくものたちの体は、容赦なく屍体の上に積み重ねられ、街路にも累々ところがり、ありとあらゆる泉水のまわりにも水を求める瀕死《ひんし》者の体が蟻集《ぎしゅう》していた。入居者たちが小屋がけをして暮らしていた神殿諸社は、その場で息を引きとる者たちの屍《しかばね》で、みるみる満たされていった。

災害の暴威が過度につのると、人間はおのれがどうなるかを推し測ることができなくなって、神聖とか清浄などといういっさいの宗教感情をかえりみなくなる。こうしてかつての埋葬の慣習やしきたりなどはことごとくくつがえされて、各人できうる範囲で埋葬の処置をすませるようになった。しかし家族のなかに病死者が続出するにいたっては、火葬を営む薪材《まき》にさえこと欠いて、恥もつつしみもない葬いをおこなうものさえ多勢あらわれた。たとえば、他人がしつらえた火葬壇を先廻りして手に入れると、自分たちの身内の屍体をその上にのせていちはやく火をつけるもの、すでに燃えている他人の亡骸《なきがら》の上に自分らが運んできた遺体を投げおろして帰っていくもの、などがあらわれたのである。

〔五三〕そしてついにこの疫病は、町の生活全面にかつてなき無秩序をひろめていく最初の契機となった。人は、それまでは人目を忍んでなしていた行為を、公然とおこなって恥じなくなった。金持でもたちまち死に、死人の持物を奪ったものが昨日とはうって変わった大尽風《だいじん》を吹かせる、という激しい盛衰の変化が日常化されたためである。その結果、生命も金もひとしく今日かぎりと思うようになった人々は、取れるものを早く取り享楽に投ずるべきだ、と考えるようになった。栄光の目的地に到達するまでに生命があるかどうかさえわからなくなると、だれひとりとして名を惜しみ苦難に耐えつづけていこうと真剣に考えたがらなくなった。その反対に、今の歓楽とこれに役立つものであればみな、すなわち利益であり、誉れであり、善であるとする風潮がひろまった。そして宗教的な畏怖も、社会的な掟も、人間にたいする拘束力をすっかり失ってしまった。神を敬うものも、そうでないものも、みな同じ悲惨な死をとげていく、法律を犯しても裁かれて刑をうけるまで生命があろうとも思われぬ、いずれにせよすでに死の判決をうけ処刑を今か今かと待つばかりの自分らなのだ、首がとぶまえにできるだけ人生を楽しんで何がわるかろう、という思いがだれの胸にもあったためである。

〔五四〕アテナイ人は、内には人が死に外では耕地を破壊されるという、内憂外患に襲われて窮迫状態がつのった。人は困窮すると迷信ぶかくなるものであるが、このときにも老人たちは、昔の歌に残っているという次の予言を引きだしてくることを忘れなかった。「ドーリス人との戦いがくるとき、疫病もいっしょについてくる」。この予言の字句について、いったい昔の人は疫病(loimos)といったのか、饑饉(limos)といったのか、という論議がかつてやかましくおこなわれたときがあったが、今回の事態に照らしあわせてみると、やっぱり「疫病」とする説が当を得ていた、ということに落ち着いた。人間は、自分の経験に基づいて、過去の伝承すら改めようとするのだ。思うに、今次の大戦後、またいつの日かドーリス人と戦うことがあって、そのときたまたま饑饉が起これば、おそらく人はまた予言の字句をこれに合わせて歌うにちがいない。

また、ラケダイモン人が開戦前にデルポイからうけた神託についても、これを知っていた人々のあいだでは、ことあらたに取りざたされた。ラケダイモン人が開戦の是非について神の指示を仰いだとき、神は、戦闘に全力をつくすならば勝ち、神みずから援助を与える、と言った。人々はこの神託の言わんとしたことは、今回の事態とよく合致している、と類推をたくましくした。すなわち、ペロポネソス勢の侵入後、ただちにかの疫病が発生し、しかもその影響はペロポネソスにはほとんど及ばず、主としてアテナイの人々に暴威をふるい、その後で他のもっとも人口稠密《ちゅうみつ》な諸地域をも襲ったからだ、というのであった。疫病に関連して生じた事柄は、このようなしだいであった。⑭

〔五九〕アテナイ人は、ペロポネソス勢の第二次侵攻以後、おのれの田畑は荒廃に帰し、戦役と疫病の二重苦にいたく困憊《こんぱい》して、戦争継続の士気に動揺をきたしていた。かれらは、ペリクレスがかれらを指嗾《しそう》して開戦に導き、ペリクレスのために現在の窮状に陥ったのであるとして、かれ一人の非を鳴らし、ラケダイモン人にたいして協調しようという気運が一般に高まってきた。じじつ、ラケダイモンにその使節をさえ派遣したのであるが、なんの成果も得られなかった。かれらは八方なすべき策も立てられず、そのあげくペリクレスにたいする非難をつのらせたのである。

かれは市民らが現状の重圧に耐えきれず、自分が予測したとおりの愚行に及ぶのを見て、民会を招集した（かれはまだ、将軍の職にあったので）。市民の士気をとりもどし、かれらの判断から感情的要素をとりのぞき、もう少し平静な、自信のある態度に落ちつかせることを望んだのである。かれは登壇すると次のように言った。

〔六〇〕「私が予測していたとおり、諸君は私にたいして不満をつのらせてきたので（その原因は承知している）、民会に諸君の列席を求めた。諸君は私を難じ、悲惨な現状に屈しようとしているが、そのような態度に正当ないわれがあるかないか、その点について諸君の記憶を糺《ただ》し、諸君の非を正したい。

私はあえていうが、国全体が安泰でさえあれば、個人にも益するところがあり、その益は、全体を犠牲にして得られる個人の幸福よりも大である。なぜならば、おのれ一人盛運を誇ってもおのれの祖国が潰《つい》えれば、個人のしあわせもともに失せる。反しておのれは不運でも国運が隆盛であれば、自分もやがて身を救う機会にめぐまれる。されば、国はゆうに個々の市民の犠牲に耐えうるが、個人としては国を犠牲にすることはできない、という事態にあっては、市民は力を合わせて国を守るほかに道のあろうはずがない。しかるに諸君のなした振舞いはその正反対、おのれの家の不幸に常軌を逸して、国全体の安泰をうち忘れているではないか。のみならず、開戦を提唱した私を咎め、私の提議を可決した諸君自身を咎めている。

だが、なぜこの私に、諸君は憤懣《ふんまん》をよせているのか。なすべき判断を下しその実行を説く力において、だれも私の上に立つものはあるまい。国を愛し、金銭の誘惑に負けぬことでもなんびとにも引けを取らぬ。⑮判断できても的確な表現力を欠くものは、没論理に等しく、両者を兼備しても国のたてまえに反するものは、党利を説いても公利を説かぬ。よし大義を思っても収賄《しゅうわい》の癖あるものは、ただそのために国全体をさえ滅ぼす恐れがある。ゆえに、もし諸君がこの理に立って、他のものより私が多少なりとすぐれた資格をもっと判断し、私の開戦論を支持したのであれば、今となって私に不正、越権のそしりを浴びせることはまちがいだ。私もだまってこれに甘んじることはできぬ。

ペリクレス

〔六一〕もとより、事なくして平和と幸福の道をえらべる立場にあれば、戦《いくさ》するほど愚かな考えはない。しかし、屈してただちに他国に隷属するか、危険を賭して勝利を得るか、この二者択一を余儀なくされたとき、危険を逃げるものはこれを耐えるものに劣る。この考えに私は終始一貫し、今日もこれを変える意志はない。

しかし諸君は志操を屈した。諸君は戦火が及ぶまえは私の主張になびいたが、戦いに傷つけられると後悔しはじめた。そしておのれの意志薄弱にわざわいされて、この私の論拠までも疑いはじめたのだ。なぜならば、戦争の苦悩ははや一人一人の人間に充分わかってきたが、戦争の成果はまだ諸君全部の眼に見えるところまできていない。あまつさえ、深刻な異変が、しかも短時間のうちに襲ったために、諸君は士気を沮喪し、さきに諸君ら自身が決議した政策を遂行する気力を失おうとしている。予期せざる突発事件や、予想をくつがえす変事のたぐいは人心を委縮《いしゅく》させる。諸君もその例外ではない。諸君の場合には、とりわけ疫病が最たる原因になっているのだ。

とはいえ、諸君は偉大な国を住家となし、この国に恥じぬ気質をつちかってきたはず、たとえどのような災害に苦しめられようとも、敢然と立ちあがり、われらの誇りを掲げねばならぬ（なぜなら、おのが怯懦のために古き名声を失するものは、高慢にも身のほどもなき名を欲するものと同様に、当然世人の咎めをうける）。諸君は私的な悲哀に訣別《けつべつ》をつげ、われら全体の安泰をつかまねばならない。

〔六二〕戦争の重圧がさらに増大し、しかも戦況はいっそうわれらを不利に導くのではないか、と恐れるものがいるかもしれぬ。しかし、それがたんなる杞憂《きゆう》にすぎないことは、すでに幾度となく私が与えた説明から諸君は承知のはずだと思う。しかしなお不安であるならば、次の点を明らかにしよう。諸君はわれらの支配圏とその広大なる版図から生じうる、重大な可能性について認識を欠いているようだ。私自身、かつてこの点について語ったことはないし、また今日とても、諸君がわきまえもなく意気消沈している姿を見なかったなら、いわずもがなの高言に似た権利の主張をする気にはならなかったろう。

諸君は、われらがわずかにわが同盟諸国だけを牛耳っていると思っている。しかし私はもっと広い視野に立つことをすすめたい。人類に大いに役立つ海と陸、その一つたる全海洋に、諸君は無敵の王者として君臨するものだ。諸君が現在船を浮かべている水域は言うまでもなく、望みさえすればはるかに広い海が諸君の領域となる。諸君が今もっている海軍の全装備をもって海を征けば、ペルシア王はじめ、現在世界のいかなる民族も、諸君の進路をさまたげることはできない。したがって、諸君の真の力は、諸君がその損失を大きな痛手としている家屋敷、田畑などから生じてくるものの比ではないと思う。諸君の真の富に比べれば、陸上の富は小果樹園の一つ、金であがなえるかぎりの一つにすぎない微々たる所有。これを失ったからとてわきまえもなく苦にすることはない。そしてここに諸君が認識を改めるべき点がある。すなわち、もし諸君がこの真の力を確保し、最後の勝利までわれらの自由を守りぬくことができれば、失った物件はなんの造作もなくとりもどすことができる。だがもしいったん他国に隷属すれば、われらがすでにかち得た所有すら失うことになりかねない。

諸君は取るも守るも断じて父に劣るものであってはならぬ。諸君の父は、人からもらいうけたのではなく、おのが力で営々と産を成したるのみか、その一角をも欠くことなく守りぬき、われらに今日のアテナイを残していった（そして、取らんとして敗れるよりも、守らんとして奪われるほうがはるかに忍びがたい屈辱）、されば諸君も挙国一致、敵にあたるべきだ。ただの勇気だけではなく、敵を呑む気概をもたねばならぬ。というのは、空しい高言は、僥倖《ぎょうこう》を頼む向う見ずでも、臆病者でも口にできるが、敵を呑む気概は敵にたいするおのれの優越をしかと見きわめた確信なくしては備わらぬもの、諸君にはそれができるのだ。そしてこのように敵を見下しうれば、彼我の条件は平等であっても冷静な思慮のもとに、果敢なる行為をより着実にとげうる。果敢さは、たんなる空頼みによるものではない、空頼みは他に策もないときのささえにすぎぬ。われらの果敢さは、情勢の的確な判断に信をおき、敵より着実な予測をふまえて発揮される。

〔六三〕ゆえに諸君は、諸君全部の誇りであり喜びである覇者アテナイの栄誉を守らねばならぬ。戦いの苦しみから逃れるのをやめよ、さもなくば覇者の栄光を追うのをやめよ。考え違いをしてはならぬ、われらはただ自由か隷属かそれだけを争っているのではない。支配者の座を追われれば、支配者たりしあいだに人々から買った恨みをつぐなう危険にせまられる。諸君は支配者の座から降りることはもうできないと覚悟せねばならぬ。今になってその因果を恐れて、静かな善人に態度を改めたところでもう遅い。なぜなら、諸君は同盟独裁者の地位についてはや久しい、この位を手に入れたことがよし正義に反するとも、これを手放すことは身の破滅に等しいからだ。手を引きたがるものどもが、もし諸君らを説き伏せれば、たちまちわが国は崩壊するにちがいない、いやそのような怯懦のむれはどこにおのれの国を建てようと、たちまち自由を失ってしまうにちがいない。なぜなら事なかれと望むものは、つねに強者の庇護なくしてはたちゆかぬ。そのようなものは、奴隷の国では安全に奴隷たりえよう、だが支配圏の主《あるじ》たる国には毫《ごう》も益をなすところがない。

〔六四〕諸君は、そのようなものどもの誘惑にのって道を誤ってはならぬ。またかれらに指嗾されて、私にたいして憤懣をいだくこともまちがっている。なぜなら、諸君ら自身、私の開戦論を支持して票を投じたはずだ。敵が侵入しすべてを破壊したとしても、それは諸君がかれらの命令を拒否したうえは、当然起こるべき事態が起こったにすぎない。これに加えて、今回の疫病が期せずしてわれらを襲ったとはいえ、われらが万全をつくして予期できなかったただ一つの事件ではないか。しかるにこの不測の異変のために、私はかつてそのためしもないほどに、諸君の恨みを買っていることはよく承知している。諸君のその態度が正当だとするなら、逆に期せずして諸君が勝てば、それもみな私の功績にしてくれるつもりなのか。明らかに諸君の態度はまちがっている。されば、天変地異のたぐいはやむをえぬとしてこれを耐え、敵のなすわざには不屈の精神をもって対さねばならぬ。これこそわが国の由緒ある気風、今とても諸君が臆したのでなければこれに変りがあろうとは思えぬ。

諸君、肝に銘じて忘れてはならぬ、われらが築いたこの国は、いかなる艱難《かんなん》にも屈せず、いかほどの人命を失い苦痛を負うとも不動なることによって世にならびない高名を馳せ、今日までに比類なき勢力をたくわえてきた。われらの国は、たとえいま万が一にもわれらが生者必滅の理に屈して、退くことがあろうとも、後世に不朽の碑をきざみ残す。われらはギリシア人としてギリシア世界にかつてなき支配圏を築き、かつてなき多数の敵勢の同盟軍を凌《しの》ぎ各軍を退け、しこうして、あらゆる資源の豊富さと規模の壮大なることにおいて他の追従を許さぬ国を築いた、と。

もとより、事なかれの臆病者は、これをまちがいだというかもしれぬ、だがこれこそおのれの志をとげんとするものには羨望《せんぼう》やみがたい手本であり、またとげることのできなかったものはこれを見て嫉妬を禁じえまい。なんびとたりと、人が人を支配せんと主張すれば、支配のつづくかぎりかならず人の憎悪をうけ、また人に苛酷に報いる。だが、大望を果たすためには世の嫉視をも厭《いと》わぬものこそ、志すぐれた人間の名に値する。なぜなら、憎悪は命みじかきもの、反して現世に光芒《こうぼう》まされれば、後世にもつねに新たなる名を残す。

諸君の義務は、現在耐えるべからざるを耐え忍べば、すなわちこれ青史に残る栄光たるべしと先見の明をひらき、ふたたび勇猛心をあらたにして、現在と未来をかちとることだ。ラケダイモンに使節を派遣するのはやめるがよい。当面の苦境にあえぐがごとき気色を見せてはならぬ。災禍に襲われても自若として決意をひるがえさず、おのが行為によってこれを凌ぐものこそ、公私いずこにあっても最後の勝利者たりうることを、期して忘れてはならぬ」

〔六五〕ペリクレスはこのように言って、つとめてアテナイ人の自分にたいする怒りを解き、かれらの心情を目前の苦境から遠ざけようとこころみた。市民たちは、国事の処理についてはかれの指示に従い、もはやふたたびラケダイモン人のもとに使いを送ろうとはせず、以前にもまさって戦争遂行の意気をさかんにした。しかしながら、個人的には市民らは戦争の被害に苦しんでいた。一般民衆は、本来わずかの蓄財を頼りとしていたものを、それすら奪われ、金持は所有地の家邸《いえやしき》や、贅《ぜい》をつくした家財などの貴重な資産を失い、貧者も富豪も等しく平和が潰《つい》え戦時下にあることを、何にもまさる苦痛に思った。そのために、かれら全体がおのおのペリクレスにたいしていだいた恨みは容易なことで収まらず、ついにかれに罰金刑を科することによってはじめて落ち着いた。

しかし、これが群衆心理というべきであろうか、その後まもなくアテナイ人はふたたびかれを将軍にえらび、いっさいの指揮をかれにゆだねた。なぜなら、かれらが早くも個人的な苦痛については無感覚になりつつあったことも一つの理由であったが、一方、一つの国として党派を越えて必要とするものをみたすには、かれこそ最高の適任者であると考えたためである。じじつ平和時における一国の指導者であったあいだは、かれはつねに穏健な政策によってこれを導き、万全の守りを固めた。[16]そのためにかれの時代にアテナイは最大の勢力をたくわえることとなった。そしてついに戦争状態に入ってからも、ペリクレスは戦時におけるアテナイの力量を正確に見通していたように思われる。

かれは開戦後、二年六ヵ月間生きていた。[17]その死後、かれの戦争経過の見通しはいっそう高く評価されるにいたった。かれは、もしアテナイ人が沈着に機を待ち、海軍力の充実につとめ、かたわら戦時中は支配圏の拡大をつつしみ国に危険を招かぬようつとめるならば、戦いは勝利に終わると言っていた。しかるに、他のものたちは、すべてこの忠告に反することばかりをしてしまった。[18]戦争遂行とはまったく無関係と思われても、おのれの名誉心や利得心を満足させうると見れば事を起こした。成功すれば個人的に名誉ないしは利得が得られるが、失敗すれば国としての戦力を破壊するに等しい政策をとなえては、アテナイ人自身ならびに同盟諸国の進路をはなはだしく阻害した。

この違いの原因は、ペリクレスは世人の高い評価をうけ、すぐれた識見をそなえた実力者であり、金銭的な潔白さは世の疑いをいれる余地がなかったので、なんの恐れもなく一般民衆を統御し、民衆の意向に従うよりもおのれの指針をもって民衆を導くことをつねとした。これはペリクレスが口先一つで権力を得ようとして人に媚《こ》びなかったためであり、世人がゆだねた権力の座にあっては、聴衆の意にさからってもおのれの善しとするところを主張したためである。たとえば、市民がわきまえを忘れて傍若無人の気勢をあげているのを見ると、ペリクレスは一言放ってかれらがついに畏怖するまで叱《しか》りつけたし、逆にいわれもない不安におびえる群衆の士気を立て直し、ふたたび自信をもたせることができた。[19] こうして、その名は民主主義と呼ばれたにせよ、実質は秀逸無二の一市民による支配がおこなわれていた。これに比べて、かれ以後のものたちは、能力においてたがいにほとんど優劣の差がなかったので、みなおのれこそ第一人者たらんとして民衆に媚び、政策の指導権を民衆の恣意にゆだねることとなった。

このことがわざわいして、アテナイのごとく大きい国家を営み、支配圏をもつ国ではとうぜん、数多い過失がくりかえされることとなり、その最たるものがシケリア遠征であった。この失敗は、かれらが攻撃の相手について致命的な誤算を犯したために生じたものではなく、遠征軍にたいして家を送りだしたものたちが必要な応援をつづけなかったことが大きい原因をなしていた。かれらは民衆指導権をめぐる個人的な中傷に明け暮れて、[20] 遠征軍の攻撃力をいちじるしくにぶらせ、また国内の政治的秩序をくつがえす最初の契機をつくったからである。

しかしながら、シケリア遠征が挫折し、アテナイは海軍力の大半をふくむ諸軍備を失い、内政は今や紛争状態に陥りながらも、なお三年間[21]アテナイ人の抗戦力は衰えなかった。従来の敵にシケリア諸地方の軍勢が加わり、さらにアテナイ側同盟の過半は離叛して敵側につき、ついにはペルシア王子キュロスがペロポネソス側に海軍建造の軍資金を与えるにいたっても、けっきょくは市民間の内紛が嵩《こう》じて内部崩壊をきたすまでは、[22]降服しなかった。これほどにありあまる国力をペリクレスは開戦当初すでに知っていたからこそ、ペロポネソス同盟だけを相手の戦いであればアテナイ側の勝利はまことに易々たるべきことを、予言してはばからなかったのである。

ペロポネソス戦争の戦局は、初年からアテナイ領土とペロポネソス半島周域という二つの地域で同時に別々に展開されたが、戦場はそれだけではなく次々と飛び火のようにギリシア全土に広がっていった。数百の都市をふくむ広大な海洋支配圏を維持保全しようとするアテナイと、これらの諸都市をアテナイ側から離脱させ「解放」しようとするスパルタ側の意図からすれば、戦争が多局面にわたることは必然的な成行きであったろう。

この間主たる戦域は、アッティカ（アテナイ領）、ペロポネソス周辺のほかに、北部ギリシア、トラキア地方の諸都市と西北部ギリシアすなわちアカルナニア地方の諸都市付近であった。トラキア地方はアテナイ側戦力にとって不可欠の資金源ならびに船舶用木材の供給地として多大の重要性を占めていた。アテナイ側はこの地方の諸市にたいする警備を厳重にしていたが、すでに前四三三年以来ポティダイアの離叛がつづき、多大の出費によってようやく前四二九年これを鎮圧したばかりであった。またトラキア地方に隣接してマケドニア王国があり、漁夫の利をねらうマケドニア王が、アテナイ側の諸市に絶え間なく干渉をこころみることが、事態をますます複雑にしていたのである。

他方アカルナニア地方はギリシアでもとりわけ未開地域であったが、ペロポネソス半島を海上から席巻し封鎖をこころみるアテナイ側の海上作戦にとってきわめて重要であった。しかしここにおいても民情が複雑で、隣邦アンプラキアとの軋轢《あつれき》が絶えず、大戦以前からアテナイは派兵してアカルナニアにおける親アテナイ勢力の安定につとめてきた。前四二九年夏、アカルナニアを制圧することを望んだ隣接民族は、ペロポネソス同盟軍を迎えて一挙にアテナイ勢力を駆逐しようとはかる。ペロポネソス同盟はスパルタ人クネモスを将に軍勢を送りアカルナニアのストラトス市を攻める。同時に海軍を集めてコリントスから出港し、クネモスの軍勢と合流しようとする。ペロポネソス側としては、アテナイ船隊の根拠地ナウパクトスをもこのさい奪取することができれば、という考えもあったらしい。しかしストラトス攻撃は失敗に終わった。

同じころコリントス以下のペロポネソス艦隊とポルミオンの率いるアテナイ艦隊がクリサ湾入口の海峡で戦い、スパルタ側ははじめての海戦に敗れた。その後スパルタ側はさらに大きな艦隊を出動させ、ナウパクトス沖でアテナイ側と戦ったが、このときは双方が勝利とみとめる戦果をあげた。同年(前四二九年)初冬ペロポネソス側の艦隊はペイライエウス奇襲を企てたが、それをやめてサラミス島を襲い、アテナイ人を脅かした。

巻二の最後の部分では、トラキアのオドリュサイ人の王シタルケスの大募兵とマケドニア侵入のことが述べられる。トラキア族の中でのこの王国の富強が詳述されたのち、マケドニア王国の歴史が語られ、記述はこのころの王ペルディッカスの子でマケドニアをにわかに強大にした主アルケラオスのことに及ぶ。シタルケスはペルディッカスの謀略に陥り、一ヵ月の侵入作戦の後撤退した。クリサ湾のアテナイ艦隊のアカルナニアでの活動も、冬季のため目的を果たせず終わったことを述べたのち、アケロオス河のもたらす土砂についての地誌と伝説を記して巻二は終わる。

〔註〕

（1）前四三一年から四三〇年にかけての冬。
（2）一般に前六世紀初めの政治家ソロンの制定によるとされてきたが、近年になって、ペルシア戦争以降のしきたりではないかとの説もでている。
（3）前六世紀末クレイステネスの民主制制定以後アテナイの国制も軍事組織も、アッティカの一〇部族を単位として制定された。
（4）アテナイ城外西北方にあるケラメイコスの墓地。
（5）ペリクレスらの世代、当時かれは六十歳くらいであった。
（6）古代ギリシアにおける「民主主義」とは、一般市民が政権担当者を選出できることであったが、だれでも政権を担当できるということではなかった。アテナイにおける民主主義理念は、さらにこれに加えて、法の前での平等と、能力主義を標榜する。
（7）一般には「市民の中の一部の人々のみからではない」と訳されるが、ゴムの説をとる。

(8) これは、ラケダイモンでは極端な排他政策に基づく外国人放逐令がときおり実施されていたことを批判している。
(9) ラケダイモンの教育方針にたいする皮肉。
(10) トゥキュディデスが悲劇詩人エウリピデスに贈ったといわれる墓碑銘には、「そのふるさとはギリシアのギリシア、アテナイ」という一句がある。この演説でペリクレスが語っているのは、政治家としてのペリクレスの思想を表わすとともに、史家自身のアテナイ文化評価を語るものであろう。
(11) 前四三〇年五月はじめ。
(12) つまりこの一文を書いたときには、なんらかの給水組織が新設されていたのであろう。伝によれば、大戦末期にメトンが泉水を作ったといわれる。
(13) この観察態度は、当時の医学思想なかんずくヒッポクラテス派でもっとも科学的な「病状記(エピデミアイ)」の一派と密接な関連をもつことが考えられる。じじつ、以下の記述における史家の語彙と用法は、ヒッポクラテスの医学書と正確に一致している(医学書にはこの疫病についての記述はないが)。
(14) 疫病はまる二年にわたって暴威をふるい、小康状態の後再発した。
(15) これらの点は『戦史』における政治家批判の根本的前提となっており、作者に言わせれば、ただペリクレスのみがこれらの条件を充足していた(二・六五参照)。
(16) これは三〇年平和条約発効以降の期間をさすのであろう。
(17) 前四二九年秋~冬のころ、疫病にかかり、衰弱死をとげたと伝えられる。
(18) これはクレオンやアルキビアデスについて結果として言えることであり、またデモステネスについても同様である。

(19) 当時の喜劇詩人らはペリクレスを諷して「オリュンポス神」(つまりゼウスのような)とか、またその弁舌の巧みさをさして、「ギリシア一のでかい舌」などと言い、しきりに悪口をたたきながら、畏怖と尊敬の意を表わしている。
(20) 遠征指揮官アルキビアデスに対する激しい中傷など。
(21) シケリア敗北後なお三年、アテナイの抗戦力は衰えなかった。この字句には幾多異なる解釈があるが、本訳では、前四一一年のアテナイ内乱までの期間をさすと見て、写本どおり三年という字をとどめた。
(22) 戦争末期の混乱。前四〇六年ノティオンの敗北後アルキビアデスが追放されたこと、嵐のためアルギヌサイの戦死者収容に失敗した指揮官らが画一裁判に付されたこと、民衆派クレオポンと反対派の闘争など。

巻　三

ペルシア戦争後五〇年間にわたって、アテナイが旧同盟国を次々と自国の隷属国と化して支配圏の強化をはかっていったとき、最後まで完全な自治権を保ち、自国の海軍を保有しながらアテナイ側同盟国としてとどまったのは、レスボスとキオスの両島であった。しかしレスボスは戦前からアテナイとの同盟から離脱することを望んでいた。

前四二八年六月、そのレスボス島の諸市がアテナイにたいして離叛を声明するという噂が伝わる。アテナイ側は疫病や戦争の災害による疲弊がいちじるしく、できれば外交交渉による事態の解決を望むが目的を達しえず、ついにレスボス派兵の運びとなる。これに先立ってレスボス側からスパルタをはじめ、ペロポネソス同盟にたいする援軍要請の使節が送られ、ペロポネソス側でもこの動きに積極的関心を示して、スパルタ人サライトスを先遣使節として送り込んだ。つづいて海軍をレスボスに派遣する。

しかしこのときすでに遅く、叛乱を起こしたレスボス島諸市は、アテナイ側の攻城戦と内部の民衆派の圧力に耐えきれず、前四二七年六月末ごろ、アテナイ側指揮官パケスのもとに降服開城の知らせを送る。ペロポネソスからの船隊はようやくにしてイオニア水域にまで達したが、パケスの船隊に追跡されてふたたびペロポネソスにむかって退却する。こうしてレスボス叛乱は鎮定されたが、アテナイ市民はこの事件とくにその首謀であったミュティレネ市民にたいする憤りをおさえきれず、その処分をめぐって市民の間で激しい議論がたたかわされることとなる。

〔三六〕サライトスや他のものたちがアテナイに着くと、アテナイ人は、サライトスがさまざまの交換条件を提供し、なかんずくプラタイア（当時まだ城攻めにされていた）からのペロポネソス勢撤兵を申し出たのにも耳をかさず、ただちにかれを処刑した。ミュティレネ市民の処置については協議をひらいたが、怒りに駆られたアテナイ人たちは今回護送されたものたちのみならず、ミュティレネの成年男子を全員死刑に処し、子供、婦女らをことごとく奴隷にする、と決議した。離叛そのものの罪はいうまでもないが、さらにミュティレネの場合は他の諸国とは違い、アテナイと対等の立場にありながら、離叛をなしたことが厳罰に値するとされた。だがこれにもましてアテナイ人の激昂《げっこう》を誘ったのは、ペロポネソスの船隊がミュティレネを助けるために、危険をものともせず人もなげにイオニア水域にあらわれたという一事であった。このことだけを見ても、この叛乱が周到な準備のもとにすすめられてきた、と考えられたからである。そこでアテナイ人は決議を伝達する三段櫂船をパケスのもとに派遣し、即刻ミュティレネ人の処刑を執行せよとの命令を送った。

しかしながら翌日にははや市民らのあいだに後悔の念が生じた。叛乱責任者たちだけではなく、一都市の全人口を抹殺する決議は、苛酷にすぎる暴論ではなかったか、という冷静な反省もおこなわれた。この動きを察したミュティレネの駐アテナイ使節やミュティレネ人と利害をともにする一部アテナイ人は、当局者に働きかけていま一度、協議を再開させようとはかった。説得は容易に容れられた。というのは、だれかがいま一度この件についての再審動議を提出することを市民の過半数が望んでいる様子は、当局者の目にもありありと映ったからである。

ただちに民会が召集されて、さまざまの論議がとなえられたが、前日の協議でも極刑論を主張して勝った、クレアイネトスの子クレオン[1]が、このときにもふたたび登壇した。かれは諸事につけ市民の中でもっとも過激な政見を代表し、庶民大衆を説得することにかけては、当時なんびとにもまさる力をもっていた。かれは次のような発言をおこなった。[2]

〔三七〕「はやいくたびとなく事あるたびに私は、民主主義は他人を支配することができないと断じてきたが、今回ミュティレネ人処分に関する諸君の再考三考ほど、民主主義の無能ぶりを露呈しているものはない。諸君は仲間同士で日ごろ安閑と暮らし他人の悪だくみにかかった覚えのないために、同盟国人にたいしても同じような態度をとろうとする。そしてかれらの口車に乗せられて失策を犯す、かわいそうだといって許してやる。それだけならまだしも、そうすることがとりもなおさず諸君ら自身に危険を招いているのをつゆほども気づかない。また、いくら寛大に振舞っても同盟者どもが何も感謝していないことに気づかない、いや諸君の認識不足たるや、おのれが一国独裁の支配者たることを忘れさせ、被支配者どもがつねに策謀をとげんとねらいながら、不承不承従っていることを忘れさせてしまっている。諸君は考えてみようともしない、かれらが諸君に従っているのは、何も諸君がおのれの身を削ってかれらの歓心を買っているからではない。諸君の支配はかれらの好意によるところはいささかもなく、諸君の実力の優位によって存立を全うできているのだ。③

だがわれらを脅かす最大の危険は、何事であれ諸君がいったん決議した態度をぐらつかせることだ。強国をなさんには、だれも従わぬ良法よりも、権威不動の悪法のほうがよく、国に益する点では、遅鈍でも分別をわきまえているほうが、器用であっても法を恐れぬものよりも大なる貢献をなし、概して単純な頭のものたちのほうが小りこうな衆よりもよき市民たりうる。この条々をおろそかにすることほど大なる危険はない。

なぜなら、小りこうな連中は法律よりも賢く立ちまわろうとする、しかし大事な問題ではとうてい自分の判断など披露《ひろう》したところで無視されると知ってか、つまらぬおりをとらえては人前で演説をぶち、相手を言い負かそうとする。そしてこのようなことから小知恵のある輩が国を滅ぼした例は数かぎりない。これに反して、おのれの理解力など大したものではないと当てにしないものたちは、法律をおのが才覚で凌ごうなどと思いあがることはなく、また器用な弁舌を聞いてあげ足をとることに劣ってはいるが、競争心ばかりが強い連中よりは公平な立場から判断できるから、かえって国論を正道に導くことが多い。このような事実にかんがみて、われわれ演壇に立つものも、けっしてたんなる奇矯《ききょう》な論理や理屈を競うことにわれを忘れ、大衆諸君の意向に反するがごとき言説を弄すべきではない。

〔三八〕さて、私自身の政見は昨日と同一であるゆえに、ミュティレネ人の件につき再審議の動議を提出し、時間の空費によって何かをなさんとする人々については奇怪の念を禁じえない。かくのごとき提案によって益を得るのは犯罪者の側だけではないか（なぜならば、加害者にたいする被害者の怒りは、時とともに鈍くなり、報復も鈍くなる。反して、害をこうむって即時に応酬すれば、受けたるものに毫も劣らじと正確に報いることができるからだ）。いや私がいぶかるのはそれだけではない、いずれ私に反対する論者があらわれるであろうが、ミュティレネ人の罪はわれらにとっては益であり、われらがこうむった損失はわが同盟諸国が担うものであると、ぬけぬけと言いくるめることができると信じているとすれば、その動機たるやあきれるほかはない。明らかに私の敵は、いったん衆議一決した事項がじつはまだ議決の運びになっていないと、おのが弁舌をたのみに軽業まがいの詭弁を弄するつもりか、さもなくば欲得に目がくらみ、おのが才覚に鞭うって徳目にかなう言葉によって諸君を欺こうとするにちがいない。このような詭弁競争がおこなわれるたびに、国はどちらでもよい勝負の勝者らに賞を与え、自分は危険な結果を背負いこむ。

だがその責任は諸君らにある。諸君がこの劣悪な詭弁に競争の場を与えるからだ。諸君はつねづね、話を目で眺め、事実を耳で聞くという悪癖をつちかってきた。口達者な連中が、かくかくの事件がやがて生じうると言えば、そのとおりかと思ってそれに目を奪われる。だが事が起こった後になっても、事実をおのれの目で見ても信じようとせず、器用な解説者の言葉にたよって耳から信じようとする。そして奇矯な論理でたぶらかされやすいことにかけては、諸君はまったく得がたいかもだ。とにかく一般の常識には従いたがらない、なんでも耳新しい説であればすぐその奴隷になる、だが尋常な通念にはまず軽蔑の念をいだく。そしてだれもかれも、雄弁家たらんことを熱望しているが、それも現実にはかなわぬ夢とあっては、われがちに名聴衆たらんと狂奔する。雄弁家のむこうを張って、ただ考えるだけなら弁者の後塵を拝するものかとばかり、弁者が鋭い点を突けばその言い終わるを待たず拍手喝采し、言われる前から先に察しをつけようと夢中になるが、提案から生じうる結果を予断することにかけては遅鈍そのものである。これはみな、諸君が生活から遊離して、いわばうわの空で何かをつかもうとし、現実の事態を着実に認識しようとしないからだ。ようするに、諸君は一国の存亡を議する人間というよりも、弁論術師を取り巻いている観衆のごとき態度で、美辞麗句にたわいもなく心を奪われているのだ。

〔三九〕私は諸君のかくのごとき醜態に終止符をうち、今回ミュティレネ人が国を挙げて諸君にたいする侵略をなしたのだということを明らかにしたい。もとより私としても、われらの支配に耐えきれず離叛したもの、あるいは敵側からの重圧によってやむをえず離叛したものの場合には、情状酌量の余地をみとめる。しかしながら、島を領し、城壁をそなえ、敵を恐れるとすればただ海上からのみ、しかしその面でも自国所有の三段櫂船によるりっぱな守りをもっていて、しかも自治独立の国を営み、同盟諸国に先んずる最高の栄誉を与えられているものが、同じような離叛をなした場合、これをたんなる離叛と見なしてよいものであろうか。これはむしろ積極的謀議であり、攻撃的な蹶起《けっき》であって（いわゆる離叛とは桎梏《しっこく》に耐えかねたものらの行ないであろう）、ようするにわれらの仇敵中の仇敵と内通して兵を挙げ、われらを殲滅《せんめつ》せんとする策動であったと言うべきではない

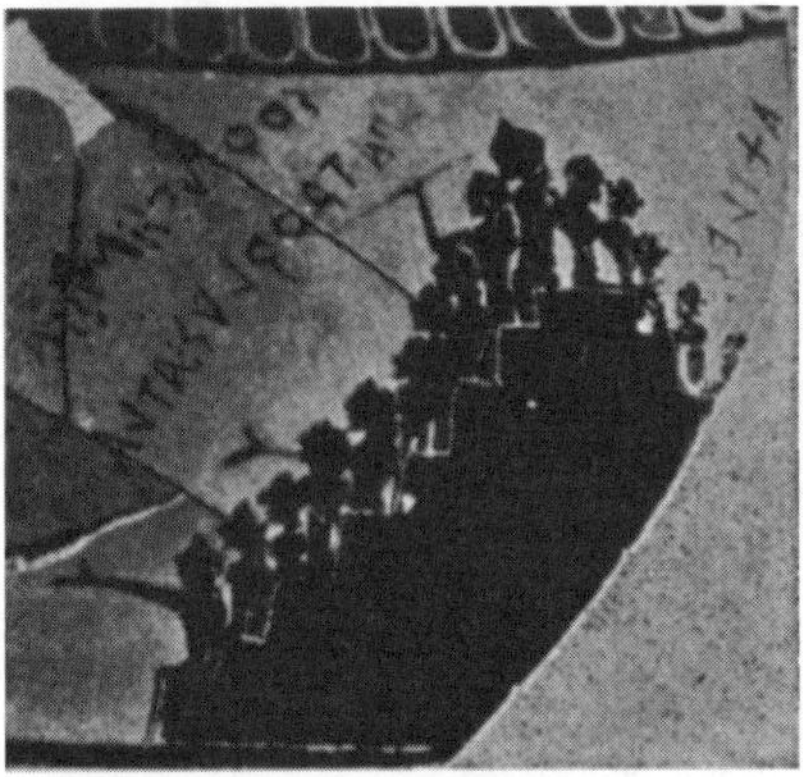

「話を目で眺め、事実を耳で聞く」。アテナイでは劇場や法廷がその傾向を助長した。

か。

とにかく単独で兵力を密蔵しわれらにたいする抗争を企てた場合よりも、大なる脅威を及ぼしたことはいうまでもない。しこうしてかれらは、かつてわれらから離叛して討伐された諸国が、いかなる憂き目を忍びつつあるか、その前例から学ぼうともせず、また掌中の幸運をおもんぱかってみすみすの危険を回避しようというためらいすらいだかなかった。かれらは未来を頼んでうつろな勇気を湧かせ、実力を上まわり知恵のめぐりを下まわる胸算用に思慮を失い、たけだけしくも道理よりも無理をえらんで兵を挙げた。なぜなら今こそ勝てると思う時をえらんで、なんらの害もうけていないにもかかわらず戦いを仕掛けてきたからだ。

とかく国と国とのあいだでは、突然思いもかけぬ絶好の機会が成功の夢を誘うと、かならず横暴な挙を犯すものが出る。一般的にみて、思いがけずに転がり込んだ幸運よりも、着実に積み重ねられた成功のほうが長つづきする。また極言すれば、幸運を最後まで大切に守るほうが、失敗をつぐなうよりもむずかしい。ミュティレネ人の場合もしかり、かれらは最初から他の国々と差別なく扱われるべきであった。すれば今回のごとき暴挙をなしえなかったはずだ。人間はおのれの機嫌をとるものをいわれもなく軽蔑し、ゆずろうとせぬものを尊ぶようにできているからだ。

ゆえに今回の処罰は、かれらの罪を充分に罰しうるものでなくてはならぬ。責任を寡頭派領《りょう》袖《しゅう》のみに帰し、庶民大衆を許すがごときことがあってはならぬ。なぜなら、かれらは一人残らず、みな同じように諸君のすきをねらった。じじつもしわれらの味方になっていたなら、いまごろはりっぱにかれらの国政を牛耳ることもできたはずの民衆派までも謀議に加担した。つまり、寡頭派と組めば、危険を犯す率が少ないと考えて、民衆派も叛乱の計画に加わったのだ。

諸君、さいごに同盟諸国の反応も考えてもらいたい。敵側に強制されてわれらに背いたものも、自発的にこれをなしたものも、すべての離叛国に諸君がみな一律の懲罰を科することとなれば、かれらの反応はどうであろうか。離叛が功を奏せば自由が得られ、失敗に終わってもたいした目にあわされないですむ、とわかれば、だれもかも些細きわまる口実を盾に叛乱を起こすことになりはしないか。そしてわれらはどうなるか。一つ一つの離叛国を討伐するに、資金と生命とを賭けることとなる。しかも、勝ったところで手に入るのは、もうその後は年賦金を納める力を失った国、われらの戦力の拠《よ》り所であるものを諸君は失うのだ。また逆に、われらの討伐軍が負ければ、現在の敵に新手の敵を加えて戦わねばならぬ。それのみか、当面の敵との戦争がつづくかぎり、われら自身の同盟国とも戦闘をつづけることになる。

〔四〇〕それでは困るというのであれば、弁論術を頼みに、買収金で頼まれて、あやまちは人間として許されるべきだという文句一筋に、ミュティレネ人の願望を喋々《ちょうちょう》と代弁するのをやめるべきだ。かれらの罪は過失ではない、かれらは自発的に謀議をおこなったのだ。情状酌量とは過失の場合にのみ該当する。ゆえに私はさきの言をここでも最後まで主張してやまない。諸君はいったん決議した刑量を絶対に変えるべきではない。憐憫、詭弁、寛容こそは、支配圏の利益をはばむ三敵と心得て、これらに惑わされ処置を誤ることが絶対にあってはならぬ。

わけを言おう、憐憫とは相身たがいの心をもつもののあいだにあって正しく疏通するもの、しからずして情を情で返す心もなく、おりあらばかならず敵たらんとする相手に及ぼすべきではない。また詭弁を弄する政治家どもは、他の些細な事件を俎上にして術の優劣を競うがよい、だが舌先の巧妙さが国に大禍を招くやもしれぬ場で、おのれの才能を売り物にして我利をむさぼることは許されぬ。最後に寛容とは、これから味方に加わるものや、末ながく友たらんとするものにたいしてのみ示すべき態度、反して対等のもの、いわんや敵同然の関係をつづけようとするものどもに示すべきではないからだ。

結論に入る。私の説に従い、諸君はミュティレネの市民らには当然与えるべき断を与え、われら自身はとるべき得策の道をえらばねばならない。さもなくば、諸君の恩は仇になり、諸君自身、おのれを裁くことになると覚悟してもらいたい。なぜなら、もしかりにかれらの離叛が正だというなら、諸君の支配そのものが邪だとみとめることになる。だが一歩しりぞいて、たとえ邪たりとも非たりとも、支配者たらんと主張するのであれば、理を曲げようとも利を守り、かれらに懲罰の断を下さねばならぬ。さもなくば、支配権を放棄し、危険なる高所をすてて凡々たる正道にへりくだるほかはない。されば前回決議の懲罰を執行することによって、諸君の立場を守るべきだ。謀略からは脱しえたが、その真意を解しえなかった馬鹿者と思われてはなるまい。

考えてもみるがよい、もしかれらが勝っていたら、諸君はどんな目にあわされていたろうか、とりわけ加害者として事を起こしたかれらのことだ、想像できぬことはない。理由なくして害をなさんと兵を他国にすすめるものは、その事実を抹殺《まっさつ》し危げなくするために一人の生存者をも残さず、徹底的な殺戮《さつりく》をなすものだ。なぜなら、しかるべき理由もなくして害をうけ、生きのびた残党は、ありきたりの敵味方の則を越えて仮借なき復讐《ふくしゅう》をとげんとするからだ。

重ねて言う、諸君、おのれを裏切ってはならぬ。裏切られたときの怒りをよみがえらせよ、石にかじりついてもやつらを倒さんと決意した気持にもどれ。頭上を襲った危機を思い起こし、今さら節を屈することなく、かれらに報ずべき報いを与えよ。存分にかれらを打ちすえ、離叛者は死をもって贖うべしの鉄則を明示し、他の同盟諸国への見せしめとせよ。いったんこれをかれらの肝に焼きつけておけば、この後諸君は本来の敵を野放しにして、おのれの同盟者ばかりと戟《ほこ》をまじえることが少なくてすむはずだ」

〔四一〕クレオンはこのように言った。その後に登壇したのは、エウクラテスの子ディオドトスであった。(4) かれは前日の民会においてもミュティレネ人の処刑に極力反対したが、このときにも次のような発言をおこなった。

〔四二〕「私はミュティレネ人について再討議を提案した人々を責めたくない。また、かくも重大な問題をめぐって衆議を重ねることを、とかく非難する人々が正しいとも言わぬ。思うに、良き判断をはばむ大敵が二つある、すなわち、性急と怒気だ。⑤ 性急は無思慮に陥りやすく、怒気は無教養の伴侶《はんりょ》であり狭隘《きょうあい》な判断を招く。

またたれであれ、理論をもって行動の先導者たらしめることに頑迷に異論をとなえるものは、暗愚か、偏見か、そのいずれかのそしりを免れない。なぜ暗愚かといえば、見通しのさだかならぬ未来の帰趨《きすう》を、言葉いがいの方法によって説明できると考えるからである。またなぜ偏見かといえば、醜怪な説を通さんと欲しながら、おのれの弁論の術をつくしてもなすべからざるをなすべしと言いくるめるには力足りずと考え、中傷の術をつくせば、反論者を脅迫し反論に耳を傾けるものを脅迫できる、と考えるからである。

だが何よりも始末におえぬ手合いは、反論者は買収されてたくみな説を売っていると相手を頭から非難する人間ども。なぜなら相手の認識不足を指弾するにとどまれば、論戦に破れたものも、知性に劣りを見せたと思われるであろうが、おのれの徳性はきずつけられずに議論の場を去ることができる。だが、いったん不正なりとの中傷をこうむった論者は、よし説を通しえても世人の疑惑を免れがたく、もし説が敗れれば知徳ともに劣るものといわれよう。これによって損をするのはわれらの国、人は中傷を恐れ、衆議を集めることができなくなるからだ。されば中傷や誹謗《ひぼう》をおこなう市民らが下手な演説家であれば、国はもっとも望ましい道をえらべよう。なぜならみすみす口車に乗せられて道を誤ることが最小限にくいとめられるからである。

されば、真によき市民は反対論者にたいしては恐喝《きょうかつ》などの手段にはよらず、公平な議論によって、自分の提案がよりすぐれていることがみとめられるよう、努めねばならぬ。また真に賢明なる国は、とくにすぐれた策を提供したからとて、提案者に褒賞《ほうしょう》を与えるべきではないし、いわんやかれの地位名声をそのために貶《へん》することがあってはならぬ。また提案が容れられなかったからとて、罰を科することはおろか、提案者の名誉を傷つけることがあってはならぬ。なぜなら、国がこのような慎みをもてば、論を通し立場のよくなったものが、このときとばかりおのれの勢力拡大をねらって、心にもない言辞を弄して聴衆の歓心を買う弊も絶え、また逆に論に敗れて立場の悪くなったものも、同様な甘言によって大衆の支持をわがものにしようと努める害がなくなるにちがいない。⑥

〔四三〕しかるにその反対をわれらはおこなっている。のみならず、たとえ最善の提案をなしたことが明らかであっても、いったん買収の嫌疑がかけられると、われらは噂の真偽をとわず、提案者が得るかもしれぬ利得を嫉妬するあまり、みすみす国にとっては得策とわかっている提案をも拒否してしまう。そしてなんの底意もなく提議される明白な良策にも、陰険な策謀にたいするのと同様な疑念がかけられるのが常となっている。その結果、危険きわまりない政策を説こうとするものが欺瞞《ぎまん》によって大衆の支持を得るほかないのと同様に、より良き策を説くものもやはり偽りの言辞によって民衆の信頼をつかまねばならなくなった。そしてついにひとりわが国においては裏の裏をかく策にわざわいされて、なんびとも完全な欺瞞による以外には、正面からよき政策を提唱できないという稀有《けう》の有様を呈している。なぜなら、堂々とこれが良策だと提案すれば、その人は裏ではきっと私腹を肥やしているのだろう、と逆に疑いがかけられるからだ。⑦

しかしながら、きわめて重大な問題について、しかもかくのごとき条件を覚悟で提案者の立場に立つわれわれは、諸君の近視的視野よりはるかなる展望のもとに論をすすめているのだ、と考えてもらいたい。のみならず、われわれはおのれのなす提案について後刻責任をとわれうる立場から、なんの責任もとわれない聴衆という立場にある諸君に話しかけねばならないのだ。望むらくは、もし提案者も支持者も、同様の罰則下に置かれていたならば、諸君の判断はいっそう冷静なものとならざるをえまい。だがおうおうにして現状では、政策に破綻《はたん》をきたすと、誤っていたのは君たち多勢の判断であったにもかかわらず、おのれの誤りを咎めようとはせず、一時の激情に駆られて決議をおこない、提案者一人の誤断にすべての責めを負わせている。

〔四四〕私はミュティレネ市民の件について、反駁を加えたり糾弾したりするためにここに立ったのではない。冷静に考えてみればわかるように、この議論の問題はミュティレネ人は有罪か否か、ではなくして、われらの政策が適切か否かを決めることだ。ゆえに、かりにもし私の論議からミュティレネ人が明々白々に有罪であることが立証されても、私はただそれだけの理由によってかれらの処刑を提言したくない。つまり処刑がわれらの得だということが明白にならぬかぎり、死罪を科すべきではない。しかしまた逆に、たとえかれらに情状酌量の余地があっても、——さよう、われらの国の利益に合致しなければ、斟酌《しんしゃく》する要はない。

さて思うにわれらは、たんに当面の問題のみにとらわれず、未来への見通しのもとに論をすすめるべきであろう。この点についてはクレオンも極力強調し、死刑を科すれば今後は離叛者の数が減り、ゆえにこれこそわれらの未来をおもんぱかる得策である、と論じた。さて私自身も、将来の得策を案ずる点では、かれに引けを取るものではないが、しかし結論としてはかれとはまったくの逆を主張する。諸君の義務は、かれの議論の大義名分に惑わされず私の議論から利益をつかむことだ。いまミュティレネ人にたいして激昂している諸君の立場から見ると、かれの論のほうが正しく思われ、おそらく諸君の支持を得やすいであろう。だがわれらはミュティレネ人の非を糺《ただ》す役目の裁判官ではないはずだ、だから、むしろどうすればかれらをうまく利用できるか、その点について協議したいと思う。

〔四五〕さて諸国の例を見るに、さまざまの罪にたいして死刑の罰が定められており、しかも本件の比ではないような些細な諸罪までも死によって罰せられる。しかしそれにもかかわらず、人は浅はかな見込みを信じると危険をもかえりみなくなる。じじつ、成功の見込みがないことを確信していれば、だれも危険な策謀に身を投ずるものはいないはずだ。いわんや一国が離叛するときには、自国の戦備や同盟国からの支持が確保できると充分に予測できればこそ、事を起こすのではないだろうか。

だが判断の誤りは公的私的の別をとわず、あらゆる立場の人間の本性に根ざしている、そしていかなる掟《おきて》もこれを阻止することはできないだろう。[8] なぜなら、今日までにもいくたびとなく人間は、犯罪による被害を軽減しようと思って、ありとあらゆる刑罰を累進的に加えて、行きつくところまできてしまったからだ。推量するに、おそらく太古には最大の罪にたいしてすら、比較的軽い罰しか科せられていなかったであろう、しかるに時の経過とともに犯罪者が増加し、ほとんどすべての刑量もそれにつれて死刑にまで増大してきたのであるが、しかしここにいたってもなお、犯罪は跡を絶たない。とすれば、死にもまさる恐怖を与えるような処罰が発見されないかぎり、もはや死刑だけでは、充分な拘束力を及ぼすことはできない。

なぜなら貧窮は必然の力によって人を向う見ずな振舞いに走らしめ、権力は横暴不遜《ふそん》の心をつちかい、人を強欲に駆りたてる。その他人生諸般のめぐりあわせにさいしても同様に、人間はその立場立場の免れがたい衝動の虜《とりこ》となり抗すべからざる強い誘惑に盲導されて、危険な深みに陥るものだ。希望と執着がいずれの場合にもつきまとい、希望が先を走り、執着が後まで尾を引く。そして執着はいつしかひそかな陰謀を生み出し、希望は易々たる僥倖の幻影を目前にちらつかせるが、しかしそのいずれも目にはさだかに見えぬから、目に見える危険よりもつよい力をふるって人を惑わし、最大の破局におとしいれる。さらに、思いがけない幸運が、これらに加わると、いずれにまさるとも劣らぬ力をふるい、人間をうつろな勇気に駆りたてる。というのは、予期せぬ好機につかまれると、おうおうにして人間は実力や準備の欠陥をも度外視して、危険な賭《かけ》にさそわれるからだ。

しかも、これは個々の人間よりも、国全体を誤らせる場合が多い。自由獲得のためであれ、他国を支配するためであれ、国の場合には問題がきわめて重大であるだけに危険も大きく、また全市民を率いようとする各派の人間はいずれもみな、ゆえもなくおのれの力を誇張する傾向にあるからだ。ようするに、一事を懸命に成就せんとはやりたつ人間の心情を、法の拘束力やその他の威喝《いかつ》の手段によっておさえようとすることは、どう考えても不可能であり、これができると思うのは、よほど単純な人間であろう。

〔四六〕この条理に従えば、死刑にさえ処すればまちがいないと信じて愚かな決定をなすことは厳に慎むべきである。また一度は叛旗をひるがえした離叛者にも、その誤算を悟れば悔い改められる望みを残しておき、犯した過失を早急につぐなう多少の可能性を残しておくべきである。

よく考えてもらいたい、つぐないの可能性が残されていれば、いったん離叛した国も勝ち目がないと悟れば、賠償金を支払い爾後の年賦金を負担する余力をまだたくわえているあいだに、降服勧告に応ずる気持にもなりえよう。反して妥協の余地をみとめられなければ、急いで降服しても結果は同じであるから、どの国も離叛するときには準備にいっそう万全を期すであろうし、いったん事を構えれば最後の一兵までも籠城に耐えぬくことになりはしないだろうか。これがわれらにとって重大な経済的負担となることは言をまたない。敵が降服を拒否すれば城攻めは長びき、しかも城を奪ったところで、相手の国の力はつきはてていて、年賦金の徴集は望むべくもない状態ではないか。われらがペロポネソス側にたいして優勢をとなえうるのも、年賦金に依存しているからだ。

ゆえに、われらは裁判官ではないのだから、罪を罰するに峻厳のあまりわれとわが身に禍を招くことがあってはならない。むしろわれらは寛大な処罰によって、離叛国に財源上の余力を残し、これを爾後われらの目的にかなうよう利用する道を講ずるべきであり、また、残酷な法的処罰によってかれらを取り締まるのではなく、実益をはかる施政者としてかれらを監督すべきであろう。しかるに今やわれらはその逆をおこなうことになりはしないか。なぜなら、自由な人間が権力によって支配されれば自由を求めて叛逆するのがむしろ自然の理とするべきところを、そのような離叛者を討ち従えたのち、これを苛酷に処罰すべきだと考えているからだ。しかし自由な人間が離叛者となってから、これを苛酷な刑に処すべきではない。離叛にいたるまえから監視を厳しくし、そのような意図が熟する以前に事を未然に阻止すべきであり、また叛乱鎮圧後は、責任の追及を最小限にとどめるべきである。

〔四七〕諸君、考えてもみよ。もし諸君がクレオンの意見に従うならば、まさしくこの点においても重大な誤りを犯すことになりはしないか。なぜなら現在、諸国を一覧するにどの国においても、一般庶民は諸君に好意をよせている。⑨のみならず、かれらは寡頭派のアテナイ離叛に参加することを拒否したり、さもなくば、強制されて離叛軍に加わっても、ただちに離叛を強いたものらの敵となる。だから、国が離叛しアテナイにたいして事を構えても、諸君はその国の民衆を味方にもって、敵地に兵をすすめることができるのだ。

今回のミュティレネの場合も、庶民大衆は離叛の計画に参与しておらず、またかれらはいったん武器を掌握するや、自発的に町をわれらに明け渡した。しかるにもし、諸君がかれら全員を殺《さつ》戮《りく》するならば、これは二重の不条理を犯すことになる。一つには諸君に恩恵を与えたものを殺害する罪、一つには諸国の有力者たちが求めてやまぬ口実をみすみす与えることになる。諸君が被告の有罪無罪の別をとわず、全市民を同罪に付すという先例を明示すれば、諸国の叛乱を指嗾するものたちは、たちまち庶民大衆の支持をかちとることになろう。

されば、たとえ民衆の叛乱参加が事実であったとしても、見て見ぬふりをせねばならぬ。われらに残されたただ一つの味方分子を敵側に追いやらぬための手段なのだ。われらの支配を堅持するためには、殺すべきではないものらを処刑して正義を貫くよりも、われら自身がすすんでこちらの被害を黙殺容認するほうが幾層倍もの得になると思う。かれらを処刑すれば、これをもって正義かつ有益なりとするクレオンの一石は同時に二鳥を落としえない、ということは、よって明らかである。

〔四八〕諸君はつとめて憐れみふかく、寛容であろうと努力する必要はない。私もそのような感情的顧慮によって節をまげたくはない。ただ私の提案がよりすぐれた論拠に立っていることをみとめ、これを支持してもらいたい。ミュティレネ人の処置は、パケスが有罪とみとめてアテナイへ送ったものたちについては冷静に裁判に付するがよい。しかし後に残っているものたちには、従来の居住権をみとめるべきである。これこそ未来を期する万全の策、しこうして敵側を居ながらにして畏怖せしめる処置となる。なぜなら、敵にたいして冷静な配慮を失わぬものは、力のみを頼みに愚昧な行ないをなすものにまさるからである⑩」

〔四九〕ディオドトスはこのように言った。これら両者の意見が述べられると、その間の優劣は決しがたく見えた。アテナイ人の意見は賛否の二派に割れ、挙手投票の結果おのおのほぼ同数となったが、それでも結局はディオドトスの提案が決議された。

そこでかれらはただちに、別仕立ての三段櫂船一艘を急遽出発させて、先発の船がさきに到着して一都市が殲滅《せんめつ》されてしまうのを、未然にくい止めようとした。さきの処刑令状をたずさえた船が出航してから、まだ一昼夜たつかたたぬかであった。駐アテナイのミュティレネ使節らは、乗組員のためにぶどう酒と碾《ひき》割り大麦の食事を用意したうえ、間に合えば多大の褒賞を与えることを約束したので、船足はいちじるしく速められ、漕手は漕ぎながら碾割りをぶどう酒とオリーブ油で練った餅《もち》を食し、睡眠もあるものが漕ぐあいだに、交代で他のものがこれをとる、という形で先を急いだ。

さいわいにして逆風にさえぎられることもなく、また先発の船は酷薄無残な令状伝達の使命に船足もにぶりがちであったに比べて、⑪第二の船はこのようにして急ぎに急いだので、先の船の到着がわずかに先んじて、パケスが最初の決議文を読みくだし、判決の執行に移ろうとする直前に次の船が第一船の澪《みお》を追って到着し、処刑を中止させることができた。かくもわずかの差で、ミュティレネは危機を脱しえたのである。

〔五〇〕しかしアテナイ人は、離叛の首謀者としてパケスのもとから護送されてきていたものたちを、クレオンの提案どおりに処刑した（その数は一〇〇〇名をわずかに上まわった）。そしてミュティレネの城壁を取り除き、軍船を没収した。その後レスボス島市民にたいして年賦金の支払いを課することはおこなわなかったが、メテュムネ市領を除く全島の地所を三〇〇〇区画に分割し、三〇〇区を神殿領とし、残りの区画にたいしては、抽籤《ちゆうせん》によってアテナイ市民の中から入植地主をえらんで派遣した。これらの入植地主にたいしてレスボス島人は一区一年間二ムナの小作料を納入することによって、耕作が許された。またアテナイ人は、かつてミュティレネの版図にふくまれていた大陸沿岸の諸城市をも奪い、やがてこれらの諸市はアテナイ人の支配に服することとなった。レスボスをめぐる紛争の経緯はこのような次第であった。

レスボス陥落後ニキアスの指揮下にアテナイ軍がメガラ前面の小島ミノアを占領したことを述べた（五一節）のち、『戦史』は以下にボイオティアの小都市プラタイアの運命を記す。『戦史』は緒戦いらいのプラタイアをめぐる攻防戦についてとくに同情的なこまやかさをもって記述している。果敢で工夫に富むプラタイア市民は圧倒的な敵側の物量作戦を次々と克服していく。しかし頼みとするアテナイからの援軍もあらわれず、食糧も限りあることとて、前四二七年の早春、籠城勢の半数は巧妙な脱出作戦を企ててこれに成功し、山越えしてアテナイに達した。

しかし残ったものたちはついに饑餓に耐ええず前四二七年七月か八月ころ、降服した。次に記されているのはプラタイア人の裁判の模様である。

〔五二〕同夏これとほぼ同じころ、プラタイア人もまた[12]糧食つきて籠城に耐える力もなくなって、ペロポネソス側に和議を申し入れた。それは次のごとくにして起こった。ペロポネソス勢が市の城壁に攻撃をかけると、籠城軍はこれを撃退することができなかった。ラケダイモン人指揮官は、籠城兵が衰弱しているのを知ると、武力攻撃によって奪取する道をえらばず（というのはラケダイモン本国からの指令によると、後日アテナイとの和約が成り双方とも戦闘行為によって獲得した領土をたがいに返還することに合意することとなっても、プラタイア人は自発的にペロポネソス側に加盟したのだから、領土返還には及ばない、という名目が立つように処置せよ、といわれていたのであった)、かわりに城内へ軍使を送り、こう言わせた。すなわち、もし自発的にラケダイモン人に城市を明け渡し、かれらの裁判官の決裁に処置をゆだねるならば、もちろん正義を犯したものらには処罰が加えられるが、なんびとも法の正義にもとる扱いはうけない、と。以上が軍使の口上であった。城内のものたちは(衰弱のきわみにあったので)、ついに町を明け渡した。

そこでペロポネソス勢は、幾日かのあいだプラタイア人に食物をあたえて養いながら、ラケダイモン本国から五人の裁判官が到着するのを待った。やがて一行が到着したのであるが、かれらはただの一条の罪状起訴をおこなうわけでもなく、プラタイア人を一人ずつ尋問に呼びいれては、今次戦争が勃発していらいラケダイモンとその同盟諸国にたいしてなんらかの恩恵をほどこしたことがありや否や、というただそれだけの問いに答えさせようとした。

プラタイア人は、もっと条理をつくした発言が許されることを要求し、自分たちの代表者としてアソポラオスの子アステュマコスとプラタイアのラケダイモン権益代表、アイエイムネストスの子ラコンをえらんで、弁明をおこなった。両名は一同を代表して次のようにいった。

〔五三〕「ラケダイモンの諸君、われらは諸君を頼むに足ると信じて町を明け渡したのであるが、かくのごとき裁きに付されようと思っていたわけではない。これよりも何ほどか合法的な手続きがとりおこなわれるのを期待し、かつ、諸君の公平なる扱いにいさぎよく従うことをこそ念願すれ、このような他国人の裁判官をふくむ法廷に身をさらすつもりは毛頭なかった。しかるに現在われらは、そのいずれを期待することも、ひっきょう誤りではなかったかと、危惧の念にたえない。なぜならば、かくのごとき形で決められる刑量は死刑以外にあろうとは考えられぬゆえ、疑念にたえず、また諸君は公平たらんとする態度を放棄しているのではないか、と疑いたい。

その証拠には、われらにたいしてまず当然なされるべき罪状起訴がおこなわれておらず、したがってわれらにはなすべき弁明の余地すら許されていないのみか（われらのほうから、発言を要求しなくてはならなかった）、尋問はきわめて形式的で、しかもこれに真実を答えればおのれをおとしいれ、偽りを述べればたちまち論駁されるような問いの形でなされようとしている。いずれの道も閉ざされてしまっている現在、われらは重大な危険を覚悟のうえでいうべきをいうのがせめてもの安全策であろうかと念じ、やむなく発言を求める。なぜならば、われらのごとき立場にあっては、いうべきをいわざれば後日、あのときいえば救いともなったかもしれぬものを、と恨みを残す恐れもあるからだ。

とはいえわれらにとってとりわけ諸君を説得するのは至難といわねばならぬ。たがいに見ず知らずの仲であれば、諸君の耳目のとどかぬところから証拠や証人を喚問してわれらの有利をはかることもありえよう、だが現在われらのいわんとする条々はみな、諸君は熟知のこと、しかもわれらの恐れは、諸君が頭からわれわれらの勇気をあなどりこれを裁くのではないかということではなく、われらを第三者の歓心を買う代償として、すでに確定ずみの判決のまえに立たせることだ。〔五四〕ともあれ、われらがテーバイとの紛争についていうべき条理を述べ、また諸君や、ギリシア人全部にたいしていうべき主張をつくし、われらがほどこした恩恵の数々を諸君の胸によみがえらせ、諸君の心を動かすべく言葉をつくそう。

諸君の単純なる質問にたいして、われらはあえて答える。今次大戦中にわれらがラケダイモンとその同盟諸国になんらかの恩恵をほどこしたか否か。これを敵にたいする問いと見れば、諸君がなんらの恩恵もこうむらなかったとしても、諸君が不正をこうむったことにはならぬ。だが、味方と目するものを質《ただ》す問いならば、過失はこの領土に兵をすすめた諸君ら自身の側にこそ帰せられる。

さかのぼって平和の期間、さらにペルシア戦争においては、われらはつねに勇者の誉れを全うした。今回、平和条約をさきに破ったのはわれらの側ではないし、またペルシア人にたいしては、ボイオティア諸邦のうち、ただわれらのみが、ギリシア解放戦線の一翼を担うことを潔《いさぎよ》しとしたからだ。史実に明らかなるごとく、われらは内陸国たるをも意に介さずアルテミシオンの海戦に参加し、またわれらの領土で彼我雌雄を決したとき、われらはパウサニアスにつづき諸君とともに盾をつらねて戦った。その前後にも、危機がギリシア人を脅かすことがあれば、かならずわれらは、自力の限界を越えても防衛参画の労をいとわなかった。またとりわけ、ラケダイモンの諸君、君たち自身の国で大地震ののち国有奴隷がイトメに叛旗をひるがえし、スパルタがかつてなき存亡の危機に襲われたとき、われらは市民三分の一をさき、救援の兵をさしむけたではないか。これらの一々の出来事を、諸君は忘れているのではあるまい。

〔五五〕こうしてかつては、大事あるたびにわれらは懸命に友たらんと義を重んじたのであるが、時過ぎやがては敵味方の仲となった。だがその罪は諸君にある。テーバイからの侵略に対抗すべく、諸君に同盟を求めたとき[13]、われらの要請を拒否し、スパルタからの道は遠いから、近くのアテナイ人に助けてもらえ、とわれらにすすめたのは諸君であった。しかしながら、戦いにおいて諸君はなんらわれらからとりたてて大きい被害をこうむったことはなく、またこうむる恐れもない。

また、アテナイから離叛せよという諸君の勧告[14]を肯んじなかったからとて、これをもってわれらの侵略行為とすることはできない。なぜなら、テーバイとの抗争において諸君が援助をためらったとき、かれらが援兵をさしむけてくれたからであり、ことここにいたってかれらの信に背くのはわれらの義に反する。とりわけ、かれらは恩人であり、同盟関係は当方の要請に発するし、さらにわれらはアテナイの市民権をも有するものであれば[15]、伝達された指令のままに勇を鼓して従うべきが道理であった。諸君ら両大国がそれぞれの同盟盟主として唱導する政策実現の道程において、それぞれの加盟国間に軋轢《あつれき》を生じた場合、責めは従うものにはなく、従うものらを軋轢に投じる盟主らの側にあるのだ。

〔五六〕ひるがえってテーバイ人がわれらになしたる侵略の数々は多岐にわたり、なかんずく、事を今日にいたらしめた最近の事変については、諸君もすでによく承知であろう。かれらは平和時においてわれらの町を奪わんと、こともあろうに月はじめの祭りの日をえらんで攻撃してきた。攻めくる敵を迎撃するものに罪はなしとするのがわれら全ギリシア人の慣い、われらがテーバイ人に加えた制裁は正当であり、ここでもしかれらの指嗾によってわれらが懲罰をこうむるとあれば、これこそ不当であろう。

もし諸君がこの裁きをおこなうにあたって、かれらの復讐心とおのれの当座の利とを掛けあわせ、われらを罰しようとしているのであれば、諸君は理非曲直を正す真の裁判官ではなく、利に左右されるものという汚名をひろめることになろう。それのみか、現在の諸君にとってはかれらは有用な味方であるかもしれないが、しかし、かつて今にまさる危機に諸君が陥ったとき、はるかに有用であったのはわれらであり、またかれら以外のギリシア人たちではなかったか。現在諸君は、ギリシアの内でたがいにあいせめぐ戦いで威をふるい兵を動かしているが、かの存亡をかけた危急のとき、夷狄《いてき》がわれらを残らず奴隷にしようとしたとき、その手先となって動いたのがこれなるテーバイ人なのだ。これを思えば、現在のわれらの過失を――それがはたして過失かどうかもよくわからないが――かつてわれらが示した果敢さと比べ、事の軽重を問うべきであろう。すれば諸君の目にも、かのいかに大でありこのいかに些少たるかがわかるはず。

われらはみな存亡の岐路にあった。クセルクセスの大軍にたいして、武勇をもって対抗せんとするギリシア人の数がまことに微々たりしとき、おのが安泰と利益を捨てても夷狄の侵攻に道をゆずろうとはせず、勇を鼓してすべてを投げうち、至高の栄誉をかちえんとしたものらはいかばかりに高い讃辞に浴したことか。そのなかにわれらはあって、至高の功労をみとめられたのであるが、今やふたたび同じ立場を死守せんとしたがために、潰滅の危機におびえている。われらは利につけば加わるべき諸君の陣には加わらず、義を立ててアテナイ人につくことを潔しとしたからだ。とはいえもとより、人たるものつねに一貫した徳義のわきまえを踏みおこなうべきことは言をまたず、もし諸君もこの見地に立てば利と目すべきはただ一つしかない。よき同盟者と交わるにその勇徳にたいする感謝の念をゆるがせにせぬこと、これこそ諸君が追うべき当座の利益と一致するはずなのだ。

〔五七〕諸君として注意すべき点がまだある。現在ひろくギリシア人のあいだでは、諸君は剛直の鑑《かがみ》と仰がれている。しかるにもしここでわれらの処置に関して、良識を欺く判断をなすならば(この裁きは世にかくれもない裁判として喧伝《けんでん》される、裁き手の名は高く、裁かれるわれらの名もすたれてはいないからだ)、世人は諸君を評してなんというだろうか、勇士らを裁くに諸君はおのれの衿恃《きょうじ》を忘れ、似合わしからざる裁決を下したと思われずにすむだろうか。

また諸君が、ギリシアの救い主たるわれらの身から甲冑《かっちゅう》をはいで、ギリシア人すべての集う神々の御社に献納すれば、世のさげすみをうけずにすむだろうか。ラケダイモン人がプラタイアを打ち壊したというだけで、冒瀆の名に値すると思われよう。父らは勇徳をあがめ、わがプラタイアの名を鼎《かなえ》に刻んでデルポイに奉納したのに、子たる諸君はテーバイ人に指嗾されて家ぐるみわれらをギリシア世界から抹殺してしまったといわれよう。

じじつわれらがすでになめてきた苦難の数々も、ここについにその極みをついたのか、かつては勝ち誇るペルシア勢に蹂躪されていったんは潰滅し、⑯今はまたかつて無二の友たりし諸君の手に落ちてテーバイ人の意に従えられ、最後にあいついで生死をかけた二つの苦闘に身を挺《てい》することとなった。内にこもって開城を拒否していれば餓死あるのみの日々に耐え、今はおのが刑死を定める裁きに耐えねばならぬ。そして、今は昔ギリシアのために渾身《こんしん》の勇を馳せたわれらプラタイア人も、はやこの世界に国もなく家もなく、ただ一人、仇《あだ》を報ずるものもなく滅ぼされる。かつての戦友とて今は頼みとするものは一兵も現われず、おおラケダイモンの諸君、最後の希望を握る諸君でさえ、頼みとしてよいのかどうか、危惧の念にたえないのだ。

〔五八〕しかしながら、あえてわれらの要求を述べる。かつて同盟の契《ちぎ》りを見そなわした神々にかけて、またギリシアのために馳せたわれらの武功に免じて、諸君はかたくなな心を解き、テーバイ人の説得によって固められている誤解があれば、それを解き改めるのが諸君の面目であると信ずる。かれらの要求をさえぎって諸君らの手にかけてはならぬものたちの生命を乞いさげること、没義道《もぎどう》な代償を恥じ、わきまえに恥じぬ感謝をうけて家路をかざること、人の歓心を買わんとするあまりおのれの名声を傷つけぬこと、それこそ、諸君としておのれにもとらぬ道であろう。もとよりわれらの生命を絶つのはいともたやすいこと、だがそのための汚名を諸君がそそぐのは容易ではない。なぜなら、諸君がわれらを処罰すれば、ゆえあって仇敵を誅《ちゆう》したことにはならぬ。それどころではない、やむをえず敵味方とわかれた友邦を、ゆえなくして罰したことになるのだ。以上の条理に従い、諸君はまずわれらの生命を害しないことによって、神明に恥じない裁きをなすことができる。

あまつさえ心すべきは、われらは自発的に諸君の手に身柄をゆだねた。手をさしのべて和を乞うた(そのようなものらを助命するのがギリシア人の掟)、しかもわれらは時古《ふ》りた昔からつねに恩恵を与えてきたものだ。論よりも証拠、瞳《ひとみ》をめぐらして諸君の父たちの墓地を見るがよい。ペルシア人に殺され、われらの領土に埋められた諸君の父たちの霊前に、年々われらは国費をさいて織物や、数々のしきたりの供物をささげ、大地がもたらす四季の稔《みの》りも、ことかかさずその初穂を供えて、友邦の誼《ぎ》を厚くし、かつて戦陣をともにした戦友たちへの礼を重んじてきた。もし諸君がここで判断を誤ることがあれば、われらの積んだ恩をことごとく仇で返すことになりはしないか。

考えてみるがよい、パウサニアスがかれらの墓地をここに求めたのは、この地こそ友の土、ここに住む勇士らこそ頼むに足ると信じたからにほかならぬ。だがもし諸君がわれらを抹殺し、プラタイアの地をテーバイに与えるならば、諸君の父や同胞を敵地に移し、かれらの生命を奪った犯人の手にゆだね、かれらの霊がいま嘉納している捧げものをその霊前から奪うに等しいではないか。のみならず、ギリシア人が自由を得た、由緒ある地に奴隷の軛《くびき》をかけ、ペルシア戦勝を祈願しその戦勝をたまわった神々の聖域を毀《こぼ》ち、父たちの鎮魂の祭りから、これを起こしたゆかりのものたちを追うことになりかねないのだ。

〔五九〕ラケダイモンの諸君、諸君の名誉を思えば、そのような仕儀に及んではならぬ。またギリシア人すべての尊ぶ掟にかけて、またおのれの父の霊を瀆する罪を恐れれば、諸君はおのれの身に害もうけていないのに、第三者の指嗾に乗っておのれの恩人を殺戮《さつりく》するの非を犯すべきではない。われらの生存を許し、冷静な心に憐憫の情を解して分別をとりもどしてもらいたい。われらの目前にせまる苛酷な死もさることながら、いったいわれらになんの罪咎があって死を与えられるのか。運命のはからいとはかくも無差別に、しかも罪なきものをもその渦中に投ずることを思いはかって、判断を正してもらいたい。

そしてわれらはこの絶体絶命の窮地においてやむなく、許された手段にうったえる。諸君もあがめわれらも尊ぶ神々、ギリシア人すべての神々の御力を乞い、諸君の心にうったえる。諸君の父が忘れじと誓った誓いを盾に、諸君の父の墓碑にすがる嘆願者となり、死者の霊を呼びおこして祈るのだ、どうかテーバイ人の意に従わせられることのないよう、汝《なんじ》らの無二の友たちを、憎みてあまる仇敵の手にゆだねることのないように、と。あの日を霊たちの心に呼びさまし、あの日かれらとともに燦然《さんぜん》たる光輝を担ったわれら戦友が、この日このうえなく悲惨な死に身をさらそうとしている、とうったえよう。

だがいずれは耐えがたい瞬間が、かくのごとき立場のわれらをつかむ。それはこの言葉を終えるとき、言葉の絶えるとき生はたちまち潰《つい》えさる、されば最後に重ねていう、われらはテーバイ人に町を渡したのではない（それくらいなら、もっとも悲惨な饑餓をえらんだはずだ）、諸君を友と頼んで和議を申し入れた（ゆえに、もしわれらの説を拒否するのなら、われらを和議申入れの前と同じ状態にもどし、爾後襲いくる危険に対決する自由を与えるのが、条理にかなう態度であろう）、そして神明かけて要求する。われらはギリシア人のために比類なき勇を馳せたプラタイアの市民だ、そして諸君の信を頼んだ嘆願者だ、おおラケダイモンの諸君、その手からわれらを仇敵テーバイ人に引き渡さないでくれ。われらの救いとなってくれ、ギリシア人全部を自由にするという諸君が、われらのみを殺戮することがあってはならぬ」

〔六〇〕プラタイア人はこのようにいった。するとテーバイ人は、この演説のためにラケダイモン人が既定の線を崩すのではないかと危ぶみ、裁判官に近づくと、自分たちにも発言を許してもらいたいと申し入れた。そのわけは、プラタイア人が尋問にたいする答えとして、テーバイ人自身にとって納得いたしがたい長広舌を述べたから、というのであった。ラケダイモン人が承諾したので、テーバイ人は次のように述べた。

〔六一〕「われらはもともと、発言を乞う意志はなかった。かれらさえ尋問に直答していればその要はなかったはず、しかるにかれらはわれらを目して非難めいた弁舌を吐き、またかれら自身については場所柄のわきまえもなく、咎めなき事柄についてながながと弁明をなし、なんびとも自明とみとめる自画自讃の言辞を弄した。されば、これに対し反論すべき点もあり、われらとして真否を糺すべき点もある。われらに帰せられた汚名とかれらの主張する美名があいたずさえてかれらに益をもたらすことのないよう、両側より真実を諸君の聴聞に供してあやまたぬ判断に資することを願うからである。

われらがかれらと紛争の仲となったのは、次の事情による。最初われらがプラタイアを建設したのち、プラタイア人と協力して、ボイオティアの諸地方から各部族混成の住民を放逐してわれらの勢力下に収めたのであるが、しかるのちプラタイア人は最初の協定にもかかわらず、われらの指揮に服するのを不満として、他のボイオティア諸邦の慣例に背き、旧来のしきたり[17]を廃した。われらがこれに従わしめんとの圧力が加えられると、アテナイ人の傘下に走り、かれらの一翼を担って多々われらに損害を与え、われらもそのつど相応の報復を加えてきた。

〔六二〕その後、夷狄がギリシアに侵入したときかれらはボイオティアでただ一人、夷狄に通ずることを拒否したといい、この一事をもっておのれの慢心をほしいままにし、われらの非をあげつらっている。だが、われらにいわせれば、かれらがペルシアになびかなかったのは、アテナイがこれを非としたからにすぎず、されば同様に、アテナイ人がギリシア全体を敵とした今、ボイオティアでただプラタイア人のみがアッティカになびいているのである。

だが、一歩すすめてよく見てもらいたい、ペルシアになびいたわれらと、アッティカになびくかれらとのあいだには、本質的なちがいがあるのだ。というのは、当時われらの国は、平等の法に立つ寡頭支配でもなく、また民主政治の政体を有するものでもなかった。制度的にみれば、およそ理想的な法治からはまったくかけはなれた状態にあり、僭主制といかほどのちがいもなく、ごく少数の権力者が国政を牛耳っていた。そしてこれら権勢者どもは、ペルシア勢力が勝てばおのれの権勢がますます増大するであろうとの予測から、武力行使によって民衆を弾圧し、ペルシア勢を領土内へ誘導した。このため、国全体としてはおのれの意をおこなう力をもたずして、ペルシアと余儀なく協調したのであれば、法的な権力を奪われた国が犯したあやまちを、その責任として非難するのは当を失している。

しかしペルシア勢が退去し国が法治を回復してのちは、諸君の一考を促したい、やがてアテナイ人がギリシアの諸地に侵略の兵をすすめ、なかんずくわれらの領土をおのが支配下に服せしめんとの企てのもとに、幾多の諸邦の内乱に乗じてボイオティアの大部分を掌中に収めていたとき、ほかならぬこのわれらがコロネイアで戦ってかれらをくじき、ボイオティアに自由を与えた。そして今や諸君の陣営に騎兵隊を派するなど⑱、他の同盟諸国の及びがたい諸軍備を提供して、残るものらにも自由を与えんと、武勇を馳せている。

〔六三〕さてペルシアになびいた次第については以上の弁明をもってする。次に、プラタイアの諸君がギリシア人にたいしてなした侵略行為の数々をあげ、いかなる処罰をもってしても重きにすぎることがないことを、一々論証することを許されたい。

プラタイアの諸君は、われらの報復にたいする護身策として、アテナイ市民の列に加わり同盟者となった、と述べた。しかしそれならば、われらにたいしてのみアテナイ勢の援助を借りるべきであったはず、かれらの陣に加わって他国にまで侵略の兵を動かすべきではなかったのだ。意に反してアテナイ人に従わせられたとでもいいたかろう。だが真実そうであったなら、プラタイアの諸君、諸君がいまその口でしきりに庇護《ひご》を求める口実につかっている、これなるラケダイモン人との反ペルシア同盟があったはず、それを盾にできたはず。少なくともその同盟にすがれば、われらの鉾先《ほこさき》を止めえたはず。しかもそうすれば恐れなく相互協議による紛争解決の道という最大の利点がえらべたはずだ。だがそうしなかった、なぜなら、諸君は自発的に、なんの圧力がかけられたためでもなく、ラケダイモンよりもアテナイの政策に加担することをえらんだからだ。

また諸君は、恩人を裏切るのは恥辱だとかいっている。だが、ただアテナイ人を裏切るのが恥ならば、諸君がかつて契りをかわした全部のギリシア人を捨て裏切ることは、さらに唾棄《だき》すべき恥、さらに重い背徳ではないのか。あまつさえかれらはギリシアを隷属させるものであり、われらは自由を与えんとするものだ。しかも諸君がかれらへの返礼として与えてきたものは、およそ均衡を欠いたものであり、破廉恥のそしりを免れえない。なぜなら、諸君は侵略されたので、対抗上かれらの援助を仰いだ、と申し立てているが、かれらが他を侵すたびに、かれらの手先となってきたのは諸君だ。もとより恩には恩をもって報いるのを道とするとはいえ、恩を知るものならば、正義を旨にうけた恩ならば、これを不正な手段で返すよりも、むしろ忘恩のそしりに甘んじるを潔しとする。

〔六四〕よって諸君の行為から明白なるごとく、諸君がひとりペルシアの膝下《しっか》に屈しなかったのはギリシア人全体を思う心からではなく、ただアテナイの範にならったにすぎず、諸君はある一派のギリシア人に志を通じ、他の転覆をねらって態度を決めたのだ。それのみか今にいたってそらぞらしくも、アテナイのためにつくした武勇を盾に、その敵側から褒賞を得たいと要求している。だがそうはいくまい。アテナイ人を味方とえらんだうえは、かれらとともに戦いの重みに耐えていくのだ。

いわんや時古りさびた誓いを盾に、この期《ご》に及んで助命にあずかろうと未練がましく言いたてるべきではない。なぜなら、諸君自身その誓いをふりすて蹂躙して、アテナイ人がアイギナやその他の盟友諸国を隷属化するのを阻止するどころか、みずから手をかして侵略に参加した。しかも、諸君は当時も今も変りなき法的責任のもとに、だれの強制によるわけでもなく、自発的にかれらの陣に加わった。この点、われらのペルシア軍参加とはべつの問題なのだ。さらにまた、城攻めにかかる以前に、われらが中立を勧告し、いずれの陣営にたいしても事を構えるなと、最後に申し送った通牒《つうちょう》をも諸君はうけいれようとしなかった。

ギリシア広しといえども、ことここに及んでは君たちくらい憎悪と軽蔑に値するものは他にない、他人の難儀を食いものにしておのが英名をかかげてきたからだ。また、かつては世の鑑と仰がれた諸君の事績も、その真偽はともかくとして、今は身にそぐわぬ虚飾たることを歴然と天下にさらした。身から出た銹《さび》とはまさしくそのこと、真実の光に正体があばかれた。なぜなら、諸君は不正と侵略の道をいくアテナイ人のあとに付和したからだ。

〔六五〕さて以上のごとく、われらがやむなくしておこなったペルシア軍参加と、諸君の自発的なアテナイ軍参加についての事実の相異は、明らかである。

最後に諸君がいう被侵略的事実についていいたい。われらが無法にも平和を侵し、月はじめの祭り日に諸君の城市に兵をすすめた、とのことであったが、この経緯においても責めは双方にあり、誤りがわがほうだけにあるとは信じられない。なぜなら、われらだけの考えによって相手の町にむかって兵を出し、戦いを挑み、耕地に破壊行為を加えるなど敵対行為に及んだのであれば、たしかに侵略者である。だが、諸君の仲間で富も生れも最上流の市民らが、外部勢力との同盟を絶ち全ボイオティア本来の伝統への復帰を願って、自発的にわれらの援助を求めた。これが事実であるうえは、われらが侵略者よばわりされるいわれがあろうか。なぜなら、法を犯した責は導くものが負うべきで、導かれるものに咎はない。だがわれらが判断するに、かれらは法を犯したわけではない、いわんやわれらが法を犯そうわけがない。

プラタイアの市民諸君、かれらは諸君同様の市民であり、いな、身に及びうる危険は諸君らよりもむしろ大きかったろう。その人々がおのれの町の城門を押しひらき、おのれの城内へ、敵としてではなく友としてわれらを誘導し、諸君の中の下層民が増長するのを阻止し上流市民がふさわしい権力を確保するのを望んだ。かれらは政見の統一を企てたが、国内から死刑者や流刑者の生ずるのを好まず、血縁の結束を固めて家を守り、いずれの国にも敵を設けず、すべての国々と和平を保たんと願うものたちだったのだ[19]。

〔六六〕われらが敵として事を起こしたのでないことは、次の一事から察知できよう。われらはなんびとにも危害を加えなかった。ただ、全ボイオティア人の伝統にもどって国を設営せんと希望するものは、われらのもとに来たれ、と布告をおこなったのである。すると諸君もよろこんでこれに応じ、協定を取りかわし、最初は平静な様子を示したが、やがてわれらの数少なしと見てとるや、われらが一般庶民の知らぬ間に入城したことにいささか疑念の余地がありえたとはいえ、[20]諸君がわれらにたいしてなした挙動は、わがほうの平和的意図を蹂躙するものであった。

武力行使をひかえ、談合によってわれらの撤退を要求するかわりに、結んだばかりの協定を無視してわれらに闇討《やみう》ちをかけ、手にかけて殺したものも何人かある。このとき殺されたものたちについてはまだしも諦めもつく（なぜなら、このような場合、殺されることも慣習的にいえばありうるからだ）、だが手を上げて降ったものらを生け捕りにし、しかも後刻かれらを処刑に付さぬ旨をわれらに約しておきながら、無法にも死刑に処したその残虐さを、諸君は否定できるとでも思っているのか。

しかもこの一事件だけを見ても、諸君はわずかのあいだに三重の不法行為に及んでいる。一つ、協定蹂躙、一つ、捕虜虐殺、一つ、われらが城外の田畑に危害を加えないなら、捕虜を助命すると約した言葉を裏切ったこと、それにもかかわらず、諸君はテーバイ人が法を犯したと言いつのり、自分たちは処罰をうけるおぼえはない、と主張している。だがそうはいかぬ。裁判官らが事の黒白を明らかにするときがくればわかる。これら条々のすべてをとわれて諸君に懲罰がくだされるのだ。

〔六七〕ラケダイモンの諸君にいう、これらの事実をこと細かに述べた理由は、諸君をもわれらをも益せんがため、すなわち諸君には、これらの事実を有罪と決することが当を得た処置である旨をわかってもらうためであり、かつわれらとしては、さらにいっそう妥当な見地からこの報復をとげたことを明示したいと念じたからである。たとえかれらのいう古《いにしえ》の武功がその万分の一たりと史実であったとしても、これを耳にしたばかりに諸君の決意をにぶらせるのは禁物、古の功名は被侵略者をかばう盾にこそなれ、破廉恥をなすものには倍まさる処罰となってふりかかる。なぜなら、その名にもとるあやまちを犯したことになるからだ。

嘆きも哀願も役には立たぬ。たとえ諸君の父の墓碑に助けを求め、おのれの孤立無援をかこっても助けのあろうはずがない。なぜなら、われらにも同じ言い分がたつ。かれらの手にかかりはるかに残酷な最期をとげたわれらの朋輩《ほうばい》を見よ。かれらの父のあるものは、ボイオティアを諸君の味方につけようとしてコロネイアで生命をささげ、またあるものは看《み》とる子もなき老境にあり、荒涼たる家ともどもに声をあげて諸君に嘆願している、これなるプラタイア人を誅することこそ、幾層倍も義にかなう振舞いではないか、と。憐憫とはいわれなき災禍に見舞われたものであれば与えてよいもの。かれらごとき因果応報の目にあったものには、逆に胸のすくような処置をとるべきである。また現在かれらが孤立無援であるのも身から出た銹《さび》、よりよき同盟者たるべきものらに敵対し、好んで事を構えたためなのだ。かれらの違法行為はわれらの挑発によるものではない、正義ではなく憎悪をもって是非をわかち、しかもこの期に及んでも、うけるべき誅罰に服さんとする気配はさらにない。かれらの誅戮《ちゅうりく》は法の裁くところ、なかんずくかれらは戦場における投降者だというがそうではなく、降服の条件として法の裁きに服することを承知したのだ。

されば、ラケダイモンの諸君、刃《やいば》をもって、これらプラタイア人の蹂躙したギリシア人の法の尊厳を守るべきだ。加えてわれらが馳せた勇武の数々に報いて、非道に苦しんだわれらに満足を与えてもらいたい。これら捕囚の言辞のためにわれらの主張が諸君らの軽んじるところとなっては、われらの面目が立たぬ。諸君、実例をもって、これは弁論合戦ではなく行為の裁きであることをひろくギリシア人に示してもらいたい、徳まさるものは諸否の一言をもって身の証《あかし》を得るが、罪に汚れたものは言をかざり面かくす、と。諸君は今やわれらの盟主、盟主たるものが一句の問いにすべてをこめて、全員が従うべき是非の判断を明示するなら、爾後背徳の行ないを美辞麗句でかくそうとするものが少なくなるだろう」

〔六八〕このようにテーバイ人は言った。ラケダイモン人の裁判官らは、プラタイア人が戦争勃発いらい自分らに益をなしたか否か、という問いを続行するのが、自分たち自身の立場としては正当であろうと信じた。というのは、ペルシア戦争後パウサニアスがむすんだ歴史的協定に準じて、プラタイアが中立を維持することを要求してきたのであり、また先ごろ攻城壁の構築にとりかかる以前に、旧来の協定どおり中立国たるべしと通告したにもかかわらず、プラタイア側はこれを拒絶した。ラケダイモン側の考えでは、自分らの合法的意図は相手によって無視されたのであるから、すでに協定の拘束力はなくなっている、という解釈がおこなわれたのである。

そこでふたたび、プラタイア人を一人ずつ法廷に呼び入れ、さきと同じく、開戦いらいラケダイモンとその同盟諸国にたいしてなんらかの恩恵を与えたか否か、という問いをくりかえし、否と答えるたびに外へ引きだして処刑し、ただ一人の例外をも許さなかった。こうしてかれらが処刑したプラタイア人は二〇〇名を下らず、籠城をともにしたアテナイ人二五名も殺された。[21]婦女子は奴隷にされた。そして「テーバイ人によって」[22]町は約一年間、メガラの内乱[23]の亡命者と、プラタイアの親ペロポネソス派の残党に、居住の地として与えられた。

しかしその後、城市は建物はおろかそれらの礎石にいたるまで完全に破壊されたのち、ヘラ女神の社に隣接して、周囲二〇〇プースの上下二階の部屋をめぐらせた宿舎が建てられ、かつてプラタイア人の住んでいた家々の屋根瓦や扉板などがそのために用立てられた。またもろもろの物とともに城内に残っていた鉄、青銅の器具類は熔《と》かされて寝椅子《いす》が鋳造され、女神ヘラにささげられた。また一〇〇プース四方の石造の神殿が女神のために建立《こんりゅう》された。耕地はことごとく没収されて、期間一〇年として貸与され、分配にあずかったテーバイ人がこれを耕作した。

プラタイア人の処分についてラケダイモン人がほとんど一片の容赦も見せずかくも徹底的な苛酷さを示したのは、テーバイにたいする配慮からであった。当時ようやくはじまったばかりの大戦続行のためにテーバイ人の助力は不可欠と考えられたためである。プラタイアの歴史は、プラタイアがアテナイの同盟者となってから九三年目に、このような結末を告げた。

『戦史』の記述において、ケルキュラは二度きわめて重要な意味をもつ。第一は、戦争開始前コリントスと紛争状態に陥り、アテナイの援助を求めることによって、ペロポネソス戦争にいたる動因を形作っていること。第二には、スパルタ、アテナイ両陣営の対立抗争激化の必然的余波をうけて、国内の親スパルタ派と親アテナイ派との対立もまた露骨となってついに内乱状態となり悲惨な結末をみるにいたったことである。

見方によれば、『戦史』の記述するペロポネソス戦争とは、ギリシア人とギリシア人の争う一大内戦であり、その発端も内乱であり、その結末もまたアテナイ内部の争いに幕を閉じるという、大小さまざまの内乱が渦巻く争乱であるとも言われよう。この点において『戦史』とヘロドトスの『歴史』とは根本的に異なっており、『戦史』の作者はこれを明確に意識していたと思われる。以下のケルキュラ内乱記と、内乱現象一般についての省察は、作者のペロポネソス戦争観をさぐるうえでも、とくに興味深い。

〔七〇〕ケルキュラの内乱は次のごとくにして起こった。さるエピダムノス紛争のさいの海戦で捕虜として捕えられていた市民ら[24]が、コリントス人の手から釈放され、ケルキュラに帰ってきたときに、内乱の端は発する[25]。これらの帰国者らは名目上は、コリントスのケルキュラ権益代表[26]が八〇〇タラントンの保釈金を積んで釈放されたことになっていたが[27]、その実は、ケルキュラをコリントスの意志に従わせるという了解が成り立っていたのである。

そこでかれらは、市民の一人一人と接触を深めて国をアテナイから離叛させる工作をすすめた。やがてアテナイ、コリントスの両国からおのおのの使節を乗せた船が一艘ずつケルキュラに到着すると、会談の席が設けられた。そこでケルキュラ人は投票の結果、アテナイとは従来どおりの同盟関係を維持し[28]、かたわらペロポネソス側にたいしては紛争以前に存続したような友好関係に復する旨を議決した[29]。そのうえで(ペイティアスなる人物が、アテナイ権益代表たることを自任し、また民衆派の指導者格にあったので)、離叛画策者たちはかれを、ケルキュラをアテナイに隷属せしめんとしたという咎で起訴した。

しかしペイティアスは無罪釈放になると、今度は自分のほうから訴訟を起こし、反対派の中のもっとも富裕な五人の市民にたいして、かれらがゼウスの聖領とアルキヌス[30]の聖領からぶどう畑の支柱を切りとって横領していると指弾した。その罪科にたいする科料は支柱一本につき一スタテールと定められていた。科料言渡しをうけた被告たちは罰金総額が多大となったために、その分割支払いが許されるよう懇望して、神殿にすがって嘆願したのであるが、ペイティアスは(かれはまたケルキュラの評議員でもあったので)、評議会を説得して法廷判決の執行をせまった。

被告側は法的庇護が奪われ、また他方ではペイティアスが自分の評議員の任期が切れるまえに民衆派を動かし、アテナイと攻守同盟をむすばせる意図をもっていることを聞き知ったので、自

分らの同志をそそって蜂起し、短剣をふところにして突如、評議会に乱入し、ペイティアスをはじめその他の代議員や一般市民、約六〇名を殺した。しかし、ペイティアスと政見を同じくする数名のものたちは、まだ港内に碇泊中であったアッティカの三段櫂船に身をよせて難を逃れた。

〔七一〕この挙をとげたものたちは、ケルキュラ市民を呼集し、これこそ最善の処置でありアテナイの隷属国化を極力ふせぐ最上の道であると述べ、爾後ケルキュラは中立国としていずれの陣営にも与せず、交戦国からはそのつど一艘だけの入港をみとめるが、それ以上の数の船隊は敵と見なすべきである、[31]と宣言した。そしてその宣言のとおりに決議されることを強要した。またアテナイ人が対抗措置を講ずることのないように、この事件についてアテナイにさっそく使節を派遣し、この処置が両国の利益に合致する旨を説明し、またアテナイに亡命しているものたちにたいしては軽挙妄動をいましめる説得をおこなおうとした。

〔七二〕しかしアテナイ人はかれらがやってくると、使節一行を政治的謀議の咎で逮捕し、かれらの身柄をアイギナ島に収容した。また使節らの説得に応じた亡命者がいればそのものたちについても同様の措置をとった。

その間に、ケルキュラの政権を独占した離叛派は、コリントスの三段櫂船に乗ってラケダイモンの使節がやってくると、民衆派に攻撃を仕かけて、これと一戦をまじえたのち制圧した。しかし夜に入ってから、民衆派はアクロポリスをはじめ、市内の高所に避難してそこに集結して態勢をととのえ、またヒュロス港を自分たちの勢力下に収めた。一方反対派は、自分たちのほとんどのものの家がある中央広場《アゴラ》を占拠し、ここに隣接し対岸の陸地に面する港をも掌握した。

〔七三〕翌日、狙撃兵《そげき》らの小競合《こぜりあ》いがあり、また両派ともそれぞれの使者を市外の農耕地に送って奴隷たちに内戦参加を呼びかけ、おのおの自派に加担したものには自由を約束する、と触れまわらせた。その結果、奴隷たちの大多数は民衆派の味方に加わり、反対派には対岸から八〇〇名の傭兵が加勢した。

〔七四〕なか一日おいて、ふたたび戦闘がおこなわれ、今度は地の利を占め、かつ兵数でも優勢をとなえた民衆派の勝利に帰した。かれらに与した婦女子らも、屋根の上から瓦礫《がれき》を投げるなど、女性とも思えない態度で叫喚の巷に踏みとどまって勇敢に助力した。日没のころ、陣をつき崩された寡頭派は、勝勢に乗じた民衆派が一挙に船置き場を襲撃してこれを奪い自分らを殲滅することになりはせぬかと恐れて、アゴラを取りまく自分らの家屋敷や長屋に火を放ち、民衆派の進路を阻止しようとした。かれらは自他の持家の見さかいをつけなかったので、商人らのおびただしい財貨が火焔《かえん》に呑まれ、もし風が市街にむかって焔を煽っていたなら、ケルキュラの町全体が潰滅しかねない危険にさらされた。このようにして戦闘はいったん収まり、両派とも鳴りを静めるとその夜を警戒のうちに過ごした。コリントスからの船は、民衆派が優勢を占めたのを見てひそかに港外に逃れ、寡頭派の傭兵の大多数のものも、警戒の眼をくぐって対岸の大陸に渡ってしまった。

〔七五〕翌日、アテナイの指揮官、ディエイトレペスの子ニコストラトスが、ナウパクトスから軍船一二艘とメッセニア人重装兵五〇〇名を率いて応援にあらわれた。かれは両派に働きかけて内紛の収拾に努め、できうれば両派が歩みより、内乱の首謀者一〇名だけを裁判にかけ（しかしかれらはいちはやく姿をかくしていた）、残りのものたちはたがいに和解して家に帰り、またアテナイ人とは攻守同盟をむすぶように、と説得をつくした。

この処置を終わって、かれは船隊を率いて発つばかりになっていた。すると民衆派の指導者たちは、敵側の策動をなるたけ牽制《けんせい》しておくために、かれの配下にある軍船五艘を自分たちのもとに残してもらいたい、そのかわりに同数のケルキュラ軍船と乗組員をかれの指揮下に提供するから、と懇望した。ニコストラトスがこれを承諾すると、かれらは反対派のものたちをえらんで五艘の乗組員を構成しようとした。

反対派のものたちは、アテナイへ送られてしまうのではないかとの危惧にたえず、ディオスコロイの神殿にすがって免除を嘆願した。ニコストラトスはかれらに安全を保証し、その危惧の念をやわらげようとした。しかしその説得も功を奏しないのを見ると民衆派は、かれらが乗船を懸念し拒否するのは不穏な計画をいだいている証拠である、といって身に武器を帯びると、寡頭派の家屋敷から武器甲冑を没収し、もしニコストラトスがこれを禁じていなかったなら、手当り次第に殺戮をおこなうまじき有様であった。この成行きを見て、残りの寡頭派のものたちは、ヘラ女神の神殿に嘆願者となってすがり、その数は四〇〇名を下らなかった。かれらが短慮な振舞いに及ぶのを恐れた民衆派は、生命の安全を保証すると説き聞かせて神殿から立たせ、そのすぐ前に浮かぶ小島にかれらの身柄を収容し、そして食糧など必要品をかれらのもとに送り届けさせた。

〔七六〕内乱がこのような状態にあるまま、寡頭派を島に収容してから四、五日過ぎたころ、イオニア沿岸攻撃の終了後キュレネ軍港に待機中であったペロポネソス側の船隊が、総勢五三艘をつらねて姿をあらわした。その指揮官は前回の遠征とおなじくアルキダスであり、またかれの軍事顧問としてブラシダスも加わっていた。かれらは本土側のシュボタ港にいったん投錨《とうびょう》したのち、払暁ケルキュラ島攻撃にむかった。

〔七七〕ケルキュラ人は、内乱に加えて敵船隊襲来の報に大いに恐れ、名状しがたい騒ぎを演じながらも、ただちに六〇艘の出航準備にとりかかり、乗組員が部署についた船から順に敵船迎撃の途についた。アテナイ人は自分らの船をまず一番手に出撃させ、しかるのちケルキュラ側が全船一隊となって攻撃に参加するようにと提言したのであるが、この忠告は無視された。ケルキュラ側の船は支離滅裂の状態で敵に近づくと、たちまち二艘は脱走してしまい、他の諸船上でも乗組員の意見がまとまらず争いを生じ、行動の統一がまったく失われてしまった。ペロポネソス側はこの混乱を見てとると、ケルキュラ勢に対しては二〇艘の船を配し、残りをもって、サラミニア、バラロス両船[32]を加えた一二艘のアテナイ船隊にたいする態勢をかためた。

〔七八〕ケルキュラ勢は、統一もなく分散したまま攻撃に移ったために、かれらの戦線は苦境に陥った。アテナイ勢は、敵勢が数を頼みに包囲戦に転ずることを警戒して、全面的な攻撃に出ることをさけ、また正面にたいする敵戦列中央部を衝くこともせず、敵の陣翼を攻めて一艘を沈めた。これを見てペロポネソス勢は円陣に態勢を改めたので、アテナイ側はその周囲を漕ぎまわって、敵を混乱におとしいれようとはかった。ケルキュラ勢を相手どっていた二〇艘はこれを見ると、ナウパクトス海戦の轍《てつ》をふむことを恐れて本隊救援にかけつけ、そして総勢一団に結集すると、そろってアテナイ勢にむかって来はじめた。そのときすでにアテナイ勢は逆に櫂を操って後退しはじめていたが、そうしながらケルキュラの船が一艘でも多く先に逃れおおすことを望んで、敵がならんで自分たちを追撃してくるにもかかわらず、ゆっくりと後退をつづけていった。海戦はこのようにしておこなわれ、日没のころにいったん終結した。

〔七九〕その後ケルキュラ人は、勝ちに乗じた敵勢が市の攻撃に船を乗り入れ、島の寡頭派を救出したり、あるいは、さらに形勢逆転させるような事態に及ぶのではないかと危惧して、島に収容中の人員をふたたび本土に移してヘラの社に入れ、市の警戒を厳重にした。しかし、ペロポネソス勢は海戦で勝利を収めたものの、市街攻撃の進路をすすむことをあえてせず、ケルキュラの軍船一三艘を捕獲して、大陸側の出撃根拠地にむかって引きあげた。

翌日、ケルキュラは右往左往の大混乱にあり、ブラシダスはアルキダスにこれを攻撃する利を説いた、ということであるが、顧問としては対等の決議権をもっていなかったので、けっきょくその日もケルキュラ攻撃の航路はとられなかった。しかしそのかわりにレウキンメの岬付近に上陸作戦をおこない、耕地に破壊行為を加えた。

〔八〇〕その間に、敵船隊が今にも襲来するのではないかという恐怖のあまり、ケルキュラの民衆派は市を救う方策を講ずるために、神殿にすがっている寡頭派のものたちやその一派のものらに会談を申し入れ、かれらの幾名かを説いて軍船に乗り組むことを承知させた。じじつかれらは混乱にもかかわらず、敵襲にそなえて三〇艘の乗組員をそろえたのである。

他方ペロポネソス勢はその日半ばまで耕地に破壊行為をなしたのち、基地に引きあげたのであるが、その夜六〇艘のアテナイ船隊が接近する、というレウカス方面からの松明《たいまつ》の知らせがかれらのもとに届いた。この船隊は、ケルキュラの内乱の報に接した本国アテナイ人が、さらにアルキダス麾下の船隊がケルキュラ方面に出航準備中であることを知って、出発させたものである。指揮官はトゥクレスの子エウリュメドンであった。

〔八一〕そこでペロポネソスの船隊はその夜ただちに、急遽沿岸航路をとって帰航の途についた。そして、レウカスを廻航すると敵に探知される恐れがあったので、レウカスの陸峡を船を陸越えさせて本国へ引きあげた。

ケルキュラ人はアッティカ船隊が近づき敵船隊が退散していったのを察知すると、それまでは市外に配置されていたメッセニア人部隊をつれて市内に導入し、さきに出航準備のととのっていた三〇艘にはヒュロス港に廻航するように命令を与えた。そしてその船隊が航路途上にいるあいだに、手あたり次第に市内の敵対派を捕えてこれを殺害していった。またさきに軍船乗組を承知させた反対派のものたちをも船からおろして次々と処刑し、さらにヘラの神殿に入ると、嘆願者の中から約五十名の市民を裁判に付すと約束して聖域から立たせ、かれら全部に死刑の判決を与えた。この説得に応じなかった大部分の嘆願者たちは、事の成行きを見ると神殿から出ようともせず、その場でたがいに刺しちがえて生命を絶ち、あるものたちは木の枝にかかって縊死《いし》し、残るものらもみなそれぞれのかなう手段で自殺をとげた。

エウリュメドンが六〇艘の船隊を率いて到着してから七日間碇泊していたあいだ、ケルキュラ人は自分らの敵とおぼしき市民らの殺戮を重ねていった。敵対派にはみな、民衆派にたいする謀叛という罪名が付されたが、あるものたちは個人的憎悪のために殺され、またあるものたちは自分らの負債者に捕えられて殺された。こうしてありとあらゆる形の殺人行為が横行し、そしてこのような情況下には起こりがちなあらゆる事態が連発し、さらには想像を絶するばかりの極端な所業がおこなわれるにいたった。父に殺された子もあり、神殿にすがるのを無理やりに引き出されたり、さらにはその場で殺されたものもあり、またディオニュソスの神殿の中で壁詰めにされて殺されたものすらじっさいに幾人かいたのである。

〔八二〕このようにして内乱は残虐の度を増しつつ荒れ狂った。しかもこの事件は最初の実例であっただけに人々にいっそう強烈な印象を与えた。その後になると、処々の都市においてもアテナイ勢の加勢を導入しようとする民衆派領袖と、ラケダイモン勢を入れようとする寡頭派の紛争が生じ、そのために極言すれば全ギリシア世界が動乱の渦中に陥ったのである。平和でさえあれば、これらの外部勢力の干渉を仰ぐ理由も意志もない各派指導者も、戦時となってからは、いずれかの陣営との同盟関係が生じ、国内反対派の弾圧とそれによる自派の勢力増大を求めて政治的均衡を崩そうと望むものたちにとっては、外国勢力の導入が簡単にはかれるようになった。

内乱を契機として諸都市を襲った種々の災厄は数知れなかった。このとき生じたごとき実例は、人間の性情が変わらないかぎり、個々の事件の条件の違いに応じて多少の緩急の差や形態の差こそあれ、未来の歴史にもくりかえされるであろう。なぜなら、平和と繁栄のさなかにあれば、国家も個人もおのれの意に反するごとき強制のもとに置かれることがないために、よりよき判断をえらぶことができる。しかるに戦争は日々の円滑な暮しを足もとから奪いとり、強食弱肉を説く師となって、ほとんどの人間の感情をただ目前の安危という一点に釘《くぎ》づけにするからである。

こうして次々と諸都市の政情が内乱と化していくと、後から乱に陥るものはさきの実例から何を学ぶのか、さきよりもはるかに過激な意図や計画を案出し、老獪《ろうかい》きわまる攻撃手段や非常識もはなはだしい復讐手段をもって抗争するのであった。やがては、言葉すら本来それが意味するとされていた対象を改め、それをもちいる人の行動に即してべつの意味をもつこととなった。

たとえば、無思慮な暴勇が、党を利する勇気と呼ばれるようになり、これにたいして、先を見通してためらうことは臆病者のかくれみの、と思われた。沈着とは卑怯《ひきよう》者の口実、万事を解するとは万事につけて無為無策にほかならず、逆に気まぐれな知謀こそ男らしさを増すものとされ、安全を期して策をめぐらすといえば、これは耳ざわりのよい断り文句だと思われた。また、不平論者こそ当面の信頼に足る人間とされ、これに反論するものには疑惑がむけられた。陰謀どおりに事をとげれば知恵者、その裏をかけばますます冴《さ》えた頭といわれた。だがこれらの奸策によるまいとして道を講ずる指導者は、党派の団結を破るもの、反対派に脅かされているもの、と非難された。

何ごとによらず、人の先を越して悪をなすものが賞められ、悪をなす意図すらないものをその道に走らせるのが、賞揚に値することとなった。そしてついには肉親のつながりも、党派のつながりに比すればものの数ではなくなった。党派のためとあれば、仲間は理由をとわず行動に走ったからである。

もともとかくのごとき党派的結合の目的は、従来の慣習や法律に基づいて益し益されることではなく、既存の規《のり》を度外視して自派の権益を増大することにあった。したがって党内の相互の信頼も、神聖な誓いによって結束されたものは少なく、多くは共犯意識によって固められていた。また、反対派から条理にかなった申入れがあれば、自派が優勢であればまず敵に対する手を充分に打ってから、相手の言い分を入れたが、けっして寛容な態度で受け入れることはなかった。また、自分のほうが復讐をうけるいわれを避けることよりも、復讐をしとげるほうが重大であると考えた。そしてたまたま、和解の誓約が成立した場合にも、誓約自体、双方とも目下の窮状打開のみを目的としていたので、その効力は外部からの救援勢力が得られないあいだだけのことであった。だがそのあいだにも機をねらって敵の虚を衝《つ》き、決然と先制攻撃にでたほうが、正々堂々たる対決よりも、背信的な復讐をとげる満足感を味わうことができたのみか、結局はそのほうが安全であり、また欺瞞によって勝てば知恵の戦いでも勝者の名を得たことになる、と考えられた。そしてほとんどの場合、善行をなして馬鹿と呼ばれるよりも、悪行をなしてりこうとよばれやすい世情となり、人々は善人たることを恥じ、悪人たることを自慢した。

これらすべての原因は、物欲と名誉欲に促された権勢欲であり、さらにこれらの諸欲に憑《つ》かれたものたちの、盲目的な派閥心であった。というのは、諸都市における両派の領袖たちはそれぞれ、体裁のよい旗印をかかげ、民衆派の首領は政治平等を、寡頭派は穏健な良識優先を標榜《ひょうぼう》し、言葉のうえでは国家公共の善につくすといいながら、公の益を私物化せんとし、反対派に勝つためにはあらゆる術策をもちいて抗争し、ついには極端な残虐行為すら辞さず、またこれをうけた側はさらに過激な復讐をやってのけた。かくのごとき争いにおちたものらは、正邪の判断や国家の利害得失をもって行動の規範とはせず、反対派をしたたか傷つけるその場の快感が得られるまで争い、当座かぎりの勝利欲を貪婪《どんらん》にみたさんがためには、不正投票による判決であれ、実力行使の横暴であれ、権勢獲得の手段であれば、なんのためらいもなく実行に移した。したがって、いずれの派も何をなしても、心に恐れ、咎めを感ずるものはなく、たくみな口実を設けて、人としてなすべからざるをなしたものらが、かえって好評を得ることとなった。それのみか、中庸を守る市民らも難を免れえなかった。かれらは両極端のものたちから、不協力を咎められ、保身的態度をねたまれて、なしくずしに潰滅していった。

〔八三〕このようにして内乱のたびにギリシア世界には、ありとあらゆる形の道徳的頽廃《たいはい》がひろまった。率直さとは、高潔な人格にしてそなわるべき徳であるのに、それも今は世の嘲笑をうけて姿を消し、市民はたがいに政見を異にして敵視しあったために、いたるところに猜疑《さいぎ》の念がめだって強くあらわれた。なぜならば、これを和解させるべき言葉も、頼みとする根拠を失い、おごそかな誓約も拘束力を失ったからであり、またたれもかも勢力をにぎればみな、おのれが安泰の期しがたいのを悟って、損害を未然に阻止する手立てに汲々とするあまり、他を信頼する余裕を失ったからである。

だが一般的に見ると、最後まで生き残ったものたちは、権謀術策に劣っていたものたちが多い。そのわけは、このものたちはおのれの足らざるを知り、相手の巧妙さを恐れていたので、相手の口車に乗りはしないか、相手は捕捉しがたい手で味方の計画の裏をかき先まわりをするのではないか、と警戒を怠らず、行動にむかって果敢に突き進んだからである。かれらの計画は見えすいている、策謀ではや勝ちと決まったものを実行に移して手に入れる必要はない、と高をくっていたものたちは、虚を衝かれてかえって破滅を招いたのであった。

〔八四〕さてケルキュラの内乱は、これらの事態がほとんどあますところなく現実にむきだしにされた最初の例であった。穏健な良識どころか暴虐な支配ともいうべき圧政に苦しめられていた民衆が、今や裁きの場に引き立てられたかつての支配者に報いる行為の中には、それまでの窮乏を脱したいと願うものや、とりわけ激情に駆られたものが、他人の所有をねらう心から無法な判決を下した例も多々あった。だがなかでも物質的貪婪さとはべつに派閥的な拮抗《きっこう》から、怒りにわれを忘れるあまり、残虐無慈悲な誅戮《ちゆうりく》をなした例が続出した。

一国において人間生活の秩序が根底からくつがえされてその極に達すると、それまでにはや法を度外視して罪悪をなすことになれてしまった人間の本性は、今や法そのものをすら支配する力をもち、このときとばかり激情のおもむくままに正体を露呈し、正義を蹂躙し、おのれよりすぐれているものを敵視する。嫉妬心がかくも破壊的な力をもっているものでなかったなら、人間が神よりも復讐を、正義よりも利欲をあがめる事態など生じえなかったにちがいない。そしてついには、人間は神や正義などについての、敵味方共通の掟を守っていれば、敗れた者にも救済の望みがなお残っているはずであるのに、相手を誅罰せんとはやるあまり、おのれもいつかは神や正義にうったえねばならぬ危機に見舞われるかもしれぬことを忘れて、先に立ってそれらの規を打ち壊し跡形もなくしてかえりみないのである。

〔八五〕こうしてケルキュラの市民らは市内中いたるところで、ギリシアにおいてはかつてその例もないほどのけわしい感情対立を見せたのであるが、やがてエウリュメドンの率いるアテナイ船隊はケルキュラをあとに出航した。

その後、ケルキュラ内乱の亡命者（約五〇〇名が殺戮の危機から脱していた）は、対岸の大陸にあった城砦《じょうさい》を手中にし、これに近い本国内の領域に支配権を打ち立てて、これを基地にしてケルキュラ島内の市民らにたいして略奪行為を働き甚大な被害を与えた。そのためにケルキュラ市内は深刻な饑饉に陥った。亡命者らはまたラケダイモン、コリントス両国へ使節を送り、政権奪回のための援助を乞うた。しかしこれら両国からは何も得られなかったので、その後軽舟を準備し傭兵を集めて、ケルキュラ島へ逆上陸した。その総数は六〇〇になんなんとしていた。国土奪回のほかに生存の道なしと覚悟をかためて舟を焼きはらい、イストネ山に登って山中に城砦を築き、市の内部の市民らを攻撃して危害を加え、市外の耕地帯に支配力を伸ばしていった。

前四二七年晩夏、アテナイははじめてシケリアの同盟市レオンティノイへ援軍を送った。同年冬アテナイで疫病がふたたび蔓延した。前四二六年夏には地震のためアッティカへの侵入はなく、アテナイ軍はシケリア、カロス島、ボイオティアのタナグラへ出動した。ラケダイモン人は中部ギリシアにヘラクレア市を建設し、一方アテナイの将軍デモステネスによるアイトリア人への攻撃は敗北に終わった。ペロポネソス軍はアテナイのクリサ湾での拠点ナウパクトスを襲ったがアテナイならびにアカルナニア軍が防衛に成功する。つづいて前四二六年冬、アテナイ人が神託によりデロス島の祓いをおこない、この島での死亡、出産を禁じたことに関連し、この島でのイオニア人の祭典の由来が『ホメロス』の詩を引用して説明される。

この冬アカルナニア人はアテナイのデモステネスの指揮のもとにペロポネソス軍の応援するアンプラキア市の軍と戦い、伏兵の策によって大勝利を収め、デモステネスは前回の敗北をつぐなう功により市民からの攻撃をうける心配もなく戦利品をたずさえてアテナイに帰った。最後にアテナイ船隊のシケリアでの活動と前四二五年春のエトナ山の大爆発が述べられている。

〔註〕

（1）皮なめし業を営み、過激な民衆煽動家として活躍した。アリストパネスの喜劇はかれらにたいする痛烈な諷刺攻撃に満ちている。クレオン自身の口をつうじて、史家はかれを支持する民衆の政治にたいする軽佻な態度を鋭くとらえている。

（2）以下の演説は、ペリクレスの両演説と皮肉な対照をなす。「政治人」としての古代市民の一つの面の集約的表現と言える。

（3）徳はほどこすべきもの、しこうしてわれらは友を得る、とペリクレスは言った。

（4）この有名な反論を述べた人物についての消息はまったく知られていない。

（5）ディオドトスも、ペリクレスの言葉を追っている（二・四〇参照）。アテナイの政界はペリクレスの後継者らが、かれの理念を勝手にこじつけ、争いあう状態を示していた（二・六五参照）。しかし、議論の形式としてはこれは当時の法廷弁論においても、慎重な審議を要求する側によってもちだされる定形であった。

（6）ディオドトスは、民主政治が堅持すべき基本線として、自由・公正な言論の尊重を説き、少数意見の提案者の名誉を擁護する。

（7）ディオドトスの議論自体、堂々たる正論であるにもかかわらず、利害一筋のシニカルな論理によって展開される。弁論術を排斥するクレオンの言が巧妙な弁論技巧をふまえているのとはちがった意味で、ディオドトスの論旨には真意と議論形式とのあいだの深刻な葛藤がみとめられる。

（8）ディオドトスは悲観的な決定論をもとに、犯罪不可避論を立て、人間の行為は衝動的な力に操られるよりほかないものだから、人為的な刑法によって、犯罪を減らすことはできない、という。このような力学的因果論は時の思潮の主流をなすものであり、史家の人間観歴史観も少なからずこれによって影響されている。

(9) これは二・三四の一般的反アテナイ感情論とは矛盾するが、内乱分析のさい(三・八二参照)、くわしく説明されている。
(10) 以上一対の議論、また三・五三以下のプラタイア人弁護論と攻撃論の一対には作者のかなり強い恣意が汲まれてよい。
(11) アテナイ人全体の気持をよく表わしているが、しかしかれらがこのような人道的なためらいを離叛国にたいして示したのは、これが最初であり、また最後であった。
(12) ミュティレネ人のように、の意と解され、両事件の対比が示唆されている。
(13) 三・六八末の文から逆算すると前五一九年のことかと思われる。
(14) 前四二九年夏、ペロポネソス同盟軍がプラタイアにせまったときのアルキダモスの勧告(二・六五参照)。
(15) つまり両国は別々の独立国ではあるが、プラタイア市民はアテナイの名誉市民であり、アテナイに定住するプラタイア市民は、アテナイ市民としての待遇を享受していた。
(16) ペルシア戦争(前四八〇年)のおりにも、プラタイアはテーバイ人の要求でペルシア軍により破壊された。
(17) ボイオティア諸邦はテーバイを盟主に仰ぐ連邦同盟を形成していたが、プラタイアはこれに加わっていなかった。
(18) アッティカ侵攻作戦はつねにボイオティアの騎兵が参加している。
(19) テーバイ人の演説はたくみに前四三一年早春のプラタイア侵入の前後の事実を隠蔽している。プラタイア人内通者は、じじつ、平和的手段で解決しようとしたわけではない。しかしこのように敵味方の感情が対立しているとき、真相は見きわめにくい。

(20) プラタイアの民会が認可したわけではないのだから、明らかに不法行為である。

(21) 籠城勢は最初四八〇名、うち二一二名は前四二七年の脱出に成功した。しかし、アテナイ兵二五名がどのような「合法的」名目で処刑されたのか判らない。当然戦時中の捕虜の扱いをうけるべきであったが。

(22) この句は挿入かとされる。しかし以下の処置は明らかにペロポネソス同盟指揮官の裁断によるものであるが、事実上はテーバイ人の提案によったと思われる。

(23) このメガラの内乱の時期は不明。

(24) 前四三三年の海戦でのケルキュラ側捕虜は約一〇〇〇名、そのうち二五〇名はケルキュラでの最有力者であった。

(25) 内乱の始まりはおそらく前四二七年春、と察せられる。

(26) 権益代表（プロクセノス）とは、正式の政府外交官の交換がおこなわれていなかった古代ギリシアにおいては、A国がB国に大・公使を送るかわりに、B国の適当な市民を選抜して、B国内におけるA国の権益、とりわけB国に訪問ないしは滞留中のA国市民の保護その他を依頼し、報償としてA国からの名誉市民の待遇をうける仕組になっていた。当該のB国民はこれを大変な名誉として、その正式指名をA国からうけようとして、すすんで奉仕するものが多かった。

(27) 二五〇人の身代金としては（一人当り三・二タラントン）高額にすぎるため、八〇タラントンか、八〇〇ムナの誤記かと思われている。

(28) 前四三三年締結の相互防衛同盟。しかし開戦後ケルキュラはアテナイ側の攻撃作戦にも協力している。

(29) エピダムノスの紛争以前の状態。コリントスから帰還した富裕貴族の一派は、開戦前夜よりもさらに中立色の濃い状態に（つまりペロポネソス路線に）ケルキュラをもどすことに成功した。

(30) オデュッセイアにみえるパイアケス人のアルキヌス王は、ケルキュラに伝説的な海軍国を築いたと考えられていた。

(31) 交戦国にたいして中立国が示す慣例的態度。

(32) これはアテナイ海軍の快速巡洋船で、各水域間の連絡や緊急の援助に活躍した。

巻　四

前四二五年夏、六年間にわたって一進一退をつづけて低迷していたペロポネソス戦争の局面は、偶然の賜ともいうべき突発事のために、にわかにアテナイ側に有利な様相を示しはじめる。次に記述されるピュロス・スパクテリアの戦いである。それまで毎夏アテナイ側の船隊はペロポネソス半島の周辺に就航して海辺諸地域を襲撃する作戦をくりかえしてきた。かれらの航路はペロポネソス半島東岸沿いに南下してマレア岬をまわり、同西岸を北上してザキュントス島に寄港、さらに北上してクリサ湾に入ってナウパクトスまでいたって休息をとり、ときにはアカルナニア沿岸まで北上して作戦行動をおこなったりケルキュラ周辺の警戒をおこなったりしたのち、秋期にはふたたびペロポネソス沿岸航路をとってアテナイの港ペイライエウスに帰港するのであった。

前四二五年の夏派遣された船隊も、ほぼ例年どおりの行動が予測されていたと思われる。ただこのときには、アテナイのきわめて有能な作戦家デモステネスが、ある幅の自由行動をみとめられてこの船隊に乗り組んでいたことが、事態の発展に大きな影響を及ぼすこととなる。しかしこのたびのピュロス・スパクテリアの作戦では、デモステネスの臨機応変の処置もさることながら、幾重もの偶然がアテナイ側に幸いしたことを、『戦史』の記述はとくに強調しているようにみえる。

〔三〕こうして船隊が航路をすすみラコニア沖に達したとき、ケルキュラにはすでにペロポネソス船隊がいる、という知らせをうけた。エウリュメドンとソポクレスはケルキュラへ急航することを強調したが、デモステネスはひとまずピュロスに船隊をつけ、必要な対策をととのえてから航海をつづけることを提案した。両将軍はデモステネスの案に反対したが、たまたま荒天となり船隊はやむなくピュロスに避難した。

そこでデモステネスはただちにここに城壁を築き砦を構えるべし、と主張し（じつはこれが目的でかれは船隊に加わっていたのだ）、ピュロスでは木材、石材が容易に調達できるし、天然要害の地であり、しかもこの地にも、また広大な周辺にも防備兵がいないことなどを指摘した。というのは、ピュロスはスパルタから四〇〇スタディオンの距離にあり、かつてのメッセニア領に属し、ラケダイモン人はこの地をコリュパシオン（「とっぱな」）と呼んでいた。しかし両将軍は、デモステネスが余計な作戦のために戦費を空費したいのなら、ピュロスにかぎらずペロポネソス沿岸には他にいくつでも無人の岬があるではないか、といってとりあわなかった。だがデモステネスに言わせれば、他のいかなる地にもまさるピュロスの作戦上の利点は、港湾に接していること、この地は古くはメッセニア人の国であり、これを基地としてメッセニア人を活躍させれば、かれらはラケダイモン人と同系の方言を話すから、敵勢に甚大な被害を与えうること、そしてメッセニア人をもちいるならば、ピュロスの警備は確固不抜たりうること、などであった。

〔四〕しかしかれは将軍たちを承服させることができず、その後さらに兵隊長にその案を打ちあけてみたが、兵士らの心を動かすにもいたらなかったので、しばらく様子を見ていた。

すると、悪天候のために退屈していた兵士らがとつぜん、行動欲に駆られてピュロスを中心に城壁を築きはじめたのである。かれらは手を休める暇も惜しんで作業をつづけた。石を切る鉄鋸《かなのこ》をもってきていなかったので、適当な石をえらんで運び、うまく合う場所にはめ込んで壁を組み立てた。また隙間《すきま》止めの粘土が必要になると、運搬用の籠《かご》がなかったので、兵士らは体で運んだ。つまりできるだけうまく粘土が背に乗るよ

うに腰をかがめ、土が滑り落ちないように両手をうしろに組み、泥を運んだのである。こうしてかれらは、ラケダイモン勢が急を知って応戦に来るより早く、もっとも攻撃をうけやすい地点の防壁を完成しようと、あらゆる手段を動員して工事を急いだ。というのは、この地点の大部分は天然の要塞の趣をなしていて、防壁の必要がなかったからである。

〔五〕ラケダイモンではちょうどこのとき、何かの祭りをおこなっていた。そしてピュロスでの動きを知っても、たいしたことはないと気にもとめようとしなかった。なぜなら、自分たちが軍勢を率いて押し寄せれば、アテナイ人は踏みとどまろうとはすまい、よしとどまっても難なく攻め潰すことができる、と見くびっていたからである。加えてまた、ラケダイモンの遠征軍がまだアッティカ方面から帰還していないことも、本国の動きを緩慢ならしめた一因であった。

アテナイ勢は、本土に面するピュロスの一角とその他応急の防備を必要とする部分に、六日間を費やして防壁を築き終えると、デモステネスに五艘の軍船を与えてピュロスの守備を託して後に残し、本隊はケルキュラ経由でシケリアにむかう航海を急いだ。

〔六〕他方アッティカに侵攻中のペロポネソス勢のもとに、ピュロス奪わるの報が伝わると、アギス王はじめラケダイモンの兵士らは、ピュロスの変は故国の大事と考えて、急遽ペロポネソスへ軍勢を返した。今回侵攻の時期が早きに失し、穀物がまだ黄熟していなかったので、多勢の兵らに与うべき糧食が乏しく、また季節はずれの大嵐のために将士一同難渋していたことも事実であった。このような諸因が重なりあったために、かれらは予定より早く撤退し、この侵攻作戦は最短期間のうちに閉じられることとなった。アッティカにはわずか一五日間しかとどまっていなかったからである。

〔八〕アッティカからのペロポネソス勢が帰還すると、スパルタ市民は周住民の中でももっとも手近に住むものたちを加えてただちにピュロス奪回にむかったが、これに比べて他のラケダイモン人らはアッティカ遠征から帰還したばかりのこととて、ピュロス方面への出動は遅々としてはかどらなかった。スパルタ人はまたペロポネソス諸邦にも使者をまわらせて大至急ピュロスへ出兵せよと要請し、またケルキュラに碇泊中の味方の船隊六〇艘にも召還令を発した。そこで船隊はレウカスの地峡を陸越えし、ザキュントス島付近のアッティカ船隊に気づかれることなくピュロスへ到着した。そのときにはすでに陸上部隊も現地に到着していた。

デモステネスはペロポネソス船隊が南下しつつあるあいだに、はやくも配下の軍船二艘をザキュントスにいるエウリュメドン麾下のアテナイ船隊に派遣し、ピュロスの危機を告げ助勢を求めた。そこでアテナイ船隊は、デモステネスからの指示に従って急いでふたたび南下の航路をとった。

他方ペロポネソス勢は海陸の両面からピュロスの城砦の攻撃を計画し、準備をすすめていた。

かれらの予測では、相手の城壁はにわか作りであり、守備兵の数もわずかであるから、難なく攻略できるように思われた。そして、ザキュントスからアテナイ船隊が救援にやってくることを予測し、万が一にも船隊の出現より前に砦を落とすことができなかった場合には、湾口を封鎖してアテナイ船隊が湾内に碇泊する道を閉ざす計画であった。というのはこの湾の入口には、入江近くに沿ってスパクテリアと呼ばれる島があり、湾に入る二つの入口をせばめて湾内の守りを堅くしていた。つまりアテナイ勢の砦やピュロスに近いほうの水路の幅は船二艘の幅くらいであり、また本土に接するほうの水路でも八、九艘の幅しかなかった。島には一面に樹木が生い茂り、無人島のために道もなく、全長は一五スタディオンにみたなかった。そこでこの水路に栓《せん》をするように、ペロポネソス勢は軍船の舳先《へさき》を敵にむかってならべて入口を封鎖する手はずになっていた。

また島がアテナイ勢の攻撃基地になるのを恐れて、重装兵部隊をここへ渡らせ、また本土の沿岸にも残りの軍勢を配置した。こうすれば、アテナイ勢にとっては島にも敵、本土にも敵がいるために上陸することができないが（というのは、ピュロス周辺にはこの湾への水路の外側には、外海の風波を凌ぐ港湾がなく、アテナイ船隊が砦内の味方を救おうとしても、よるべき作戦基地が得られないからである）、ラケダイモン側は海戦も危険も冒すことなくして、糧食も戦備も乏しいままに籠城に追い込まれた敵勢を攻め落とす成算が充分に立つと考えたのである。このような計画がよいと思われたので、かれらは各部隊から抽籤《ちゆうせん》で決めた重装兵たちを島の守りに渡らせた。こうしてかれらは交代制で順番に幾組かが島に渡っていたのであるが、最後に渡ってここに閉じ込められてしまう憂き目にあった守備兵はその数四二〇名、加えてかれらの従卒の国有奴隷たちであった。この隊の指揮官はモロブロスの子エピタダスであった。

〔九〕デモステネスはラケダイモン勢が海陸の両面から攻撃を意図しているのを見て、自分もこれにたいする準備をすすめた。まず、手もとに残っていた配下の三段櫂船を防壁の内側に引きあげてそのまわりに防柵《ぼうさく》を築きめぐらし、そして乗組員には軽盾《けいじゅん》を与えて武装させたが、盾の多くは柳の枝を編み合わせた粗末なものであった。無人の地にあって武具を調達することは不可能だったからであり、このような簡単な装具も、おりよく助勢にあらわれたメッセニア人の三〇櫂船の海賊船や軽舟から手に入れたものであった。こうして駆けつけたメッセニア人の重装兵は約四〇名にも達し、デモステネスはかれらを配下の兵士に加えてもちいることとした。そしてかれは武装のととのったもの、ととのわぬものらの大多数を、城壁のもっとも完備した部分や天然要害の地点に配置して本土からの敵勢にたいする備えとし、攻撃がはじまれば敵の陸上部隊にたいする防戦をせよと命じた。

かれ自身は、全兵員中えりぬきの重装兵六〇名、弓兵少数を手勢に従えて砦をあとにし、敵勢が最初の上陸地点にえらぶにちがいないと予想される海岸地帯に進出した。かれが降り立った地域は凹凸《おうとつ》のけわしい岩地が外海にむかって伸びており、敵勢はこちらに面するアテナイ勢の砦の防壁がもっとも脆弱《ぜいじゃく》であるのを見越して、ここを突き破ろうと攻撃力を集中するにちがいない、と思われた。アテナイ側は、敵が制海権を得ることがあろうとは予測せず、したがって海に面しては頑強な防壁を築かなかったのであるが、しかしもし敵がこの方面から上陸を強行すれば、砦の陥落は必至となる。こう考えたデモステネスは海岸に兵をすすめ、かなうことなら上陸を阻止しようと念じて兵員配置を定めると、次のような激励の言葉をかけた。

〔一〇〕「今、生死をともに賭ける兵士諸君に告げる。かくのごとき必死の線上に立って、身辺を押しつつむ危険の一々を挙げ、賢明をよそおうものは、一人たりともあってはならぬ。いな、横も見ず後ろも見ず、希望をかかげ盾をつらねて敵の懐中に突入し、それを越ゆるとき勝運をつかみうる、と思わねばならぬ。この危急にいたっては、右顧左眄《うこさべん》はもってのほか、瞬時の決断にすべてを託すほかはない。

だが私の見るところ勝算はわがほうにある。われらが意を決して退かず、敵の数にたじろがず、おのれの手にある強みをしっかとにぎって放さなければ、この戦いは勝てる。まず、ここに上陸点のないことがわれらの利、だがそれもわれらが踏みとどまってこそわれらの味方、一歩たりとも退こうものなら、いかに荒地とはいえさまたげる兵なくば敵兵にとって進むはたやすい。のみならずいったん退けば再度われらが勢いを揺りもどしても、荒地ゆえに敵は退くに退けず、いっそう手ごわい抗戦をなすは必定（なぜなら、船上にあるかぎり敵は与しやすいが、いったんかれらが上陸すればはやわれらの地の利はなくなるからだ)。次に、敵兵幾千あろうともさして恐れるには足りぬ。いかな大軍たりとも船着けができない以上は、一人二人と降り立って戦うほかはなく、陸上で彼我陣をつらねて戦う場合とはうって異なり、敵は船上、よほどの好条件がかれらにそろわぬかぎり、上陸作戦の首尾はおぼつかない。ゆえに、これらの敵側の困難を合算すればわれらの兵数不足を補ってなお余りある、というのが私の考えだ。

私は諸君の冷静な自覚を求める。アテナイ人たる諸君は海を渡り敵地に上陸を強行して知っているはず、もし陸勢が潮騒や磯《いそ》に乗り込む敵船の恐ろしさにたじろがず、一歩も退かじと刃むかうときは、けっして上陸を強行できるものではない。されば今、諸君自身陸勢となって踏みとどまり、水際から敵を撃退し、われらの生命とピュロスの砦をりっぱに守りぬいて見せるのだ」

〔一一〕このようなデモステネスの激励の言葉に、アテナイ勢の士気は、ますますさかんとなって、兵士らは波打ち際まで降り立つと迎撃の部署についた。ラケダイモン勢は陸上部隊に進撃を命じ、砦にたいする攻撃をはじめると同時に、参加していた四三艘の船隊もいっせいに、海軍司令スパルタ人クラテシクレスの子トラシュメリダスの指揮下に行動を開始した。そして船勢はまさしくデモステネスの予測したとおりの海岸地点に攻撃を加えてきた。そこでアテナイ勢も海陸の敵に呼応して防戦に移った。船勢のラケダイモン人は、多数の船を一度に着岸させることができなかったので、船を少数ずつに組み分けて入れかわり立ちかわり休息期間を設けながら岸にむかって突きすすみ、果敢な勇気を惜しまず発揮し、たがいに激励しながら、是が非でも守備兵を撃退し砦を奪おうとした。

かれらの中でとりわけブラシダスの姿は水際だっていた。かれは三段櫂船の司令官の一人であったが、他の司令官たちや梶《かじ》取りどもがけわしい荒磯《あらいそ》にひるみ、船体を破損することを恐れ、上陸が充分可能であるべき地点にさえ船を近づけようとせずためらう様子を見ると、大音声《だいおんじょう》を張りあげて叱咤《しった》した。敵がわが領土に砦を築くのを見ながら、船板を惜しむとはなんたることか、上陸強行を志すものはおのれの船を磯に打ち砕け、と叫び、また同盟諸国の将兵たちにむかっては、今こそラケダイモンの大恩に報いるとき、ひるむな、船を犠牲にせよ、一挙に磯に乗りあげよ、あらゆる手段で岸に駆け上り、一気に敵の兵と陣とを粉砕せよ、と号令した。

〔一二〕こう叫びつつ全軍を激励し、無理矢理に自分の梶取りに命じて船を荒磯に乗りあげさせるや、上陸梯子《はしご》に駆けよった。だが足場をつかもうと争う矢先にアテナイ勢に追っ取りかこまれ、全身に傷をうけ、ついに気を失った。かれが舷側に張り出した櫂《かい》受けに転落したとき、盾は海に落ち、波に流されて岸に漂着したのを、後刻アテナイ勢が拾いあげ、これを飾りにつかって勝利碑を築き、[1]上陸勢撃退の記念とした。

さて残る船勢も遅れじと気負いたったが、磯の荒岩にはばまれ、一歩も退かじと防戦に立ちつくすアテナイ勢にはばまれて、どうしても上陸することができなかった。この日の戦闘の組合せは、アテナイ勢が陸上において、しかもラコニア海岸において防戦をおこない、海上からの攻撃勢を撃退し、ラケダイモン勢が海上から、しかも自分の領土を敵地と見立ててそこに陣取るアテナイ勢にむかって上陸作戦をこころみるという、奇しくもたがいの立場をまったく逆に入れ替えた形であった。というのは、当時ラケダイモンは内陸諸国のあいだで覇をとなえ無敵の陸軍を擁するとの誉れ高く、対してアテナイは無類の海軍をもつ国として海辺諸国に君臨していたからである。

〔一三〕こうしてこの日一日と翌日の一部にかけて攻撃がおこなわれた後、戦闘はいったん停止した。そして三日目にラケダイモン側は、攻城装置用の木材を調達するために数艘の船をアシネに派遣した。かれらの予測では、敵砦の湾に面する防壁は高くはあるが、上陸はたやすかろうから、攻城装置さえあれば砦を奪うことができる、と思われたのである。しかしその間にザキュントスから急航したアテナイ側の船隊四〇艘が到着した。その数は、ナウパクトス警備船隊の一部とキオスから四艘の増援を加えていた。

到着船隊は、本土も島も敵側の重装兵にみちており、また湾内には敵船隊がいて迎撃に出る様子もないのを見ると、投錨すべき場所がなく困惑したが、とりあえず当日はさして遠からぬ無人島プロテに船をつけ、ここで夜営した。そして翌日、もし敵が外海にでて迎撃を挑むなら海戦を、さもなくば自分たちが湾内突入を敢行せんと、戦闘準備をととのえて碇泊地をあとにした。すると相手側は、外海に漕ぎだす様子もなく、またかねて計画の湾口封鎖工事も完了しておらず、陸上でなすこともないままにただ船員を部署に配置し、もし敵勢が突入してくればかなり広さのある湾内で海戦をおこなうべく、準備にとりかかっていた。

〔一四〕アテナイ勢は作戦を決めると、南北両水路から手わけして敵勢めがけて突入した。すでに相手の船勢の過半は岸をはなれ、舳先をアテナイ勢にむけていたが、真向から攻撃に移ったアテナイ勢はたちまち敵の戦列を突き崩し、逃げる敵船が岸辺にたどりつくわずかのあいだにも追いついて多数を撃破、五艘を捕獲、そのうち一艘は乗組員もろともに生け捕りにした。そして岸まで逃げのびた敵船にも体当りを浴びせ、乗組員の乗ったまままだ岸をはなれていない敵船を粉砕した。そして幾艘かを、乗組員が逃げてしまったすきに、曳航しようとさえはかった。

しかしこの始末を目撃していたラケダイモン人は、島の味方を孤立無援におとしいれたこの惨敗に悲憤の情をおさえがたく、わきから助太刀に駆け集まり、甲冑のまま海中に走り込んで味方の船に手をかけ、引きもどそうとした。だれもかも、自分が手をかしているその場以外では、戦況はますます不利になっている、と思い込んだ。そして混乱は、両軍がおのおの得意とする戦法を取りかえて船をめぐって戦うにいたって、なおいっそういちじるしくなった。というのは、ラケダイモン勢は興奮と惑乱のあまり、陸上部隊が海中で戦っていることにも気づかず、片やアテナイ勢は勝ち誇り、この勝運に乗じてできるかぎりの戦果を得んと望んで、船勢でありながら陸

「アテナイ人がピュロスのラケダイモン兵から」と刻まれている盾

上戦をも辞さなかったからである。

　こうして両軍たがいに多大の損害を与え、傷つけあったのち兵を引いたが、ラケダイモン勢は、最初に捕獲された軍船以外には味方の空船を奪われることなくすんだ。両勢は、おのおのの陣地にもどって態勢をととのえると、アテナイ勢は勝利碑を立て、敵に屍体の収容を許し、船体の破片を手に入れると、ただちに島の周辺をめぐって軍船を就航させて、今や外から遮断された島の兵士らにたいする警戒の措置をとった。他方、本土側ではペロポネソス勢およびそのときすでに各地から参集してきた援軍は、ピュロスに対峙《たいじ》する地点にあって待機をつづけた。

〔一五〕ピュロスの出来事がスパルタに報じられると、惨害ただならずと悟ったスパルタ人たちは、政府の責任者をピュロスの陣に派遣し、実情を見聞したうえでただちにその場で取るべき方策を協議させることとした。やがてかれらは島の兵士らを救出することが不可能であると知り、さりとて兵士らが飢《う》えに苦しめられたり、多勢の敵に圧倒され敗北を喫することがあってはならぬと案じたすえ、アテナイ側の将軍たちに一時休戦の申入れをすることを決議した。つまり、もしアテナイ側が合意するならば、ピュロス方面の戦線ではいったん和約をむすび、アテナイへ使節を送って和議を談合させ、一刻も早く兵士の身柄を本土へ救出する策を講じようとしたのである。

〔一六〕アテナイ側の将軍たちが申入れに応じたので、次のごとき条件のもとに一時休戦が成立した。すなわち、一つ、ラケダイモン側は海戦にもちいた軍船、ならびにラコニア水域にある軍船をことごとくピュロスに廻航させて、全部アテナイ勢の管理に委託すること、一つ、ラケダイモン側はピュロスの砦にたいしては海陸いずれの面からも、軍事行動を取らないこと、一つ、アテナイ側は、本土のラケダイモン人が島の兵士らのもとに、練餅《ねりもち》の形にした一定量の糧食、すなわち兵士一名にたいしてアッティカの升目による二コイニクスの燕麦《えんばく》、同じく二コテュレ②のぶどう酒、それから肉を、従僕にはその半量を送ることを許可すること、ただしこれらの搬入はアテナイ勢の立会いのもとにおこなわれ、密航船をもちいないこと、一つ、アテナイ側は従来どおり島を看視下におくが、島に上陸しないこと、またペロポネソス側の陣地にたいしては海陸のいずれの面からも軍事行動を起こさないこと、一つ、これら諸約条が寸毫《すんごう》たりといずれかの側によって侵犯されたとき、休戦条約は失効したと見なすこと、一つ、休戦期間はアテナイからピュロスへラケダイモンの使節が帰着するまでとすること、一つ、アテナイ側は三段櫂船を仕立てて使節の往復の便に供すること、一つ、使節が帰着すれば休戦条約は自然失効し、アテナイ側は委託されたと同じ数、同じ状態の軍船をペロポネソス側に返還すること。

このような条々のもとに休戦条約がむすばれ、約六〇艘の軍船が集められてアテナイ側に手渡され、使節は出発した。やがてアテナイへ到着した使節は次のごとき発言をおこなった。

〔一七〕「アテナイの諸君、ラケダイモン人がわれらを送った目的は、島の兵士らの処置について、双方に納得のいく得策を説きすすめるためであり、諸君には利益をもたらし、われらとしては情況の許すかぎりの秩序を維持しつつ今回の事件の収拾ができるような了解に達するためである。われらの口上はやや長きにわたるが、これはあながちわれらの習慣を欺くものではなく、われらの慣いは短きをもって足りるとき長きをもちいないが、大事に及んで説明が望ましいときには言葉をつくしてのち、なすべき行動を起こす。されば願わくは諸君も、われらの言葉をただ敵の言葉として聞き流すことのないよう、またわれらが諸君の明をあなどって教説を垂れているなどと誤解せぬよう。すでに事情を知っている諸君に、ただとるべき賢策を思い起こさせるよすがを述べているのだと了解してもらいたい。

と申すわけは、諸君は現在の幸運をさわりなくわがものにすることができる立場にある、つまり諸君の勢力をそのままに維持しうるのみか、加えて世の評価と声望にこたえたことになり、しかも、身にそぐわぬ僥倖を得たものが犯す過《あやま》ちを免れようと思えば免れうる。なぜなら、世の常とはいいながら、人は目前に降って湧いた幸運にわざわいされて、さらに多くを求めるからだ。反して順逆さまざまの境遇の友となってきたものは、おのれの分を知り、ただ成功のみを信ずるの愚をかたく慎む。このわきまえは多々盛衰の岐路を経た諸君の国にも、またとりわけわれらの国にも、当然たくわえられているはず。

〔一八〕またその真実は、現在われらの陥った苦境を見れば諸君にもいっそう明白であるはず、今諸君のもとで乞うているものを与うべきは自分らであると、かつては自負をつよくし、ギリシアで右に出るものなき至高の評価にたえてきたわれらが、今は諸君のもとにやって来たのだ。しかも兵力にこと欠いてこの憂き目にあったのではない、またおのれの侵略や横暴が破綻《はたん》をきたしたためでもない。いな、われらはつねに現実を的確につかもうとつとめながら、その判断が結果によって裏切られた、しかしこれは人間だれにでもありうることだ。そう考えれば諸君とても、今こそ国力強大、国威は四周を従えているからとて、つねに幸運が諸君を導くであろうと信じるのは、理に反するといわねばならぬ。

思慮ある人間ならば、幸運とは常ならぬものと知るゆえに、幸運をしかと逃さぬように収めておく（すればこそ身が不運に陥っても人よりも冷静な見地からこれに耐えられよう）。また思慮ある人ならば、戦《いくさ》とはおのれが直接参加を欲すると否とをとわず、おのれの意図する限界を越え、運とめぐり合せによってはいかようにも転変しうることを心得ているはず。さればこそこの心得あるものは、おのが成功にたいする過信をいましめ増長を慎むゆえに、蹉跌《さてつ》することはまれであり、勝運のうちに鉾《ほこ》を収めるべきをわきまえている。その思慮わきまえを今、アテナイの諸君、諸君はわれらにたいして顕示すべき好機なのだ。

しかしこの絶好の機を逸してわれらの説得を拒み、もし一敗地にまみれてからではもう遅い。このような機を逸する例はおうおうにして起こりうること、今ならば知と力のゆるぎなき名声を後の世に伝えることもできようものを、機を逸すれば今日諸君が収めた勝利でさえ、惜しむらくは、僥倖の賜であったとしか思われなくなる。

〔一九〕ラケダイモン人は諸君に平和を、戦争の中止を呼びかけている。相互のあいだに平和と同盟、広く友情と親交を回復することを約し、そして代償として島にいる兵士らの返還を要請する。かの兵士らが脱出の好機をつかんで強行突破するか、あるいは城攻めに耐えきれず諸君の掌中に陥るか、いずれにせよわれら両国にとって、極限までこの勝負に賭けることはけっして望ましいことではないと考えるからだ。

いずれはわれらのあいだにわだかまる根深い敵意を解消させるものとすれば、もっとも安全な解決は報復を加えあうことではない。戦いで勝った側が相手の手足を苛酷な宣誓で縛り、勝者対敗者の不平等を承服させることではない。そうではなく、勝者たらんと思えば勝者たりうるものが、寛容と道義的勝利によって相手を屈せしめ、その畏怖をやわらげる中庸の心をもって鉾を収めるときに、真の和約が成立すると考える。なぜならば、敗者とて和を強いられたのではないのだから、報復を願うわれはなく、逆に、徳義をもって従うべき道義的拘束を知り、廉恥によってすすんで和約を遵守する。しかも、この理解をささいな争いの相手より、大事を争う怨敵にたいしてほどこすとき、いっそう大きな効果を得る。人はすすんでゆずる相手には、おのれも恨みを残さず勝ちをゆずるが、あくまでも勝たんとする増上慢にたいしては、おのれも思慮をすてて勝負に生命を賭する。

〔二〇〕されば われら両国にとって今こそ争いを収むべき無二の好機である。今のところ、われらの交渉を不可能ならしめるほどの手傷は、まだどちらもうけていない。傷ついてからでは遅い、そうなれば諸君全体にも個人にたいしても、われらは消しがたい憎悪をむけよう、また諸君も今回のわれらの呼びかけをうければ得られる特典を失うことになる。今まだ勝敗の帰趨がさだまらぬうちに戦いを収めれば、諸君の声望はいや増し、われらとの友情は高まるであろうし、われらも屈辱にまでいたらずして当面の惨事をまるく収めることができる。

われら両国は和解すべきではないか、そして率先して剣をすてて平和をえらび、他のギリシア人のあいだでも戦禍を絶つべく努めるべきではないか。すれば諸国の人々は平和は諸君の主導によって回復したと思うにちがいない。なぜなら、この戦いはいずれがはじめたともなく戦闘状態に入って今日にいたるが、今もし諸君が現戦況の優勢を善用して和平をとりもどすならば、諸国はこぞって諸君に感謝をささげるだろう。そして諸君がいま平和を決議するならば、諸君はラケダイモン人のゆるぎない友誼を確保できる、和議を強いたのではなく、われら自身の求める平和を恩恵としてほどこしたことになるからだ。ここに生じうる福がいかに大なるものか、理をつくして熟考してもらいたい。なぜなら、われらと諸君が心を一つに大綱を示せば、われわれの驥尾《きび》に付する他の弱小ギリシア諸邦は、みなその旨に服するからだ」

〔二一〕ラケダイモン人はこれだけの発言をおこなった。③かれらの考えでは、さきにアテナイ人が休戦を希望したとき自分たちが拒絶したので望みを達せられなかったのであるから、今自分たちのほうから和議を申し入れればアテナイ人はよろこんでこれを承諾し、兵士らを返すであろう、と思われたのである。だがアテナイ側は、兵士らを島に閉じ込めておくかぎり、自分たちが望みのときにいつでも、和議をむすびうるものと見て、④いっそう有利な条件を手に入れようとした。

とりわけ強硬にその旨を市民らに説いたのは、クレアイネトスの子クレオンで、かれは当時民衆指導者として一般庶民のあいだで絶大な信望を担っていた。このときもかれは会衆を説いて次のように返答させたのである。すなわち、島の兵士らを武装解除してまずアテナイまで護送すること、兵士らがアテナイに到着したのち、ラケダイモンは、ニサイア、ペガイ、トロイゼン、アカイアの諸邦を、アテナイ側に譲渡すること（これらの諸邦はアテナイが戦時中に奪ったものではないが、以前アテナイが敗れたおり、和議を急がねばならなかった必要上、和約の条件としてアテナイが手放した諸領であった）、しかるのち、兵士の身柄を送還し、両国が適当とみとめた有効期間を定めて、平和条約をむすぶ、というのであった。

〔二二〕ラケダイモン使節はアテナイ側の返答にたいして態度の表明を避け、そのかわりに、談判を続行する小会議を組織し、選抜された出席者が相互に納得がいくまで議論をかわし、細部の諸点について双方の意見の調整をはかることを提案した。この提案にたいして、クレオンは口をきわめて非難を浴びせた。すなわち、かれは最初から使節の意図に不誠実なものがひそんでいるのを察知していたが、今やもう疑念の余地がない。なぜならかれらは全市民にたいしては事を秘し、少数者との談合を望んでいるからだ。だがもし、使節が誠実な交渉を意図しているのであれば、市民全体の前で態度を表明すべきである、と要求した。

だがラケダイモン使節としては、ピュロスの窮状を思えば多少はここで譲歩する用意があったとしても、しかし譲歩を公言してもなお求める要求が容れられなければ、みすみす自国側同盟の非難を招くのみであり⑤、使節として全市民の前で態度を示すことはできない。またラケダイモンの呼びかけにたいして、アテナイ人は謙譲な応じ方をするつもりがない、と見てとるや使節の目的を達することなくしてアテナイから引き返した。

〔二三〕一行が帰着すると、ただちにピュロス戦線における休戦状態は終わり、ラケダイモン側は協定のとおり、軍船の返還を要求した。しかるにアテナイ勢は、ラケダイモン側が協定に反して砦にむかって突撃したことや、その他ささいな事件にも非難の口実を設け、協定にはいかなる侵犯があっても休戦条約は失効すると明記されていると強弁して、軍船を返還しようとはしなかった。ラケダイモン側は軍船没収は不法であるといった抗弁をくりかえしたが、やがて帰っていくと戦闘状態に入った。

こうしてピュロス方面では両軍死力をつくす戦闘が再開された。アテナイ勢は終日二艘の軍船を島の周囲に交互入れちがいの方向に巡航させ（夜間は全船が警戒に就航したが、強風のときにかぎり外海側の警戒線を解いた。やがてアテナイからさらに二〇艘が警備に参加することとなったので、総数は七〇艘にも達した）、片やペロポネソス勢は本土側に陣営を敷き、砦にたいして攻撃を加えるかたわら、島の兵士らを救出できる機会がおとずれるのをねらっていた。

〔二六〕……アテナイ勢にとって、糧食、飲料水の便ともに少ない状態で島の看視をつづける苦労はなみたいていではなかった。泉といえばピュロスのアクロポリスにただ一筋あるのみで、それとても水量は乏しかったからである。そのため、大多数の兵士たちは海辺の砂利を掘りのけて、そこに溜まる水を飲んだが、その水質については想像できよう。また狭い場所に作られた兵士の陣営は窮屈であり、船隊側でも投錨地が得られないために、食事も交代制で一隊が陸上で食事するあいだ、他は海上にあって看視をつづけた。敵兵も無人島で塩辛い水を頼りに生きているのだから、数日のうちに攻め落とせようと考えていたところ、予期に反して時間ばかりが過ぎていくために、包囲軍の士気はいたく沈滞したのである。

こと志に反した理由は、ラケダイモン側の工作に負っていた。ラケダイモン人は公の布告を発して、島の兵士らに割り麦、ぶどう酒、チーズをはじめとする糧食など、籠城軍を助ける物資を搬入するものには多額の銀を与え、とりわけ搬入をおこなう国有奴隷には自由を約する旨を伝えた。これに応じて危険を冒しても搬入するものが続出したが、とりわけ国有奴隷たちが熱心に参加し、かれらはどこでも都合のよいペロポネソス沿岸の地から舟を出し、まだ夜の明けやらぬうちに、島の外海側の岸辺に近づいた。とくに、吹きよせる風に乗って岸に着くことのできる機をねらった。というのは外海から風が吹きつのるさいには、三段櫂船の看視をくぐりやすかったからである。アテナイ勢は島の周囲に錨《いかり》をおろして封鎖することができなかったが、密航者のほうでは舟の破損するのもかまわず着岸することができた。暗礁に乗りあげた舟には保証金が与えられることになっていたし、また乗りつける場所ではいつでも島内の重装兵が待ちもうけていたからである。しかし凪《なぎ》の夜に危険を冒したものは捕えられるのがつねであった。さらにまたあるものたちは、革袋に蜜漬けの罌粟《けし》の実や粉末の亜麻仁⑥をつめてそれを紐《ひも》で体につないで、湾内を潜水して泳ぎ渡り島に荷を引きあげた。かれらは最初は気づかれることがなかったが、やがて看視の眼がきびしくなった。こうして一方は糧食類を搬入しよう、他方はこれを摘発しようと、両軍あらゆる術策をもちいてしのぎをけずった。

〔二七〕アテナイ本国では、ピュロス方面の味方の難渋にもかかわらず島内の敵側には糧食運搬舟がつづいていることを知ると、途方にくれた。そしてやがておとずれる冬がピュロスの守備兵に与えうる打撃を恐れた。無人の地にある味方に夏期においてさえ充分の糧食を廻送することができないのに、冬ともなれば必要品をペロポネソス沖を迂回して運搬するのはまったく不可能となろうし、また港湾のないピュロスの沖に船をとめ島を封鎖することもできなくなろう、その結果、味方が囲みを解いてみすみす敵兵に脱出の機会を与えるか、さもなくば糧食を運び入れた舟を敵が逆用して嵐の夜をねらって島からの脱出をとげるか、そのいずれかに終わることがわかっていた。

しかしアテナイ人の不安を強めた最大の原因は、ラケダイモン側が二度とふたたび和議申入れの使節をアテナイに送ろうとしないのは戦況好転の見通しを得たため、と思われたからであった。そしてさきの和議申入れを拒否したことが、今さらのようにくやまれた。

和議に反対をとなえたクレオンは、そのために自分にアテナイ人が疑いをむけているのを知って、ピュロスからの使者の言には偽りがある、と放言した。しかし使者たちは、自分たちの言葉を信じないのであれば、べつの偵察官《ていさつ》を送ればよい、と提案したので、けっきょくクレオン自身とテアゲネスが公の偵察官として選出された。

ここにいたってクレオンは、自分が偽りだと非難した情報を真実とみとめるか、さもなくば自分が偽ってその偽りを暴露されるか、ひっきょうそのいずれかに陥らざるをえないと悟り、またアテナイ市民がさらに積極的な対策を渇望しているのを見てとって、軍勢派遣の提案をおこなった。今さら偵察官など送って時を空費し逡巡すべきではない、もし市民らが情報の真実性をみとめるのであれば、島内勢撃破のために挙げて軍船をすすめるべきだ、と。そして、当時将軍職にあったニケラトスの子ニキアスが、かねてより自分の政敵であったところから、(7)ニキアスを指差して、将軍どもが男なら、アテナイの軍備をもってすれば、船隊を率いて島の敵兵どもを取り押えるくらいはたやすかろう、いや自分さえもし将軍であったなら、とうの昔にできたはず、と責めたてた。

〔二八〕すると市民らがクレオンにむかって、本当にたやすいと思うなら、なぜ今すぐにも船を出さないのだ、と騒ぎはじめるのを聞いたニキアスは、自分に射られた弾劾に応じて言った、クレオンが望みの兵力を率いて敵勢を攻撃することに、自分たち将軍職にあるものは異議をとなえない、と。クレオンははじめニキアスが口先だけで将軍職譲渡を問題にしていると高をくくっていたので、よし引きうけると言いつのったが、ニキアスが本当にゆずろうとするのを見てすっかりおじ気づいた。彼は、よもやニキアスがおのれの体面を傷つけてまで職をゆずりはすまいと考えて、前言をひるがえして、いや軍勢の指揮は自分がやると言ったのではない、ニキアスがやるべきである、と逃げようとした。だがニキアスはふたたびクレオンを推し、自分からすすんでピュロス方面の指揮職を辞し、アテナイ市民をその証人に立てようとした。市民らは群衆心理の促すままに、クレオンが航海の任から逃げるため、前言を撤回しようと言を左右にすればするほど、ますます図にのってニキアスよ職を辞すべし、クレオンよ船出すべし、と叫びたてた。

そしてついにクレオンはおのれの言葉から逃れるすべを失って、船隊指揮の責任を負わされると、今度は立ち上がってこう言った、ラケダイモン人などなんの恐れるに足りよう、アテナイ本国の兵士は一兵もいらぬ、アテナイ駐留のレムノス、インブロス両島の兵士、かねてアイノスから加勢の軽盾兵、その他の地域からの弓兵四〇〇、それだけを率いて出発する。そしてピュロスの味方と協力して二〇日のうちに敵兵を生け捕りにして連れてくる、さもなくば現地で皆殺しにしてみせる、と。アテナイ人はかれの浅慮な放言に失笑をもらすものさえいたが、しかし心あるものたちは望むらくはこれでクレオンの政治的生命を絶つことができよう、また案にはずれたところでラケダイモン人を屈服させることになる、いずれにせよ二つの善のうち、一方は手に入る、と考えてひそかによろこんだ。

〔二九〕さてクレオンは民会ですべての手続きを取り終えて、アテナイ人がかれの就航を決議すると、かれはピュロス方面の将軍たちの中から一人デモステネスだけを自分の軍に加えることとし、急ぎ出航の態勢をととのえた。

このときクレオンがとくにデモステネスを加えたのは、かれが島にたいする上陸方法について一計をいだいていることを聞き知ったからである。その計画とは次のごとくにして醸成《じょうせい》されていた。

アテナイ側の兵士らは、不利な立地条件になやまされ、攻城勢が逆に籠城勢であるかのごとき状態に陥って、みな焦慮のあまり一挙に事を決したい気持になっていた。加えてデモステネスに決行の自信を与えたのは、島が火災で焼けてしまったことであった。それまでは島は太古より無人であったので、大部分は密林におおわれ道もなかった。デモステネスはこの状態は敵にこそ有利であれ、味方にとっては危険と判断して上陸に二の足を踏んでいた。もし多勢の兵士が上陸すれば、見通しのきかないあちこちの方角から敵の襲撃をうけ、損害をこうむることは必定であろう、なぜなら、敵の兵数や作戦上の誤算は立樹にかくれて味方には見えないが、味方の兵士の動静や誤算は何もかも敵に見とおしとなるから、敵は思いのままに奇襲をかけてくることができる。どうしても先制攻撃の好機は敵側ににぎられてしまうからだ。さらにまた、樹木の密集地帯で望みの隊形で合戦を強行することができたとしても、敵は少数とはいえ地勢に明るいから、地の理にくらい味方の大軍を撃破しうる、密林で見とおしがきかなければ、いずれの局面を応援するべきかもわからず、味方が多勢であればかえって全軍が潰滅の危機に陥っても気づかぬことになりかねない、とデモステネスは考えていた。

〔三〇〕先年アイトリア遠征軍がこうむった敗北も、森林地帯にわざわいされた点が多々あることを思えば、デモステネスはピュロス作戦についてもこのような危惧をぬぐいさることができなかった。ところが、食事をとる場所にすら窮したアテナイ側の兵士らが、この島の突端に船を着け、見張りを立てて朝食を作っていると、その一人が誤って森の茂みに失火してしまった。すると、そのとき風が吹きはじめ、知らぬ間に小さい火種が燃え広がって島の大部分が焼けてしまったのである。こうして樹木がなくなってみると、さきに敵側に糧食搬入を許したおりに算定した数よりもかなり多くのラケダイモン兵士が島にいることをデモステネスは確認した。かれはこれくらい多勢の敵がいるならばアテナイ側としても真剣な戦いを挑むべき価値があると見て、島も今までよりも上陸しやすい状態となったので、近隣の同盟諸国に軍勢派遣を要請しその他の用意をととのえるなど、積極的な攻撃決行の準備をすすめていたのである。

クレオンはそのデモステネスにまず使者を送って、自分の到着を先触れさせておき、やがて自分も要求した兵種兵員を率いてピュロスに到着した。そして両者は協議のうえ、まず本土側の敵本陣に軍使を送り次の申入れをおこなった、すなわち、本陣から島の兵士らにたいして、かれらの身柄の安全を保証し、全面的和議の成立するまで捕虜として軟禁されることを条件に、アテナイ側からの武装解除の要求に応じて投降することを勧告する意志がありや否や、と尋ねたのである。

〔三一〕だがペロポネソス勢の本陣はこれを拒絶した。アテナイ勢はその日は行動を起こさず、その夜に入ってから全重装兵を少数の軍船に乗せて漕ぎだし、払暁寸前に島につき湾に面する岸と外海に面する岸との両側から上陸を開始、その数は重装兵約八〇〇、駆け足で前進して島の第一見張所を襲った。

敵側の守備配置は次のごとくであった。この第一見張所には約三〇名の重装兵が配置され、島の中央部の泉に近い、もっとも平坦な地域には守備隊長エピタダスをはじめとする主力部隊が陣を張っていた。ピュロスの砦に面する北端は、波打ち際から絶壁がそびえたち対岸から攻撃されることはまずありえなかったので、少数の兵が守りについていた。この地点にはまた付近に転がるかっこうの石を積んだ古い石垣もあって、敵襲のために余儀なく退却した場合にも、守備側の有利な拠点たりうると考えられていた。ラケダイモン側の守備配置は以上のごときものであった。

〔三二〕アテナイ勢はその第一見張所に駆け寄ると、まだ寝所にいるもの、武器をつかもうとするもの、まちまちの守備兵をすばやく切り倒した。守備兵のほうでは、また例のとおり夜陰にまぎれて味方の舟がついたのだと思っていたので、アテナイ勢の上陸とは気づかなかったのである。

朝が明けるころには残りの兵士らの上陸がはじまっていた。七十余艘の軍船乗組員は、最下段の漕手を除く全員がおのおの適当な武装に身をかため、また弓兵八〇〇、それを下らぬ数の軽盾兵、メッセニア人の加勢、その他ピュロス付近に碇泊中の諸兵全部が島に上がったが、ただし砦の守備兵は後に残っていた。デモステネスの命令に従って、兵士らは二〇〇名前後を一隊とする部隊にわかれて島の最高所をなす諸地点に陣どった。

こうして敵を四方から包囲してしまえば、敵はどちらにむかっても対抗して陣列を敷くこともできず、最悪の事態に追い込まれるにちがいない、それどころかどちらにむかってもアテナイ側の大軍に取り巻かれ、前を衝けば後から襲われ、一翼を攻めれば他翼の陣から巻き返されることになる、という計略であった。かくして敵がすすめば味方は次々とその背後から攻撃の手をまわす、しかも敵にとって何よりもやっかいなことは、攻め手は軽装兵であり、その武器は弓矢、投槍、投石、投石器などで、遠距離から効力を発揮するから、重装兵の接戦のように事を決することができない。軽装兵は退くときにも有利であり、また追うときの鉾《ほこ》先もするどいからである。最初からこのような上陸作戦計画を練っていたデモステネスは、上陸後ただちにこれを実行に移した。

弓を射る兵士

〔三三〕エピタダス麾下のものたち、すなわち島内駐留の主力部隊は、第一見張所が潰滅し、敵軍が自分たちにむかって攻め寄せてくるのを見ると戦列を組みそろえ、白兵戦を決意してアテナイ側重装兵部隊にむかって反撃を開始した。アテナイ側重装兵はかれらの進路の正面に列を組み、側面および背後には軽装兵がまわっていたのである。

だがラケダイモン勢はアテナイ側の重装兵に突撃することができず、かねての陸上戦技の経験を活用する暇が与えられなかった。なぜなら、両脇の軽装兵が矢玉槍玉を浴びせてラケダイモン勢の戦列前進を阻止し、それのみかアテナイ側の重装隊は相手と歩調を合わせて進出しようとはせず、もとの位置にとどまっていたためである。軽装兵が至近距離まで駆け寄り攻め寄せれば、ラケダイモン勢はこれを撃退したが、逃げるほうは装備が軽いのでやすやすと敵の追跡から脱しえた。また地面には凹凸が多く、人跡なき峻険《しゅんけん》な岩地であることが、軽装兵の進退には利があったが、武器甲冑を帯びたラケダイモン勢にとって追跡続行を至難ならしめた。

〔三四〕このようにしてしばらくのあいだ、両者たがいに遠距離から攻撃をおこなった。やがてラケダイモン勢が攻撃されても勢いよく追跡を返すことができなくなってくると、軽装兵らはようやく敵の迎撃力にひるみが生じてきたのを知り、また味方の兵力が敵より幾層倍も多い様子を見て大いに勇気がわいてきた。そして、最初上陸したときには敵がラケダイモン人だという気おくれを感じていたものも、緒戦からその恐れをつよめるような目にあうことがなかったので、しだいに敵が初めほど恐ろしくは見えなくなった。敵勢恐るるに足らずと知るや、かれらは一団となって喚声とともに敵陣めがけて総攻撃に移り、手に手に矢を射かけ槍を投げ、投石器を放って敵を打った。

喚声をあげて突入してくるアテナイ勢を前にして、このような形の戦闘に不慣れなラケダイモン勢は驚愕《きょうがく》した。それのみか、焼け落ちたばかりの森からはもうもうたる灰塵《かいじん》が立ちのぼり、その煙幕ごしに多勢の兵士が手に手に浴びせる矢玉、石玉の雨にさえぎられて、ラケダイモン勢は前方を見通すことができなくなった。こうなっては戦闘はラケダイモン側の手に負えなくなった。なぜならかれらの円兜《まるかぶと》も降りそそぐ矢をふせぐ役には立たず、盾や胸当には投槍が突き立ちへし折れた。四方から遮断されて前方の視野が閉ざされ、敵勢の喚声が耳を聾して、味方の命令を聞きとることができず、四面から危険につつまれて防禦も脱出も予測がつかなくなったラケダイモン勢は、われとわが身をもてあます窮地に陥ったのである。

〔三五〕行きつもどりつしだいに一ヵ所に追いつめられた結果、かれらは手負いが続出したので、ついに、盾を組みかためてそこからほど遠からぬ北端の石垣にむかって後退し、残っていた守備兵たちに合流した。ラケダイモン勢が退却するや、軽装兵らはそれとばかり勇気百倍し、さきにもはるかにまさる大喚声をとどろかせながら追撃に転じ、退却にとり残されたラケダイモン兵をことごとく討ち取ったが、退却勢のほとんどは石垣の中に逃げのびてそこに待機中であった守備兵らとともに、攻撃がかかれば撃ち払うべく石垣の全周にわたって配置を固めた。かれらの踵《きびす》にせまってやってきたアテナイ勢は、峻険な地形にはばまれて、石垣を四周から圧することができず、真正面から突撃して、一揉《ひとも》みに攻め取ろうと企てた。

こうして戦闘は日暮れ近くまで継続し、両軍とも戦闘と渇きと酷熱にあえぎながらも、高所から追い落とそうとする側とゆずらじとする守備側とがしのぎをけずった。ラケダイモン勢はここでは側面からまわり込んでくる敵がなかったために、前半戦に比していくぶん反撃がしやすかった。

〔三六〕戦闘が終結しそうにもなく思われたとき、メッセニア人の指揮者がクレオンとデモステネスのもとに来ていうには、このままでは労多くして実が得られぬ、もし自分に弓兵と軽装兵の一隊を貸してもらえるなら、道を求めて敵の背後にまわり、突入を強行できると思う、といった。望みをいれられたかれは必要な兵を率いて敵の目につかぬようにひそかに出動し、ラケダイモン勢が地勢の峻険を頼みに守備を怠っているのに乗じて、島の突端の断崖に足場を求めながら一歩一歩と前進をつづけ、さんざん苦労をなめて覚られることなくようやく迂回に成功、一気に高所に駆け登ってラケダイモン勢の背後に姿をあらわした。思いもよらぬこの出現に敵は度胆をぬかれ、ころや遅しと待っていた味方はこれを見て、さらにいっそう士気が高揚した。

ここにいたってラケダイモン勢は腹背から矢と槍を浴びせられることとなり、そして、あえて大をもって小にたとえるならば、かつてのテルモピュライの戦闘と同じ情況に陥ったのである。というのはかつてテルモピュライのラケダイモン勢は山間の隘路《あいろ》を迂回したペルシア勢のもとに全滅したわけであるが、それとやや似て島のかれらは前後に敵をまわすにいたってもはやあらがいようもなく、多勢に無勢の争いに加えて食事の不足のために体力もつきていたので、後退を余儀なくされた。するとすかさずアテナイ勢はあちこちの突入路を攻めとったのである。

〔三七〕クレオンとデモステネスは、いま一歩でもラケダイモン勢が退けば、なだれこむアテナイ兵の槍先にかれらは殲滅されてしまうにちがいないと判断するや、戦闘中止の命を発し、部下の兵士らの前進を押しとどめた。両者の意向は、なんとかして敵側に降服勧告を伝えて決意をにぶらせ、目前の死にたいするかれらの恐怖の念をつよめて武装解除を自発的におこなわせ、かれらを生け捕りにしてアテナイへ護送することであった。ただちに布告がおこなわれ、武装解除して無条件降服をなす用意ありや否や、と問いかけがなされた。

〔三八〕これを聞くとラケダイモン勢のほとんどの兵たちは盾をおろし手を高く振って、勧告に応ずる態度を明らかにした。そこで戦闘一時停止が宣せられ、アテナイ側からはクレオンとデモステネス、ラケダイモン側からはパラックスの子ステュポンが談判をおこなうこととなった。最初の指揮官エピタダスは戦死、その後えらばれたヒッパグレタスは負傷して死者のあいだに倒れていたがすでに戦死と見なされて、これら二者に異常がある場合にそなえて決められていた慣習によって、ステュポンが三人目の指揮者にえらばれていたのである。

かれや側近のものたちは、自分らの取るべき処置について本土のラケダイモン勢本陣に使者を送らせてもらいたい、と申し入れた。これにたいしてアテナイ勢はかれらが使者を送ることを許さず、かわりにアテナイ側へ本土の敵陣から軍使を招いた。そして軍使とステュポンらとのあいだに二、三の質問がくりかえされたのち、本土のラケダイモン勢本陣から最後の回答をたずさえて渡ってきた男はこう告げた、「ラケダイモン人は、諸君がおのれの名を恥ずかしめることなく諸君の判断で善処することを要望する」と。兵士らは自分たちのあいだで相談をおこなってから、武器と身柄をアテナイ勢にゆだねた。そこでこの日が暮れ、翌朝がやってくるまで、アテナイ勢は捕虜を拘禁しておいた。

翌朝、アテナイ勢は島に勝利碑を築き、出港のための諸準備をととのえるとともに、捕虜をいく組かに分散して三段櫂船の司令官たちの監視下に置いた。他方本土のラケダイモン勢は休戦申入れの軍使を送って、島の戦死者たちの屍体を本土側に収容した。島における戦死者ならびに捕虜の数は次のごとくであった。最初、島の守備についた数は全部で重装兵四二〇名であった。そのうち、生け捕りになって護送されたもの二九二名、他はことごとく戦死した。この捕虜の中でスパルタ人は約一二〇名いた。アテナイ人の戦死者はほとんどいなかった。というのはこの合戦は重装兵の接戦にもち込まれなかったためであった。

〔三九〕また時間的にみれば、海戦から島の陸戦が終わるまでの、兵士らの島内籠城期間は全体で七二日間に及んだ。そのうち、和約交渉の使節が現地をはなれていた二〇日間は、公に食糧補給がおこなわれていたが、あとの期間は密航者によって補給線が保たれていた。じじつ降服したさいにはまだなにがしかの穀物が残っていたし、その他の食糧品も島内で押収された。指揮官エピタダスは、補給可能の糧よりも少なめに配給していたからである。

こうしてアテナイ、ペロポネソス両軍はおのおのの軍勢もろともピュロス方面から陣を引き、おのおのの故国へと帰っていった。狂気の沙汰ともいうべきクレオンの約言は実をむすんだ。約束のとおり、二〇日間のうちに兵士らを生け捕りにして帰って来ることとなったからである。

〔四〇〕戦時のいかなる事件もこの事件くらい根本的に、ギリシア人の通念をくつがえしたものはほかになかった。なぜなら、ラケダイモン人は饑餓はおろか、いかなる苦痛に直面しても武器をすてないもの、力のつづくかぎり戦って武器をいだいて死んでいくもの、と一般に信じられていたからである。そのため人は、ピュロスの投降兵らが戦死者と同一階層の人間たちであるとは信ずることができず、あるアテナイ側同盟国の一市民にいたっては、島で捕虜になったものをあるときつかまえて意地悪くこう尋ねた、「戦死したものたちは、中でも選良といわれるものであったのか」と。捕虜は答えた、「それなら矢の軸こそ万金に値しよう」。つまり、飛んでくる矢に勇士の見わけがつくものならたいしたものだ、戦死したのはみなめったやたらに飛んでくる投石や矢に当たって死んだのだから、と言おうとしたのである。

〔四一〕兵士らが護送されてやってくると、アテナイ人は一応の和議が成立するまでは、かれらを鎖につないでおくが、もしそれ以前にペロポネソス勢が領土を侵すことがあれば、捕虜を引き出してみな処刑する、と決議した。そしてピュロスの砦には駐留部隊を置いた。かたわらナウパクトスのメッセニア人は、本来ならば自分たちの祖国であるこの地方に（ピュロスは旧メッセニア領の一部をなしていたので）、自分たちの中から最適任者と目されるものたちを送り込んだ。同一方言を話すこれらのものたちは内陸に潜行してラコニア地方を掠奪し、甚大な損害を与えた。

ラケダイモン人はかつてこのような掠奪やゲリラ戦の被害をこうむった経験がなく、加えて国有奴隷の逃亡者があらわれるに及んで、かれらは各地方でさらに大規模な叛乱が生じうる危険を恐れはじめ、もはや安閑としていることができなくなった。そこで、アテナイ側にはおのれの弱みを覚られまいと警戒しながら、幾度かアテナイへ使節を通わせて、ピュロスと捕虜の返還を実現させようと努力した。しかしアテナイ人はさらに有利な交換条件を要求しつづけ、幾度使節がおとずれても一物も与えずに帰らせた。以上がピュロスをめぐる事件の経緯であった。

アテナイ側はコリントスを攻撃して勝ち、またケルキュラの民衆派を助けて亡命寡頭派を降服させた。その結果民衆派は寡頭派にたいし奸策を弄して残虐な仕方で復讐した。

翌前四二四年夏、アテナイ軍はラコニア前面のキュテラ島を奪い、ここを基地にラコニア海岸を荒らした。一方シケリア島ではアテナイ勢力の脅威の前に、全都市の会議がおこなわれ、シュラクサイのヘルモクラテスの主唱により、都市間の抗争が停止された。

アテナイの隣国メガラも党争に悩んでいたが、この年スパルタのブラシダスの力で寡頭派が勝利を得た。またスパルタは北のトラキア海岸の諸市をアテナイから離叛させることを企てた。名将ブラシダスは多数の国有奴隷をふくむ軍を率いて陸路テッサリア、マケドニアを経てトラキア地方に達した。北部がそのような有様にあるとき、アテナイは大軍を動かしてボイオティアを挟撃する作戦を立てたものの、計画に齟齬をきたしてボイオティアのデリオンの戦いで決定的な敗北をこうむった。

北方のカルキディケ半島やその付近におけるブラシダスの攪乱作戦ははなばなしい成功となってあらわれる。かれはまずアカントスを手に入れ、次に、『戦史』の著者トゥキュディデス――かれは北部防衛の衝にある将軍の一人であったのだ――の先手をとってアテナイ側の重要都市アンピポリスを奪う。前四二四年から翌年夏にかけてのブラシダスの戦功によってトラキアの諸都市は次々とアテナイの支配から離脱していった。年賦金、金鉱石、船舶用木材などの供給地としてきわめて重要なこれら諸都市を失ったことは、アテナイにとって痛撃であったと記されている。

かような事態となってアテナイ、スパルタ両陣営は前四二三年夏、戦線を現状維持したままむこう一ヵ年間の休戦条約を締結した。スパルタ側としてはスパクテリアでの捕虜を一日も早くとりもどすことが為政者たちの最大の関心事であったと記されている。両陣営ともこの休戦期間を利用して和平の気運を高め、そして永続的な平和条約の条件をととのえようとしていたのである。しかしその間にもトラキア地方ではさかんにブラシダスの攪乱作戦がつづけられており、休戦期間中にもスキオネ、メンデなどの都市がかれによって奪われていた。

〔註〕

(1) この戦闘で奪った盾の一つは、表に「アテナイ人がピュロスのラケダイモン兵から」と刻まれて、現在もアテナイのアゴラ美術館に展示されている。

(2) 一コイニクスは約一リットル、一コテュレはその四分の一である。

(3) ラケダイモン側にとって四二〇名の生命が、ここに、事実上の降服申入れをなすに充分な理由となったことは注目に値する。ラケダイモンの兵力総数は秘密に付されていて不明であるが、四二〇名は粒よりの精兵から成っていたのか、兵士の中には有力者の近親者があった(五・一五参照)。

(4) 「ピュロスさえにぎっておけば、いつでも奴らは頼みにくる」というアリストパネス『平和』二一九行のせりふは、作者のいう当時の一般アテナイ市民の感情を別の面から裏づけている。

(5) アテナイ側が要求した諸領は、ラケダイモン側の同盟国ないし同盟国所領の一部である。

(6) 罌粟の蜜漬けは饑餓感をやわらげ、亜麻仁の粉末は渇きを癒す働きをするという。

(7) ニキアスは、慎重、温厚な政策をもって聞こえており、大戦を早期に終了させることを望んでいたので、クレオンとは久しく政策的に対立していたものと見られる。

巻　五

巻五の冒頭部は前四二二年夏の記事であり、シケリアのレオンティノイの党争にかかわるアテナイ使節団の派遣のこともあるが、主として前四二一年春に成立した一時的な和平の前史を述べている。スパルタの名将ブラシダスのトラキア遠征に対抗し離叛した同盟市を奪回するため強硬論を説いていたクレオンはみずから軍を率いて出兵することとなったが、武人としては無能で優柔不断のこの民衆指導者はブラシダスの守るアンピポリスの奪回の戦闘に大敗し、捕えられて殺された。しかしブラシダスもこの戦いに斃《たお》れ、ここにアテナイ側、スパルタ側ともに主戦派の有力者を失った。

〔一四〕アンピポリスの戦いとランピアスの撤退の直後からは、両陣営とももうあらたな戦闘行為をはじめようとはせず、平和交渉を以前よりも真剣に考えはじめる情勢をきたした。アテナイ側はデリオンで痛撃をうけてまだ日も浅くして、ふたたびアンピポリスにおいて惨敗をこうむり、先ごろまでは勝ちすすむ盛運にまかせて最終的勝利を得るまではと、和平交渉を拒否してきたものの、今ははや武力による勝算を信ずることができなくなった。それのみか、同盟諸国がアテナイ勢連敗の報に気を強くして、各地でアテナイからの離叛をなすのではないか、との恐れも深まり、今さらのようにピュロスにおける勝利を潮時に、有利な態勢で和議をむすばなかったことを後悔した。

しかしながらラケダイモンのほうでも、戦況は期待を裏切る結果に走りつつあった。アッティカの耕地に破壊行為を加えさえすれば、僅々《きんきん》数年のうちにアテナイの戦力を絶滅できると考えられていたのに、ピュロス沖の島ではスパルタ有史以来ともいうべき空前の惨敗を喫し、ピュロスやキュテラから領土はたびたびの襲撃をこうむり、さらに国有奴隷の脱走がつづき、やがては領内の国有奴隷が外の敵勢の援助を頼りに、内部の窮状に乗じて、かつてのごとき叛乱[1]を起こしはしないかという危惧を一刻たりと忘れることができなかった。また、たまたまこの年は、ラケダイモンとアルゴス間の三〇年間平和条約[2]が満期失効するときに当たっており、アルゴス側はキュヌリア領が返還されぬかぎり、条約の更新をみとめないとの態度を示していた。そのためラケダイモンとしては、今のままますすめばアルゴス、アテナイ両勢力を相手に戦うという不可能事に直面しなければならなかった。そうなれば、ペロポネソスのいくつかの都市は、アルゴス側に加担するのではないかという疑いもあった。じじつ、この疑いはやがて事実となってあらわれたのである。③

〔一五〕さて両陣営とも、おのおの以上のごとき理由に基づいて、このさい和議を締結すべきであるとの結論に達し、とくにラケダイモン人のあいだでは、スパクテリア島の捕虜をとりもどしたいと願う気持から、講和の気運はアテナイにおけるよりまさるとも劣らなかった。捕虜になっていたものらの中にはスパルタ市民中、とくに有力者や、政府要職者の近親者がいたからである。そのような事情から、かれらが捕えられた直後から、アテナイにたいする交渉をはじめたのであるが、勝運に恵まれていたアテナイ側はそのころはまだ、どうしても対等の条件で和議をむすぼうとはしなかった。しかしかれらがデリオンで敗れたのち、ラケダイモン側は今度こそはアテナイ人も態度を改めて和議に応ずるにちがいないと判断して、とりあえず一年間の休戦協定をむすんだのであった。その協定の主眼目は、その期間を利用して両者たがいに使節を交換し、より長期間にわたって有効の、恒常的な平和条約締結の交渉をすすめることであった。

〔一六〕しかしその後さらにアテナイ側はアンピポリスにおいてあらたな敗北を喫し、そこで両陣営における強硬な和平反対論者であったクレオンとブラシダスが戦死するにいたって情勢は一変した。ちなみにブラシダスは戦えば勝運を得て世の称讃をほしいままにできることから、またクレオンは平和がくればおのれの悪業を隠蔽《いんぺい》する口実を失い、他にたいする誹謗的言動に耳をかすものがなくなるにちがいないと案ずる心から、それぞれ和平論に反対していたのである。しかし両者が逝《ゆ》くと、その後両国それぞれにおいて政策的な主導権をにぎろうとしてとりわけ熱心であった人物、すなわち、ラケダイモン王、パウサニアスの子プレイストアナックスと、ニケラトスの子ニキアスの二人は（とりわけ後者は当時アテナイの将軍の中でもとくに幸運な軍歴を歩んできたところから）、以前よりもはるかに積極的に和平論を提唱した。

つまりニキアスとしては、自己の名声が敗北によって汚される前に、これまでの幸運な軍歴を温存したい、また当面の苦労から自分も救われたいし市民らをも救ってやりたい、そしてついにアテナイの基盤を微動だにさせなかった人物としての名を後世にまで残したい、という気持があり、そしてこれを達成するためには危険を避けるに如《し》くはなく、そのためにも偶然的な要素におのれの政治的生命を賭する愚をできるだけ慎み、平和によって安泰の道をひらくべきだと信じたからである。他方プレイストアナックスは、ことあるごとに自分の復位をめぐって政敵から誹謗をこうむり、ラケダイモンが何かの蹉跌《さてつ》にであうたびにその原因を自分の復位の非合法性に帰せられて、市民の疑惑の的に立たされていた。

その背後の事情は、かれの政敵の糾弾によれば、かれは自分の兄弟アリストクレスと謀《はか》ってデルポイの神託巫女を説き伏せて、神託を仰ぐ使いがラケダイモンからやってくるたびにくりかえし久しきにわたって次の託宣を与えさせてきた、すなわち、ゼウスの末なる英雄神の末裔《まつえい》を他国からおのれの国に迎えて王と仰ぐべし、さもなくば、銀の鋤《すき》の刃をもって畑を鋤《す》く日も近かるべし、④と。そして長年の工作の結果、ついに巫女の言はラケダイモン人を動かした。プレイストアナックスは先年、買収されてアッティカから遠征軍を引いたという嫌疑でリュカイオンに亡命し、なおラケダイモン人にたいする恐怖から、当時そこにあったゼウスの神域内におのれの住まいの半分が重なるような家を建てて住んでいたが、亡命一九年目にラケダイモン人はかれの帰国復位をみとめ、ラケダイモン建国の当初の王位就任におこなった儀式と同様の、歌舞や祭礼の催しをそえてプレイストアナックスを復位させたのであった。

〔一七〕さてプレイストアナックスは以上のごとき誹謗をうとましく思い、平和が復すれば政策破綻も起こるまい、ラケダイモン人も捕虜を引きとることさえできれば、政敵の非難が自分にむけられることもないだろう、戦争が長びけばこそ、事あるごとに失敗の責任追及が必然的に王や高職のものらにむけられるのだと考えて、和議締結を切望した。そうして、この冬期を通じやがて春に入るころまで、両陣営のあいだに会談がおこなわれ、さらにアテナイ側の承服を強要する示威として、ラケダイモンは味方の同盟諸国にたいして、アッティカ領に攻撃砦を築く準備を要請する廻状を発する一こまもあった。そしてさらに両陣営の会談においてたがいにいくたの要求提示がなされたのち、両者歩み寄っておのおの戦争行為によって占領した諸領地を相手側に返還することを条件に、平和条約をむすぶことに合意した。⑤

ただしアテナイ側はニサイアを持続領有するという条件がみとめられた（というわけは、アテナイ側がプラタイアの返還を要求したところ、テーバイ人は、これは戦争行為によってではなく、住民が自発的に協調を申し入れたのであり、また裏切りに乗じて占領した地域でもないと主張したので、アテナイ側も同様の事由を申し立ててニサイアを領することとなった）。この了解が成立したのちラケダイモン人は味方の同盟諸国[6]の代表を召集して、ボイオティア、コリントス、エリス、メガラの四国を除く（これらの四国は交渉経過を不満に思っていた）全加盟国の投票により戦争終結を決議し、アテナイ側にたいして和議をむすび平和を宣し、以下の条約にもとることなきを宣誓した。アテナイ側も相手側にたいして同様の手続きを取りおこなった。

〔一八〕「アテナイと、ラケダイモンならびに同盟諸国は、以下の条件に基づいて和議をむすび、各国代表は順次その遵守を宣誓した。[7]

全ギリシア人共通の諸神殿については、従来の慣習に基づき、希望者はそこで犠牲を供えること、参詣すること、神託を求めること、祭儀祭典に代表を派遣すること、などをおこなうために海陸両路の通行の安全が保証される。デルポイのアポロンの神域と神殿、ならびにデルポイ人は自治独立権を享有し、デルポイの住民と領土に関しては、従来の慣習に基づき、おのれの定める徴税と司法の制度を維持する。

本平和条約はアテナイおよびアテナイ側同盟諸国と、ラケダイモンおよびラケダイモン側同盟諸国とのあいだにおいて五〇年間の有効期間をもち、海上陸上両域において欺瞞侵害の行為は許されない。

ラケダイモンとその同盟諸国がアテナイとその同盟諸国にたいして、また同じくアテナイとその同盟諸国がラケダイモンとその同盟諸国にたいして、害意をもって兵をすすめることを禁じ、いかなる術策、陰謀をもって近づくことをも禁ずる。両者のあいだに紛争を生じた場合には、両者合意の条件で合法的手段により、宣誓をかわして裁定する。

ラケダイモンとその同盟諸国は、アンピポリスをアテナイに返還する。ラケダイモンがアテナイへ移管した諸都市[8]にかぎり、市民は私有財産をたずさえて、いずこへなりと希望の土地への立退きが許される。また、以下の諸都市はアリステイデスの査定額の年賦金を納入し[9]独立自治がみとめられる。平和条約の成立後、これら諸都市が年賦金をとどこおりなく支払うかぎり、アテナイもその同盟諸国もこれらに懲罰の兵を送ることを禁ずる。これに該当する諸都市は、アルギロス、スタギロス、アカントス、スコロス、オリュントス、スパルトロスである[10]。これらは、ラケダイモン、アテナイのいずれの同盟にも属さない。ただしアテナイの説得が功を奏し、これらの都市がそれを望むのであれば、アテナイはこれらを同盟に加えることができる。メキュベルナ、サネ、シンゴス[11]の住民は、オリュントス、アカントスの住民らと同様に、おのおのの町に居住することが許される。

ラケダイモンとその同盟諸国は、アテナイにパンアクトンを返還する。[12]アテナイは、ラケダイモンに[13]コリュパシオン、キュテラ、メタナ、プテレオン、アタランテの諸地域を返還し、アテナイ市内の収容所ならびにアテナイ支配圏内にあるその他の収容所に抑留中のラケダイモン人捕虜を釈放する。またスキオネ城内に籠城中のペロポネソス兵をはじめ、同じくスキオネ内のラケダイモン側同盟諸兵や、ブラシダスが同地に送り込んだものたちの退去をみとめる。さらに、アテナイの収容所ないしはアテナイ支配圏下の収容所に、ラケダイモン側同盟国の兵が抑留中であれば、これを釈放する。同様にラケダイモンとその同盟諸国は、アテナイならびにその同盟諸国からの捕虜がいればこれらを釈放する。スキオネ、トロネ、セルミュレをはじめ、その他アテナイが所有する諸都市の処置および残りの諸都市に関する処置は、アテナイの裁決にゆだねられる。[14]

アテナイはラケダイモンにたいして宣誓をおこない、さらに同盟諸国の各国と個別に宣誓をおこなう。[15]両側は各国から一七名の代表者をえらび、当事国のしきたりに準じてもっとも厳粛とされる宣誓の形をとって、誓約をかわす。宣誓文は次のごとくに定める。『この協定と平和条約の条文に、偽りなく誠意をもって服することを誓う』。ラケダイモンとその同盟諸国もこれと同様の宣誓を、アテナイにたいして取りおこない、両側の加盟国は毎年、宣誓をあらたにする。[16]そしてオリュンピア、ピュト、イストミア、アテナイのアクロポリス、ラケダイモンのアミュクライ神殿のそれぞれに、条文をきざんだ碑を建立する。[17]

もし条文のいずれかに遺漏《いろう》があれば、事の大小にかかわらず、アテナイ、ラケダイモン両国間の協議と合意によって適当と思われる部分的改定をなすことは、宣誓に抵触するものではない。

〔一九〕平和条約発効日は、ラケダイモンではプレイストラスの監督官任期年、アルテミシオス月二十七日、アテナイではアルカイオスの執政官任期年、エラペボリオン月二十五日とする。[18]

宣誓をおこない調印式に参列したものの氏名は以下に列記するとおりである。ラケダイモン代表〈プレイストアナックス、アギス〉[19]、プレイストラス、ダマゲトス、キオニス、メタゲネス、アカントス、ダイトス、イスカゴラス、ピロカリダス、ゼウクシダス、アンティッポス、テリス、アルキナダス、エンペディアス、メナス、ラピロス。アテナイ代表、ランポン、イストミオニコス、ニキアス、ラケス、エウテュデモス、プロクレス、ピュトドロス、ハグノン、ミュルティロス、トラシュクレス、テアゲネス、アリストクラテス、イオルキオス、ティモクラテス、レオン、ラマコス、デモステネス」

〔二〇〕この平和条約が成立したのは冬も終わり春に入ったころ、アテナイでは市内のディオニュシア祭が催された直後であり[20]、年数を数えれば、最初にアッティカ領土への侵攻がおこなわれ今次の大戦が勃発していらい、ちょうど一〇ヵ年と数日を経過していた。[21]

この期間について、各国各様の為政者、あるいは顕職者の名譜をもって出来事の年代を固定するに足るものとし、それらの人名を数えることをもって安んじるものもあろうが、それよりも夏

ディオニュシアの像を祭る信徒

冬の季節の循環によって考察するほうが望ましい。なぜならば、在職人名を年代設定の基準にすると、ある出来事がある人の就任当初に起こったのか、その在職半ばに生じたのか、また一つの事件と他の事件との時間的前後関係がどうであったのか、などについて正確を期しがたい。これにたいして、以上の叙述においてなしたように夏の数と冬の数を数えれば、夏冬おのおのはまる一年の半分の長さに相当するのであるから、この大戦第一期においては十夏とちょうど同数の冬が廻《めぐ》り来たり、廻り去ったことが明らかになるだろう。

アテナイとスパルタの平和条約の実施にはいろいろ困難がともなったがとくにスパルタの同盟者のあいだに不満が強かった。スパルタはアルゴスとの平和条約の期限切れがせまっていること、アルゴスのアテナイとの結合を予防し、同盟諸都市を鎮める目的から、急にアテナイとの防禦同盟締結という挙に出た。その規定の中にはスパルタで国有奴隷の叛乱が起こったときにはアテナイが救援軍を出すことも記されている。

〔二五〕ラケダイモン、アテナイ両国間の平和条約、同盟条約が成立したのは、十年戦争が終わり、ラケダイモンではプレイストラスが監督官に、アテナイではアルカイオスが執政官に、それぞれ在職中の年であったが、[22] その後は条約加盟国のあいだには平和がつづいた。しかしながら、コリントスをはじめペロポネソス内のいくつかの国が条約決定事項をくつがえさんとしたために、成立後ただちに、ペロポネソス同盟内部ではラケダイモンにたいする関係についてあらたな紛争が生ずることとなった。[23] またこれと同時に、ラケダイモン側は条約に明文化されたいくつかの事項をアテナイにたいして履行できなかったために、時日の経過とともにアテナイ側からその誠意を疑われるようになった。けっきょく、爾後六年一〇ヵ月にわたる期間、[24] 両国はたがいに相手の領土に兵をすすめて攻めあうことはひかえたにせよ、領土外では休戦の件が定かならぬにまかせて、両国はたがいに極力相手側に損害を与えつづけた。しかしついに十年戦争を終わらせた平和条約の破棄を余儀なくさせる事情にせまられて、ふたたび両陣営は公然たる交戦状態に陥ったのである。

〔二六〕これらの事件についても、同一の著者、アテナイ人トゥキュディデスは、夏冬の順序にしたがって個々の出来事の経過を追い、ついにラケダイモンとその同盟諸国がアテナイ支配圏を潰滅に至らしめ、アテナイの長壁とその港湾ペイライエウスを占拠[25]するまでの経緯を記録したのである。

ここに終わる大戦の経過年月は通算二七年の長きに及んだ。その間には平和条約の介在した期間もあるが、この期間が戦争の名に値しないと考えるものがあれば、それは正当な論拠を欠いている。なぜなら、その期間がはたしてその前後の時期と異なっていたかどうか、事実をよく観察してみるがよい。これを平和期間とはとうてい見なしえないことにすぐ気づくであろう。なぜなら、平和条約で定められた領土物件が両国間で全部とどこおりなく授受されたわけでもなく、またその他にも、マンティネイアの会戦[26]、エピダウロス戦争[27]をはじめ、両陣営はたがいにいくたの条約侵害行為を犯してきたし、さらにトラキア地方の同盟諸国は依然として敵対関係を持続し、ボイオティアにいたっては期間十日をもって更新するという休戦協定[28]をむすんでいたからである。このようなわけであるから、第一期の十年戦争、それにつづく猜疑にみちた休戦期間、さらにその後に生じた第二期の戦争を通じての、全体の期間を夏冬の順序で通算すれば、前記のごとく二七年の年数をわずか数日上まわることがわかり、神託予言の類になんらかの信をおくとすれば、少なくともこの事実だけは、予言に正確に合致していることに気づくであろう。

じじつ私自身、戦いが三・九、二七ヵ年の日月を要するであろうと、開戦以来終わるときまでつねづね一般に言い広められていたのを記憶している。私はこの全期間を通じて、成年に達していたので分別もあり、また、正確に事実を知ることに心をもちいつつ、体験を重ねてきた。しかも、アンピポリス方面の作戦指揮後、二〇年の生涯を亡命生活に過ごすこととなり、その間に両陣営の動きを観察し、とりわけ、亡命者たることがさいわいしてペロポネソス側の実情にも接して、経過の一々をいっそう冷静に知る機会にめぐまれた。[29] そこで次に、十年戦争後引きつづき生じた紛争と平和条約の破棄、そしてその後の戦争の経過を記述することにしたい。

以下の部分は前四二一年夏から前四一七／六年の冬までを述べている。年代記風に、多数のポリスの外交上、軍事上の複雑な動きが記されているが、それはスパルタの同盟市の中に、先般成立した和約に不満なものがあり、真の平和は実現しなかったことを物語る。スパルタの同盟諸市にたいする威信はこのころ低下していたが、同時にスパルタとは本来犬猿の仲のアルゴスが国際政局にあらわれてきた。

アテナイでは名門出の才人で民衆に人気のあった若いアルキビアデスが前四二〇年に将軍にえらばれ、ニキアスを押えてアテナイと、アルゴス、マンティネイア、エリスとのあいだの防御同盟を成立させた。この年のオリュンピア祭典をめぐる主催者エリス人とスパルタとの紛争のような挿話ののち、前四一八年アルカディアのマンティネイア領内での、アルゴス、マンティネイア、アテナイの同盟軍とアギス王の率いるスパルタ軍の会戦の記事がつづく。作者が「史上最大の陸戦」というこの戦いの記事は、重装兵密集隊の戦闘を詳述している点で重要である。この戦いはスパルタ側の大勝に終わり、アルゴスは、市民の中の親スパルタ派の力で、前記同盟を脱しスパルタと五〇年期限の平和条約をむすんだ。しかしアルゴスでは翌前四一七年には民主派が力を得て寡頭派を追放し、アテナイと接近した。

〔八四〕……………アテナイ勢は、自国の軍船三〇艘、キオス船六艘、レスボス船二艘をつらね、自国の重装兵一二〇〇、弓兵三〇〇、弓馬兵二〇、同盟諸国とくに島嶼《とうしょ》からの重装兵約一五〇〇を率いて、メロス島攻撃に遠征した。[30] メロス島市民はラケダイモンから植民していたが、他の一般島嶼の住民のようにアテナイの支配に服することを好まず、開戦当初はいずれの陣営にも与せず中立を保っていたところ、やがてアテナイがその耕地に破壊行為を加えて同盟参加を強制しようとし、それいらい、露骨な交戦状態に入っていた。

さて、アテナイ側の将軍、リュコメデスの子クレオメデスと、テイシマコスの子テイシアスは、上記のごとき兵力をもってメロス島上に陣営を設けると、領土に害を加えるに先立って、まず相手側との交渉をおこなうべく使節を送った。メロス側では使節らが一般市民の集会で演説することを許さず、政府高官をまじえた少数者の席で来訪の主旨を開陳するように要求した。そこでアテナイ側使節はおよそ次のごとく言った。[31]

〔八五〕「われらは市民大衆に語りかける機会を与えられていない。その明白なる理由は、大衆は立てつづけに話されると、巧みな口舌に惑わされ、事の理非を糺《ただ》す暇もないままに、一度かぎりのわれらの言辞に欺かれるかもしれぬとの恐れ（これが少数者との会談を誘致した諸君の真意であることは、われらも承知だ）、されば、ここに列席の諸君には、さらに万全を期しうる方便をお教えしよう。つまり諸君も一度かぎりの答弁に終わらぬよう、一つの論には一つの弁で答える、またわれらの口上に不都合なりと覚える点があれば、ただちにさえぎって理非を糺してもらいたい。さて最初に、このわれらの申し出が諸君には満足かどうか、答えてもらいたい」

〔八六〕メロス側の出席者は答えて言った。

「冷静にたがいに意志を疏通させる、といえば正道に反するものではなく、したがって誹謗《ひぼう》の余地はない。しかし、これから戦いが起こるかもしれぬという場合であればさこそあれ、戦いがすでに目下の現実であるこの場所でただいまの諸君の論は空疎としか思われぬ。じじつわれらの見うけるところ、諸君自身はあたかも裁判官としてこの会談の席にのぞむがごときであり、またこの会談の結末は二者択一であることもまずはまちがいない。われらの主張が勝ち、ゆえにわれらがゆずらぬことになれば戦い、われらの論が破れれば隷属に甘んじるほかはないからだ」

〔八七〕アテナイ側、「よろしい、もし諸君がメロスの浮沈を議するにさいして、未来の可能性を論拠にするとか、それに類する思惑だけを頼りに、現実を度外視し、目前の事実に目をふさぐ、という態度でここに集まっておられるなら、この議論を打ち切り現実的解決を求めておられるなら、つづけてもよい」

〔八八〕メロス側、「かくのごとき立場に置かれた人間が、さまざまに言を練り想を構えることは当然の理でもあり、人情の恕《ゆる》すところと申したい。だがもとより、この会談はほかならずわれらの浮沈を議する席ゆえ、その会談の形式も、よろしければ、諸君が提案される形ですすめてもらいたい」

〔八九〕アテナイ側、「よろしい、もとよりわれらも言辞をかざって、ペルシアを破って得たわれらの支配権を正当化したり、侵されたがゆえに報復の兵をすすめるなどと言い張って、だれも信用しない話をながながとする気持は毛頭ない。また諸君も、ラケダイモンの植民地であるからわれらの陣営に加わらなかったとか、アテナイにたいしてはなんら危害を加えなかったとか、そう言ってわれらを説得できるなどと考えないでもらいたい。われら双方はおのおのの胸にある現実的なわきまえをもとに、可能な解決策をとるよう努力すべきだ。諸君も承知、われらも知っているように、この世で通ずる理屈によれば正義か否かは彼我の勢力伯仲のとき定めがつくもの。強者と弱者のあいだでは、強きがいかに大をなしえ、弱きがいかに小なる譲歩をもって脱しうるか、その可能性しか問題となりえないのだ」

〔九〇〕メロス側、「しかし、われらの考え及ぶかぎりでは、諸君にとっての利益とは（このさい損得など問題になるかどうか知らぬが、諸君が正邪を度外視し、得失の尺度をもって判断の基準とするというからには、われらもそのように議論をすすめねばならぬ）、とりもなおさず相身たがいの益を絶やさぬことではないか。つまり人が死地に陥ったときには、情状にうったえ正義にうったえることを許し、たとえその釈明が厳正な規尺に欠けるところがあろうとも、一分の理をみとめ見逃してやるべきではないか。しこうしてこれは諸君にとってはいっそう大なる益、諸君の没落はかならずや諸国あげての報復を招き、諸君が後世への見せしめにされる日もやがてはくることを思えば」

〔九一〕アテナイ側、「支配の座から落ちる日がくるものなら、きてもよい。われらはその終りを思い恐れるものではない。なぜなら、他を支配し君臨したもの、たとえばラケダイモン人もその一例であるが、これらのものは敗者にとってはさして恐れることはない（断わっておくが、われらの争いの相手はラケダイモン人ではない）、真に恐るべきは、被支配者が自発的に謀叛をたくらみ、旧支配者を打倒したときだ。しかしその危険もわれらにまかせておいてもらいたい。さて今回やって来た目的は、われらの支配圏に益をはかり、かさねてこの会談に託して諸君の国を浮沈のきわから救うこと、この主旨の説明をつくしたい。われらの望みは労せずして諸君をわれらの支配下に置き、そして両国たがいに利益をわかちあう形で、諸君を救うことなのだ」

〔九二〕メロス側、「これは不審な。諸君がわれらの支配者となることの利はわかる、しかし諸君の奴隷となれば、われらもそれに比すべき利が得られるとでも言われるのか」
〔九三〕アテナイ側、「しかり、その理由は、諸君は最悪の事態に陥ることなくして従属の地位を得られるし、われらは諸君を殺戮から救えば、搾取できるからだ」
〔九四〕メロス側、「われらを敵ではなく味方と見なし、平和と中立を維持させる、という条件は受け入れてもらえないものであろうか」
〔九五〕アテナイ側、「諸君から憎悪を買っても、われらはさしたる痛痒《つうよう》を感じないが、逆に諸君からの好意がわれらの弱体を意味すると属領諸国に思われてはそれこそ迷惑、憎悪されてこそ、強力な支配者としての示しがつく」
〔九六〕メロス側、「とはいえ、諸君の属領諸国から見れば、諸君とはなんらのつながりのないわれらの場合と、そのほとんどが諸君の植民地であり、しかもいくつかは叛乱し鎮圧されたかれらの場合とは、おのおの異なる道理によって律せられるべきだ、と思えるのではないか」
〔九七〕アテナイ側、「道理を言い立てるなら、どちらの場合にも理屈は立つと思うだろう、そして独立を維持するものがあれば、そのものが強いからだと思い、われらが攻めなければかれを恐れるからだと考える。したがって、版図を広げることもさりながら、それとはべつに、諸君の降服はわれらの不動の地位を確認させることになる。とりわけ諸君のごとき島住民にして、しかも他より弱小なるものたちが、海の支配者たるものの向うを張るのをやめていただければ、だ」

〔九八〕メロス側、「しかし、われらの望む条件では諸君は不動の立場が得られない、と考えておられるのか。諸君の今の主張にたいして、またさきと同じ反論をくりかえすことになるが、諸君は正義道理の場をわれらから奪い、諸君流の得失論でわれらを屈服させようと説得に努めているが、それと同じ筆法でわれらも、諸君にとっての利益を説き、さいわい両者の利益が一致すれば、諸君の合意を得るべく努力せねばならぬ。諸君の論をさらにすすめれば、現在数多い中立諸国はどうなるか。かれらはメロスの例を見るや、いつかはきっと自分らの国へも諸君が船を乗りつけると思うだろうが、そうなれば諸君はかれら全部を相手に争うほかはあるまい。そうなれば、現在の敵勢力を増大させ、また敵となる意志すらなかったものらをも無理矢理に争いに捲《ま》き込むことになりはしないか」

〔九九〕アテナイ側、「いやわれらは内陸の諸国についてはさしたる危惧を覚えない。かれらは自由にしておけば遅々としてわれらにたいする防備策を怠り、いっかなわれらに脅威を及ぼさないからだ。いな、恐るべきは諸君のごとき、いまだに支配に服していない島住民、それからすでに服してはいるが、支配者の要求に不満をとがらせているものたちだ。なぜなら、だれよりもこれらのものは短慮な計画にとりつかれやすく、明々白々たる破滅の淵におのれを立たせ、われらをも立たせよう、とするからだ」

〔一〇〇〕メロス側、「それなればなおのこと、こう言えるのではないか、諸君が支配者の座を失うまいとし、すでに奴隷たるかれらが支配者から脱しようと、それほどの危険を冒しあっているのであれば、われらのごとく今なお自由を保持するものが奴隷化を拒み、必死の抵抗をつくすのは当然のこと、さもなくば見さげはてた卑劣さ、卑怯さとさげすまれよう」

〔一〇一〕アテナイ側、「いや、冷静に協議すればあながちそうではない。なぜなら諸君は今、勇を競い名を借しむ彼我互角の争いにのぞんでいるわけではない。圧倒的な強者を前にして、鉾を収め身を全うすべき判断の場に立っているのだ」

〔一〇二〕メロス側、「ともあれ、われらにも心得があること、勝敗の帰趨《きすう》は敵味方の数の多寡どおりには定まらず、おうおうにして彼我公平に偶然の左右するところとなる。さればわれらにとって、今降服することは今絶望を目白するに等しい、だが戦えば戦っているあいだだけでも勝ち抜く希望が残されている」

〔一〇三〕アテナイ側、「希望とは死地の慰め、それも余力を残しながら希望にすがるものならば、損をしても破滅にまで落ちることはない。だが、手の中にあるものを最後の一物まで希望に賭けるものたちは（希望は金を喰うものだ）、夢破れてから希望のなんたるかを知るが、いったんその本性を悟ったうえでなお用心しようとしても、もはや希望はどこにもない。諸君は微力、あまつさえ機会は一度しかないのだから、そのような愚かな目にあおうとせぬがよい。また人間として取りうる手段にすがれば助かるものを、困窮のはてついに眼に見えるものに希望をつなぎきれず、神託、予言、その他同様の希望によって人を滅ぼすもろもろの眼に見えぬものを頼りにする輩は多いが、諸君はかれらの真似をしないでもらいたい」

〔一〇四〕メロス側、「諸君の兵力と好運とに匹敵する条件をもたぬかぎり、これと争うことの至難たるはもちろんわれらにもわかっている、と考えていただきたい。だがわれらは罪なきもの、敵こそ正義に反するものであれば、神明のはからいの欠くるところなきを信じ、軍兵の不足はラケダイモンとの同盟が補いうると信じている。たとえほかになんの理由がなくともただ血族の誼《よしみ》と廉恥を重んじる心から、かれらはきっと救援にやってくる。されば、諸君が言うほどにまったくなんの根拠もなくして希望をかかげているわけではない」

〔一〇五〕アテナイ側、「その神明のはからいとやらについて言えば、われらにも欠くるところないであろうと思っている。なぜなら、われらの主張も行為も、人間が神なるものについていだく考えにはずれたものではないし、人間社会の欲求に反するものでもない。もとより神は想念によってとらえられ、人の行為は事実によって判断されるという違いはあるが、しかしいずれもつねにおのおのの本質を規定する法則に操られている。つまり、神も人間も強きが弱きを従えるものだ、とわれらは考えている。したがってこういうわれらがこの法則を人に強いるためつくったのではなく、また古くからあるものを初めておのが用に立てるのでもない。すでに世に遍在するものを継承し、未来後世への遺産たるべくおのれの用に供しているにすぎぬ。なぜなら諸君とても、また他のいかなるものとても、われらがごとき権勢の座につけばかならずや同じ轍を踏むだろう。さればこれが真実ゆえ、われらにも神明のはからいに欠くるところがあろうなどと、思い恐れるいわれは見当たらぬ。

さてまたラケダイモン人に託する諸君の期待であるが、恥を知るかれらのことゆえ、かならずや加勢にやって来る、と諸君は信じている。諸君の苦労知らずのその考えたるやまことに祝福すべきではあるが、しかしその愚かさをうらやもうとは思わない。まことにラケダイモン人はおのれを律し国の法を尊ぶことにかけては、余人の追従を許さぬ厳しい徳を示す。だが他国人にたいするかれらの態度はどうか、人はさまざまの褒貶《ほうへん》をなしえようが、一言をもって要をつくせば、快こそ善、利こそ正義と信ずることにかけて、かれらの露骨な態度はまた世に類ないと言われよう。されば、かくのごときかれらの考えが、現在諸君が理を無視して夢を託す救済などと、相容れぬことは言をまたぬ」

〔一〇六〕メロス側、「しかしわれらは今諸君が言ったと同じ理由により、とりわけラケダイモン人の利益中心の考え方に信を置いている。かれらの植民地たるメロスを裏切れば、心をよせるギリシア諸邦の信望を失い、敵勢に利を与えることになる。ラケダイモン人がこれを望もうわけがない」

〔一〇七〕アテナイ側、「では尋ねるが、利益とは安全の上に立ち、正義、名誉とは危険を冒してかちえられるもの、と諸君は考えないか。だが危険こそ、概してラケダイモン人ができうるかぎり避けようとするものだ」

〔一〇八〕メロス側、「だがその危険でも、われらのためとあれば、すすんでかれらは冒すにちがいない、他のだれよりもわれらの信頼にこたえようとするにちがいない、われらの島はペロポネソスにたいしては戦略的にも近く、また血縁ゆえにわれらの忠誠は他より強い信頼に値するだけに」

〔一〇九〕アテナイ側、「援助を求める側がいくら忠誠を示しても、相手を盟約履行の絆《きずな》でしばることにはなるまい、いな、求める側が実力においてはるか優勢であるときにのみ、要請は実を稔《みの》らせる。この点についてもラケダイモン人はとりわけ算用だかい（ちなみにかれらは自国の兵力にたいする不信から、大勢の同盟軍を率いて他国を攻めるくらいだ）、したがって、われらが海を支配するかぎり、いかなる論理によろうとも、かれらが海を渡り島にやって来ようとは思われぬ」

〔一一〇〕メロス側、「だが、かれらは他のものたちを派遣することもできよう。クレタ海は広いのだ、看視の眼を逃れんとするものが脱するのはたやすいが、いかな支配者とても、これを捕捉するのはさほど容易な業ではない。また、たとえ海上から目的を達しえぬとも、かれらは諸君の領土や、ブラシダスが攻め残した同盟諸国に軍勢を投入することもできる。そうなれば、諸君はなんのかかわりもない他人の地にかまっておられず、おのが領土と同盟国領土の防衛のために、戦わなくてはならないだろう」

〔一一二〕アテナイ側、「そのような事態が到来しても、結果はすでにわかっていることであるし、また諸君らも知らぬわけではなかろうが、他国の軍勢の動向を恐れて、アテナイ勢が攻城戦の囲みを解いた例は、いまだかつて一度もないのだ。

ともあれ、われらが遺憾《いかん》の念を禁じえないのは、諸君はメロスを浮沈のきわから救うために協議を催すと称しながら、今までの会談ではふつう人間が救われんと願うとき、その気持を託して語るがごとき言葉を諸君は一言も口にしていない。ようするに諸君が生命の綱と頼んでいるものは、いつ実現するともしれぬ希望的観測にすぎず、また、すでに諸君の前に対峙している現実に比すれば、諸君の手の中の駒はあまりに少なく、とうてい勝ちみはない。ゆえにもし、われらを退席させた後なおもう一度、これまでよりもいくぶんたりと賢明な態度を表すべく、諸君らだけで協議することをおすすめする。さもなくば、諸君の所見ははなはだしい没論理の責めを免れない。

不面目な結果が明白に予知されるような危機に立ったとき、人間にとってもっとも警戒すべきは、安易なおのれの名誉感にうったえること、諸君も心してもらいたい。おうおうにして人間は、行きつく先がよく見えておりながら、廉恥とやらいう耳ざわりのよい言葉の暗示にかかり、ただ言葉だけの罠《わな》にかかってみすみす足をとられ、自分から好んで、癒《いや》しようもない惨禍に身を投ずる。そうなれば、不運だけならまだしも、不面目の上塗りに不明のそしりをこうむるのだ。諸君は、充分に協議すれば、このあやまちから免れえよう。また、最大の国が寛大な条件で降服を呼びかけているとき、これに従うことをなんら不名誉と恥じる要はない。諸君は従来どおりここに住み、年賦金を納めれば、われらの同盟者となれるのだ。それのみか、戦争か安寧《あんねい》か、という選択さえ与えられているとき、頑迷にも、より愚かな道をえらぼうとはせぬがよい。相手が互角ならば退かず、強ければ相手の意を尊重し、弱ければ寛容に接する、という柔軟な態度を保てば、繁栄はまずまちがいない。われらが退席したのち、以上の諸点をよく考えてもらいたい。そして諸君の決定は諸君の祖国の浮沈にかかわることゆえ、充分に考えをつくしてもらいたい、諸君の祖国はただ一つしかなく、しかもその浮沈はこの一回かぎりの協議にかかっているのだ」

〔一一二〕そしてアテナイ側の使節は会談の席を中座した。メロス側の代表は自分たちだけになると、すでにかれらが述べた反論と同じ線に沿った決議をおこない、次の返答を与えた。

「アテナイ人諸君、われらの考えは最初に述べたとおりだ。われらは、すでに七〇〇年の歴史をもつこの国から、一刻たりと自由を剝奪《はくだつ》する意志はない。今日までわが国の安泰を嘉《よみ》したもうた神明のはからいを信頼し、また人間の、とりわけラケダイモン人の加勢のあらんことを頼みに、国運安泰に力をつくしたい。また諸君にたいしては、われらが友好国、中立国であることをみとめるように要請するとともに、貴国とわが国と双方にとって適当と見なされる平和条約を相互に締結し、われらの領土から撤退するよう、申し入れたい」

〔一一三〕以上がメロス側の返答であった。アテナイ側の使節は、最終的に会談を閉じるにあたってこう言った。

「それでいよいよ諸君は、その決議から察するところ、未来は現実よりも確実であると判断し、眼前になき物事もただ望みさえすればはや実現するかのごとくに見える、という稀有《けう》な立場に立っているらしい。そしてラケダイモン人や、運や希望を信じて何もかも賭けて疑わぬとあれば、何もかも失ってしまうのもやむをえまい」

〔一一四〕そしてアテナイ側の使節は、陣地に引き返した。軍勢の両将軍は、メロス側が要求に応じないことを知ると、ただちに戦争準備に着手し、各国部隊ごとに分担を定めてメロスの首都の周辺に攻城壁を築きめぐらした。それができると、アテナイ人は自国兵ならびに同盟諸兵からなる守備隊に、海陸両面からの封鎖遂行を託して、過半の軍勢とともに引きあげた。後に残された兵士らは駐留をつづけてこの地の城攻めを続行した。

〔一一五〕………住民側はアテナイ勢の攻城壁のアゴラに面する部分に夜襲をおこなってこれを占領し、守備兵を倒した。そして食糧をはじめ、その他の必需品をできるだけ多量に城内に搬入すると、鳴りをひそめていた。アテナイ勢は爾後、警備をいっそう抜かりなくおこなうべく態勢をかためた。こうしてこの夏は終わった。

〔一一六〕次の冬、………メロス人は、アテナイ勢守備隊の手薄に乗じて、またもや攻城壁のべつの部分を奪取した。この事件を知ると、やがてアテナイからデメアスの子ピロクラテスの指揮下に、第二回の遠征軍が到着した。攻城戦はここにいたって激烈となり、またメロス内部からの裏切り行為も生ずるに及んで、籠城勢はついに、アテナイ側の意向に市民の処置いっさいをゆだねるという条件で、自発的に降服を申し入れた。アテナイ人は逮捕されたメロス人成年男子全員を死刑に処し、婦女子供らを奴隷にした。後日アテナイ人は自国からの植民五〇〇名を派遣して、メロスに植民地を築いた。

〔註〕

（1）「かつてのごとき叛乱」とは、一・一〇一〜一〇三に記されているような事態のことをさす。
（2）アルゴスは当時なお中立国であり、両陣営の死闘を高見の見物しながら、漁夫の利を得ていた。
（3）コリントス、エリス、マンティネイアなどの、ペロポネソス同盟内の不満分子はおのおの異なる動機でアルゴスとの接近をこころみていた。『戦史』巻五はそれら諸国間の複雑な外交戦の解明をテーマとしている。
（4）おそらく、きわめて多額の出費なくしては国が立ちゆかなくなるであろう、という警告としてうけとられたものと思われる。「ゼウスの末なる……」はスパルタ王家をさしている。

(5) ここでは前四三一年の状態への復帰が基本原則となっている。
(6) 以前からのペロポネソス同盟加盟国のみ。
(7) この冒頭の文は平和条約条文に属するものではなく、史家が利用した資料の冒頭の文章と目される。
(8) 「移管した諸都市」がどれをさしているのか不明であるが、以下の条文にはトラキア、カルキディケ地方の離叛諸都市で指名されていないものがいくたあり、それらではないかと思われている。
(9) これらの多くの都市の場合、条約締結当時はもとより前四三一年の査定額よりも多額の減額を意味する。だがアテナイの支配圏維持を原則的に再確認するに等しい。
(10) アルギロス、スタギロス、アカントス、スコロスはブラシダスが解放した諸都市、オリュントスとスパルトロスは開戦前よりアテナイと敵対関係にあった。
(11) サネの当時の状態は不明、他の二市についてはこれまでに記述がない。以上の諸都市は全部トラキア地方にある。
(12) パンアクトンはボイオティア国境にあるアテナイ側の要塞であるが、前四二二年ボイオティア勢に奪われた。
(13) 「およびその同盟国に」とすべきである。コリュパシオン、キュテラはラケダイモン領、メタナ、プテレオン、アタランテはいずれも同盟国所領。
(14) 残りの諸都市とは、旧よりアテナイの軍資金調達機構に属していた諸国。平和条約はプラタイア、ニサイアの件以外は本質的に開戦時の現状の維持を示しており、ペロポネソス側の「解放戦争」は前四二一年時点で、ついに一国も真に解放することはできなかった。
(15) 条約はほぼ同一の形で、ラケダイモンおよびその同盟国個々とアテナイのあいだでむすばれる。

したがって宣誓も個別になされる。

(16) 役人の任期はふつう一年であったから。

(17) 全ギリシア人の聖域と当事国の主神殿に。

(18) 前四二三年の休戦条約締結からほぼ正確にまる二年後。

(19) ラケダイモンの国王両名の名は、原文には欠けているがアーノルドによって補われた。

(20) ディオニュシア祭はエラペボリオン月（今日の三月）の十三日に終わる。アテナイ市民がいかに平和を希求したかは、この祭典で上演されたアリストパネス『平和』が如実に物語る。

(21) 最初のアッティカ侵攻作戦は「穀物の熟すころ」、すなわち一〇年前の五月であったのだから、史家の算定は明らかにまちがっているのではないか。この難問はまだ最終的に解決されていないが、「最初に……おこなわれ」という後世人の説明的な一句が誤って原本に挿入されたのではないかとも思われている。プラタイア事件をもって大戦勃発の時とすれば、まる一〇ヵ年という数字に適合する。だがプラタイア事件から数えると、全大戦が正確に二七年継続した（五・二六）といえなくなる。二六節では明らかに最初の侵攻作戦から数えられているからである。

(22) この記事は前出五・二〇の年代規定論の直後でやや奇異の感を免れない。またそれまでもちいられていなかった十年戦争という表現も、ここで初めてもちいられている。

(23) 巻五では、コリントス、エリス、マンティネイアなどの諸邦がアルゴスの去就をめぐって策動した経過と、平和条約の履行にまつわる諸問題が述べられている。

(24) アテナイ勢がラコニアに直接攻撃を加えたのは前四一四年夏、三〇艘の軍船でエピダウロス・リメラに上陸作戦をなしたときである。これが両国間戦争再開の契機となる。この上陸作戦のときから六年一〇ヵ月逆算すると前四二一／〇年の冬期となり、当時ラケダイモンでは監督官交代期後、アテナイとの平和条約破棄を肯んずる気運を生じ、爾後両国の関係は悪化していく。しかし平和条約発効から前四二一／〇年冬期までの六ヵ月間は平穏であった。以上のごとき事実の考慮から「六ヵ月の平穏な期間ののち」という意味の一句が脱落している、という説もある。

(25) 前四〇四年ムニキオン月（四月ころ）の十六日と言われる。

(26) 前四一八年マンティネイアにおいて、アテナイ側同盟軍とラケダイモンの陸上軍主力が戦い、ラケダイモンはピュロスの雪辱をとげた。

(27) 前四一九／八年に、アテナイはアルゴスとむすんで、エピダウロス攻撃をこころみたが成功を収めるにいたらなかった。

(28) あるいは十日間の事前通告によって破棄されうる休戦協定、とも説明されている。

(29) アンピポリスの事件（前四二四年）以後史家はトラキアにあって（アテナイへ帰ったかどうかは不明）ブラシダスの動きを追っていたが、前四二一年以後ペロポネソスに渡り、アルゴス、コリントスなどに滞留していたらしい。そのためか以下巻五の各章を通じてアテナイ内部の記事は僅少であり『戦史』前半とはいちじるしい対照をなしている。さらにマンティネイア会戦は明らかにスパルタ側の情報を主としているところから、前四一八年ころかの地にも滞在していたと推測されている。

(30) 前四一六年夏期、しかし作戦の正確な時期は不明である。前四一七／六年の碑文によれば、この遠征のために両将軍は二回にわたって軍資金を手渡されている（金額は不明）。前四三一年メロスは中立を維持、一方的に年賦金の査定をうけたがこれの納付を拒否した。前四二六年ニキアスが大軍を率いて攻撃したが失敗している。しかし中立とはいえ、メロスは母国ラケダイモンのための戦争資金を醵出している。また、ペロポネソス船隊に碇泊基地を提供したことがあったかもしれぬ。

二大勢力対立の場に置かれた小中立国の典型的なケースがここに描出されている。

(31)「メロス島対談」(八五〜一一三)は、権力政策の酷薄無残な実態を正確に刻出するものとして、ただこの一挿話のみをもってしても『戦史』の名を不朽ならしめる。しかしそれだけに、その形式、内容、『戦史』中における意義をめぐって問題や議論も多い。

(1)対話形式による記述は他にもあるが、ここにおける対話ほど、長文であり、かつ技巧的に完成されており、しかも内容的にも重要性の大なるものは『戦史』中例がない。一句の議論にたいして一句の論駁をかみあわせるこのような議論形式は、当時の弁論術の一翼をなしていたことが知られており、これはその的確な応用である。当時の悲劇作品にもこのような議論形式が織り込まれており、またプラトンの対話篇などは、この技巧をさらに精緻にみがきあげ、哲学的真理の探究に用立てたものと言われよう。しかしメロス島側とアテナイ側の無名の使節とのあいだにこのような形式の対話が実際におこなわれたか、といえば、答えはきわめて懐疑的たらざるをえない。またかりにおこなわれたとしても、幾年かのちになって、史家の耳にこのような形で伝えられたとは信じがたい。史家が、この特殊な、重要な対話を創作して挿入したという仮説を否定できる証拠は、他の一般の演説の場合よりも見出しがたい。

(2)内容については、対話そのものが充分に理解させるが、一五年間の戦争がアテナイ人にたいしても、「強食弱肉を説く師」となって、ついにこのほとんどまったく無意味と思われる侵略作戦をおこなわしめたことを思わせる。史家の記述は、この遠征の現実的な動機目的について触れるところは皆無であり、ただ権力者、支配者が酷薄な示威をとげるために無辜の島民に服従をせまった、そしてかのシニカルな、力は正義なりの論をたたかわせた、という点のみをくりかえし強調している。この点ではそしてまた、事件そのものの些少さという点でも、プラタイア戦争裁判と好対照をなしている。だが、本当にメロスの事件には、ほとんど何も現実的にはとるべき動機も目的もなかったのであろうか。それとも、史家はアテナイ側の独裁者的な倨傲と、正義感の麻痺喪失を衝かんがために、その他の動機をひかえめに記しているのであろうか。

メロスは広さからいえばキュクラデス群島中五位（一六一平方キロ）、太古から古典古代を通じて経済的には豊かな島であった。

巻　六

巻六と巻七はアテナイの没落に決定的な役割を演じたシケリアへの大遠征の記述にあてられている。この無謀きわまりない遠征については、そのための大船団のはなばなしい出発とアテナイ軍の悲劇的最期という二つの場面の本文をかかげた。巻六はまずアテナイが前四二七年以来この島に軍を送ったことを回顧し、今回のはまったく規模のちがう作戦だったことを述べ、民衆には未知のこの大きな島の先住民や植民史を述べたのち、前四一五年以降の史実に移る。

アテナイでは前四一五年初めころからにわかにシケリア遠征の熱が高まり、とくに若く派手好みの才人アルキビアデスらの主唱によって大遠征軍派遣が民会で提案され議決の運びとなる。そしてアルキビアデスのほかに、保守的な富豪ニキアスと、好戦的軍人型のラマコスとが遠征軍の全権将軍にえらばれた。

ニキアスはこの作戦に反対であり、慎重論をとなえる。さきのペロポネソス同盟との戦争もけっして最終的な落着をみたわけではない。平和条約に加わっていない旧敵国もある、またトラキア地方の諸都市も離脱したままであって、アテナイの支配圏はけっして安心できる状態ではない、と。これにたいしてアルキビアデスは強硬に遠征すべきを説き、民会の圧倒的支持を得る。しかし遠征指揮官のあいだでこのような意見の分裂が生じていたことは、望ましい事態ではなかった。ちなみにこれら両政治家は、これまで約六年間政敵としてたがいに暗闘をくりかえしていたのである。

おりも悪しく遠征軍が出発する直前、ヘルメス像破壊事件が生ずる。ヘルメス像というのは、四角の石柱の上に神の胸像を飾った宗教的な意味をもつ道しるべであるが、それが一夜のうちにアテナイの街頭でことごとく破壊されるという不祥事件が起こったのである。探索はすすめられていくが、犯人は容易に判明しない。そのうちに、さらに別の、密儀冒瀆《ぼうとく》事件が明るみに出される。アテナイではきわめて厳粛な宗教的行事としていたずらに口にすることも許されていなかったエレウシスの密儀を、勝手に模倣冒瀆している若者たちがいることが判明したのである。

これらはいずれも、遠征軍の前途に不吉な兆を投げる事件と見なされ、市民たちは不安を覚えるが、しかも悪いことには、日ごろから何かと不謹慎な言動で心ある人々のひんしゅくを買っていたアルキビアデスに首謀の疑いがかけられる。かれの失脚をねらった政敵たちの動きによるものと記されている。アルキビアデスは身の潔白を主張する。また政敵たちも、遠征軍出発を目前にして、アルキビアデスと法廷で争っても、遠征を狂熱的に支持している市民たちの共感を得ることは困難であると察して、アルキビアデスの追及をひかえる。こうしてかろうじてアルキビアデスは遠征軍将軍職を免ぜられることなくして、いよいよ大船隊がシケリアにむけて出発する運びとなる。しかしこの一件は、やがて蒸し返されて遠征目的の成就をはばむこととなるのである。

〔三〇〕シケリア島攻撃軍が出港したのは、その夏も半ばを告げるころであった。もっとも、大多数の同盟諸国勢には、糧食運搬船や軽量船舶、ならびに搭載すべき諸般の装備いっさいをつらねてケルキュラに集結するように、との通告があらかじめ与えられていた。そこから一団となって出発し、イアピュギア岬にむかって一路イオニア海を横断する手はずになっていたのである。

アテナイの本国勢およびこれに加わっていた一部の同盟兵は、予定の日の早暁から、ペイライエウス港の水際に集まり、出港の時や遅しと軍船に乗り込んだ。かれらとともに残りの市民たちも、いわば町中のものたちが総出で、市民も他国のものたちも一群となって港までやって来た。市民らはいずれも親類縁者を見送るものたちで、友を送るもの、親戚を送るもの、子を送るものたちが、期待と哀惜とのあい半ばする気持をいだいてここに来ていた。やがて攻めとるであろう領土に託された希望もさることながら、また逆に、祖国から万里をへだてる地に船出することを思えば、ふたたび生きてまみえることがあろうかと、悲嘆の念もひとしお強かったからである。

〔三一〕市民らはみなこの瞬間、今まさに遠征軍が生命を賭して祖国をあとにするときになって、遠征の決議をなしたときには感じなかったほどに痛切な、危惧と恐怖の念に刺し貫かれたのであった。さりながら、眼前の大軍勢の威容、各種兵力の厖大《ぼうだい》な数量を目のあたりにした市民らは、その光景に勇気と自信をとりもどすことができた。他方、他国人などをふくむその他の群衆は、信ずべからざる大計画の実景はいかばかりかと、見物するためにやって来たのであった。

じじつ、この第一次船隊の装備は、ギリシア人の一都市の国力をもってととのえられたものとしては、かつてないほどに、高価にして美観をつくしたものであった。ただ船の数、重装兵の数だけであれば、ペリクレスがエピダウロス攻撃[1]にもちいた軍勢や、ハグノンがポティダイア攻めに投入した兵力[2]も、これに劣るものではなかった。というのは、これらの場合にもアテナイ本国の重装兵四〇〇〇、騎兵三〇〇騎、三段櫂船一〇〇艘、レスボス、キオス両島からの五〇艘、これらに加えて同盟諸国から軍勢多数が遠征に参加したからである。しかしながらこれらの先例はいずれも短期間の作戦に出動したものであり、また装備も単純であった。だが今回発進の遠征軍は長期間にわたることが予測されているのみか、必要に応じては海陸いずれの面においても役立つように、海陸両軍の装備を完全にもつものであった。

海軍についていえば、三段櫂船長[3]らと国庫が多大の費用を分担して仕度がととのえられた。すなわち国庫は、船員一人につき一日一ドラクマの賃金を支給し[4]、六〇艘の快速軍船と四十艘の重装兵運搬船を供給し、そしてこれらを操るべきもっとも優秀な航海士をそろえた。他方、三段櫂船長らは、国庫支給の賃金に加えて別途の手当を、船員中でもとりわけ最上段の漕手[5]や航海士に

シケリア島全図
0 50 100km
カッコ内の数字は、
建国年（推定）を表している。
エトルリア海
イオニア海
シケリア
アイオロス群島
ストロンギュレ
（ストロンボリ）
ディデュメ
リパラ
ヒュッカラ
エゲスタ
エリュクス
モテュエ
リリュバイオン
パンホルモス
ヒメラ
ミュライ
メッセネ
（旧ザンクレ）
アイトナ山
ナクソス(734〜)
イネッサ
ヒュブラ
ケントピリパ
モルガンティネ
カタネ(728〜)
シュマイトス河
レオンティノイ
(729〜)
メガラ・ヒュブライア(728)
タプソス
シュラクサイ(733〜)
アクライ
(662〜)
アナポス河
カキュパリス河
アッシロス河
ヘロロン
ゲラ(688〜)
カマリナ(597)
カスメイナイ(643〜)
セリヌス(628)
ヘラクレイア
ミノア
アクラガス(580〜)
シュバリス
トゥリオイ
クラティス河
クロトン
テムプサ
テリナ
スコラキオン
（スキュレテイオン）
ヒッポニオン
メドマ
カウロニア
レギオン
ロクリス
カイキノス河

出陣の夫を送る老父と若妻

支給し、また信号塔や装備などの諸点にも贅《ぜい》をこらすなど、おのおの自分の受持ち船が綺羅《きら》をかざり快速を誇る点で、他を凌《しの》ぐものでありたいと懸命に努力したのである。また陸上部隊はといえば、いずれも兵役簿から厳選されたえりぬきの兵士からなり、武器甲冑から身辺にたずさえる諸具にいたるまで真剣に吟味をかさねて、われ劣らじと競争した。

その結果、従軍の将兵ら同士のあいだでは、各人の配属する部署においてたがいにあい競うこととなったが、同時に一般のギリシア人全体の眼には、敵地におもむく軍勢の装備というよりも、ありあまる国力の誇示であるかのごとくに思われたのである。じじつ、国家が負担した国庫からの支出と、従軍将士の個人支出分を加算してみればわかる。つまり、国庫からはこれまでに弁済された金額に加えて、出発する将軍らに軍資金が手渡されており、個人負担としては、個人携行の諸品目、および三段櫂船長が受持ち船の支度にすでに投入した費用と、爾後も支払うことになる諸経費が加算される。さらに以上とは別に、そしてまた国家からの給料とは別途に、各人とも長期遠征を期してなにがしかの路銭や蓄えを携行したはずであり、さらにまた兵士にせよ同行の商人にせよ、交換を目当てにもろもろの品物を船中に持ち込んだことも疑えない。これらの諸経費や品目すべてを合算すれば、多額のタラントンに値する金品が、国外に持ち去られたことに気づくであろう。

こうしてこの遠征軍は、目ざす敵勢に比して圧倒的に優勢な兵力をとなえたこともさりながら、それにもまさって耳目を驚かす大胆さと絢爛《けんらん》たる外観とによって、その名声を高からしめ、そしてさらに、故国をあとに海を越えかつて及ばざりし遠国にまで船勢をすすめ、すでに配下に服する領土をさらに大ならしめんと、定かならぬ未来に絶大なる希望を賭した一業として世に聞こえることとなったのである。

〔三二〕さて出発の船団では乗組員が配置につき、海路携行すべき全品目がとどこおりなく船内に搬入されると、らっぱの合図によって静粛が命ぜられ、出帆に先立ってしきたりどおりの祈禱《きとう》がささげられた。各船別にではなく、全軍をめぐって多くの酒甕《さけがめ》に酒がまぜととのえられると、搭乗の重装兵や士官たちが金銀の酒盃で酒を汲み、神々に注ぐあいだに、全員が布告者の指揮下にいっせいに祈りをささげたのである。この祈りに合わせて、陸に残った市民の群れをはじめ、遠征にさいわいあれと願う参列の者たちはみな、これに和唱した。出陣の祈禱歌を歌いおさめ、注ぎの酒もとどこおりなくささげ終わってから、船隊は岸をはなれていった。最初は一列にならんで港外にでると、そこからアイギナ島に近づくところまで速さを競って海波を蹴った。そしてかれらは、残りの同盟諸軍が集結中のケルキュラに一刻も早く到着せんと、船路を急いだのであった。

シケリアではアテナイからの大遠征の噂を信ずるものはほとんどなかったが、この島の最大の都市のシュラクサイの民会でも意見が分かれた。識見に富む政治家ヘルモクラテスはアテナイの野心を見抜き、敵を海上に迎え討つための万全の対策を主張したのにたいし、民衆指導者のアテナゴラスは、大遠征の噂をもってシュラクサイの政体改造を企てるものの悪質な流言と論じる。

前四一五年七月末あるいは八月初めのころ、アテナイ側同盟軍の大船隊はシケリア水域に入り、カタネ市に基地を設営する。しかしかれらの作戦計画はいくつかの障害によってはばまれる。第一に、現地シケリア諸国の協力態勢が思ったようにととのっておらず、またはたしてアテナイの意図に協力する意志もあいまいなものが多かったことである。第二に、アテナイ側の三人の指揮官のあいだで作戦に関しての意志統一がかならずしも容易でなく、電撃的に作戦をすすめ短期間に効果を生むことができなかったこと。そして第三に、この大遠征の企画者でありだれよりも大きい夢をこれに託していたアルキビアデスが、例の密儀冒瀆事件が本国アテナイで蒸し返されたために、作戦がまさに緒《ちょ》につこうとしていた矢先にアテナイへ召喚されたことである。アルキビアデスはこれを恨みとして、スパルタへ亡命し昨日までの敵にアテナイ側の弱点を通報して、アテナイ側の戦力を痛めつけることになるのである。さらに第四の損失は、アテナイ側は即決作戦をとらずシケリアで冬を越すこととなり、シケリア勢の最大都市シュラクサイに防備の城壁を強化せしめる時間的余裕を許したことであった。このためにシケリア遠征は持久戦にもち込まれたのである。

前四一四年夏期の戦いは、シュラクサイの城壁を攻めるにアテナイ側も城壁を築いて攻めるという形がとられる。しかしこの期間にもアテナイ側は、作戦指揮者としてはもっともすぐれていたラマコスが戦死して、残るはニキアス一人という状況に陥る。ニキアスはもともとこの遠征には消極的であったし、さあらずともきわめて慎重な人柄であったため、決戦の好機を次々と見逃してしまう。他方シュラクサイ側は戦闘訓練の不足のため緒戦においては幾度か敗退したけれども、不屈の強靱さによって訓練を積み、作戦を練り直して防戦に努める。そしていつしかアテナイ側の軍勢に拮抗できる戦闘力を養成していった。

〔註〕

（1）前四三〇年夏。
（2）前四三〇年晩夏、右と同一の軍勢を率いて、ポテイダイアを攻めている。
（3）船長は軍船をあずかって、その補修や乗組員の世話をする管理者であり、操船とは直接に関係なかった。
（4）漕員約二〇〇人の三段櫂船一艘を三〇日就航させると、給費として六〇〇〇ドラクマ（＝一タラントン）必要となる。一ドラクマは、有能な石工、大工や手工業職人の日当にほぼ等しいとされる。
（5）最上段の漕手ら（トラニタイ）は、もっとも高い熟練度を要し、また海戦のおりには敵側からの攻撃に他の漕員らより多くさらされる危険にあったと思われる。

巻七

　このような遅々たるシュラクサイ攻防戦に決定的な転機をもたらしたのは、スパルタの優秀な作戦家ギュリッポスである。前四一四年夏、かれはペロポネソス諸国からの援軍を率いてシケリアに接近すると、ニキアスのアテナイ勢の眼をかすめて上陸し、たちまちにしてアテナイ側が築いた包囲城壁を奪取、アテナイ勢が陸上戦において勝勢を得る機会を封じた。かれはまたシケリア各地の諸都市に使して軍資金、軍兵の醵出を要請するなど、がぜんシュラクサイ側の旗色はよくなってくる。他方、ニキアスはこのころ病を得て身体すぐれず、遠征軍の前途に不安を感じてアテナイ本国に書簡を送り、撤兵命令かさもなくば第二次遠征軍派遣か、そのいずれかを決めるよう要請する。この報に接したアテナイ本国政府は、ただちに第二次遠征軍を出発させるべく準備にとりかかった。第二次遠征軍がデモステネスの指揮下に出発するころ、シュラクサイのアテナイ勢は、プレンミュリオンの軍需品貯蔵庫を奪われるなど、いっそう窮地に陥る。次いで海戦によって退勢を挽回しようとはかり攻撃を加えるが、決定的な戦果を収めるにはいたらない。その間にも刻々、アテナイからの援軍はシュラクサイめがけて海上から接近してくる。

〔三六〕この間にシュラクサイ側は、敵勢が海上から接近しつつあることを知るや、ふたたび海軍ならびにその他いっさいの兵力を動員して決戦を挑むべしと考えた。この兵力は、敵側の増援部隊が到着するまえに先を越して決戦を挑むべく、そのために前々より集められていたものであった。

また海軍に関しては、先般の海戦の経験から、こうすれば有利であると見きわめた方法に従ってさまざまの装備を加え、とくに船の舳先を短く縮めて以前よりも強度を大にし、さらに舳先にはがんじょうな錨をつるす支柱を付加し、そしてこれを舷側から支える六ペキュスばかりの支柱を、船体の内部から外部へとさしわたすなどの工夫を加えた。これはちょうど先ごろコリントスの船隊が、ナウパクトスの警備船隊との海戦にさいして、船首補強のためにほどこした装備と類似のものであった。①

シュラクサイ側は次のように考えたのである。すなわち、アテナイ側の船にはこれに匹敵する強度設計がなされておらず、そのかわりに舳先と舳先を突き合わすよりも敵船のまわりをかいくぐって衝角攻撃をおこなうように便利なように、舳先部分は軽量に造られているから、それを相手に正面から戦うときにはこのような新しい装備が有利であり、しかもこのたびの海戦は大湾の中、つまり水面の広さが限られているところで多数の軍船をもちいるのであるから、この点でも味方は有利となる。なぜなら、敵の舳先にむかって味方の衝角を激突させれば、芯《しん》までつまったがんじょうな衝角でもって、うつろで脆弱《ぜいじゃく》な相手の角をたたき、敵船の船首部をむしりとることができよう。対してアテナイ側は、かれらの得意の技術と頼む、周航包囲や船列攪乱の戦法も、狭い水域にはばまれてもちいることができまい。自分たちはあとうかぎり、敵船が船列攪乱をおこなう機会を与えまいし、また狭い水域が敵側に周航包囲を許さない障害となるからだ。舳先と舳先を打ち合わすことは、これまで船長の未熟な技術をあらわすものと考えられていたが、自分たちはすすんでこの戦法を応用したい。

ここに敵を制する最大の秘訣《ひけつ》があるはずだ。なぜなら、アテナイ側の船隊は戦闘水域から押しだされれば、引こうとしても、陸地にむかって後退するほかはなく、しかも逃げうる距離もわずかなら、逃げこめる場所も狭い。つまりはアテナイ側の陸上部隊の陣地にむかって退くほかに道はない。残りの湾内水面は全部自分たちのものとなり、さらに一押しの攻撃を加えれば、アテナイ側の船隊は狭い一所にあますところなく追いこまれ、仲間同士が衝突し混乱に陥るにちがいない（これはやがて事実となり、爾後そのためにアテナイ側は海戦のつど毎回、甚大な被害をこうむった。シュラクサイ側のように湾内の四面に散開して後退することができなかったからである）。また、シュラクサイ側が外海から攻め入り、外海にむかって退くことができる立場を占めているから、アテナイ側にとっては湾内を迂回して外洋に脱出することもままならぬはず、とりわけ湾の入口は狭く、しかもプレンミュリオンからも攻撃がおこなわれることになっていたからである。

〔三七〕シュラクサイ側は、自分たちの戦闘技術ならびに戦力を考慮して、これに適した以上のごとき計画を立て、また先般の海戦いらいますますさかんな士気が一段と高まるのを見て、ここに海陸の両軍をあげていっせいに攻撃を展開した。シュラクサイ城内の陸上部隊は、ギュリッポスが一足先にこれを先導して出撃、町に面する側面から、アテナイ勢の城壁の足下にせまった。同時にオリュンピエイオンからは、その砦を固めていた全兵力、すなわち重装兵、騎兵、ならびにシュラクサイ人軽装兵が、逆の側面からアテナイ勢の城壁にむかって攻めよせた。この後ただちにシュラクサイとその同盟諸国の船隊は港をあとに出撃した。

アテナイ勢は、最初は敵がただ陸上からのみ攻撃をこころみようとしているのだと思っていたところへ、突如として船隊も攻めよせてくるのを見て大騒ぎとなった。そしてあるものは城壁上の部署につき、また城壁前面に出て、寄せる敵勢にたいして戦列を組みととのえ、またあるものは、オリュンピエイオンや外部の諸点から急速に接近しつつある多数の敵側騎兵や投槍兵を迎え討つために、繰り出した。さらにべつの一群は軍船の部署につくものや、波打ち際の守備にかけつけるものたちで渦巻いた。やがて船隊出撃の準備がととのうと、七五艘が迎撃に出航した。対するシュラクサイ側には、約八〇艘が参加していた。

〔三八〕そしてほとんどその日が暮れるまで、両側の船隊は寄せつ引きつ、たがいに挑みあったが、いずれの陣も特筆に値する戦果を得るにはいたらず、ただ一艘か二艘のアテナイ船をシュラクサイ勢が撃沈したのみで、戦闘は終了し、これと同時に陸上部隊も、城壁の攻防戦から退いた。翌日、シュラクサイ勢は次に実施しようとしている作戦計画を気振りにも見せず、鳴りをひそめていた。他方ニキアスは、海戦の結果が敵味方互角であったことを見、さらに敵勢がくりかえし攻撃してくることを予測したので、配下の三段櫂船長に強制して、破損している船があればこれに補強修理をおこなわしめ、また味方の防禦柵の前面にそって商船を繋留《けいりゅう》させた。この柵というのは、入口を閉ざすことのできる港湾がなかったので、その代用として、味方の船勢の前面に、海中に打ち込まれていたのであった。かれは約二プレトロンの間隔おきに商船を繋留させた。その目的は、もし味方の船が押しもどされた場合に、安全に避難できる場所を設け、そして調子をととのえてふたたび漕ぎ出すことができるようにするためであった。これらの準備をととのえる作業に、アテナイ側はその日一日が過ぎ、夜に入るまでかかっていた。

〔三九〕その翌日、シュラクサイ勢は、時刻は前回よりも早かったが、攻撃方法は前回と同じく陸海の両兵力をもちいて、アテナイ側にたいして戦いを挑んだ。そして海軍はこの日もまた同じ有様で、ほとんどその日中たがいに戦列を持して挑みあっていたが、ついにコリントス人、ピュリコスの子アリストンが一案を呈した。かれはシュラクサイ側随一の舵取りであったが、味方の海軍の指揮官たちにこう言った、市内警備のものたちのもとに伝令を送り、大至急食品の市を海辺まで移動させてここでひらかせる、また食べ物を手もとにもっているものにはみな、否応なしにこれを海際まで運ばせ売却させる、こうすれば、かれらの所で海員を下船させ、ただちに船の脇で食事をとらせ、またすぐにその日のうちに攻撃をくりかえしてアテナイ側の虚を衝くことができる、と。

〔四〇〕この提案をうけいれた指揮官らは、伝令を送り、市をひらかせた。そしてシュラクサイ側の船隊は突如櫂を逆に漕ぎはじめるや、町への航路をとって返し、ただちに下船するとその場で食事の支度をととのえた。他方アテナイ側では、相手は形勢不利と見てかれらの町にむかって逆漕ぎしていったのだと思いこんで、急ぐこともなく下船し、もうこの日は海戦はないものと考えて、食事の支度やその他の所用をすますことにかかっていた。

だが、突如シュラクサイ側は船員を部署につけ、ふたたび攻撃に乗り出してきた。アテナイ勢は大混乱を演じながら、まだ食事もすましていなかったほとんどのものたちは、命令も秩序もなく船に乗り込み、ようやくかろうじて迎撃にまにあった。しばらくのあいだ、両勢はたがいに陣をかためてにらみあったまま動かなかった。そうするうちにアテナイ側は、こうしていつまでも逡巡していれば、われとわが身を疲労の極におとしいれることになる、それよりも、大至急に攻撃を敢行すべきであると判断し、号令一下、敵勢めがけて舳先をそろえて海戦を挑んだ。

シュラクサイ側は、かねての計画のとおり、船首でもって相手の舳先をうけて攻撃をくいとめると、衝角に補強された新装備の威力によって、アテナイ側軍船の舷側の櫂受けを大きくむしり取った。さらに、その甲板上の位置についていた投槍兵はアテナイ勢に多大の損害を与えたが、しかしこれをはるかに上まわる損害を与えたのは、軽舟に乗り組んで海戦に参加していたシュラクサイ兵であった。かれらは敵船の周囲を漕ぎまわり、櫂列の下側をかいくぐって攻撃を敢行したり、また敵船の舷側にそって漕ぎすすみ、軽舟から投槍を放って漕手を倒したからである。

〔四一〕このような形で激しく海上で戦ったすえ、ついにシュラクサイ側が決定的勝利をつかみ、アテナイ勢は背を返すと商船の間隙を縫って味方の碇泊地点へと退去していった。シュラクサイ側船隊は、商船が繫留してある所までは追跡していったが、それから先は、商船の舷側から魚形錘《おもり》を吊った懸架[2]が、各入口の頭上に伸びていて、かれらの侵入をさまたげていた。シュラクサイ側の二艘は勝勢に乗じてその近くまで肉迫したが、撃破されてしまい、その中の一艘はその乗組員もろともに拿捕《だほ》された。シュラクサイ勢はアテナイ船七艘を撃沈、多数の軍船に破損を与え、沈没船の乗組員のほとんどを捕虜にし、残りを殺害してから、撤退した。そして、前後二回の海戦を記念する勝利碑を建立し、今や船勢をもってしても、敵よりもはるかに優勢たりうるという自信をますます強くし、次には陸上戦においても敵を屈服させよう、との気概をいだいた。

〔四二〕そしてかれらは、ふたたび海陸呼応して攻撃を挑むべく準備にかかったのであるが、その間に、デモステネスとエウリュメドンがアテナイ本国からの増援軍を率いて到着、新手の軍船は諸外国の船勢をもあわせて総数約七三艘、自国および同盟諸国の重装兵あわせて約五〇〇〇名、③ギリシア人と異民族出身の投槍兵多数、④弩弓《どきゅう》兵、弓兵、その他の諸兵力においても充分な数がここに加わっていた。これを見た瞬間、シュラクサイ人はもとよりその同盟諸勢がおぼえた驚愕と失意はきわめて大なるものであった。この恐るべき、際限なき争いから自分たちが脱しうる機会はないのではないか、デケレイアが要塞化されてもそれにいといなく、初回の遠征軍に等しくこれに匹敵する増援軍がやって来たさまを見、そしてアテナイの戦力が全局面にむかって多大な伸張をとげるのを見て、かれらはそう思った。対して、援軍を迎えたアテナイの第一次遠征軍の将士らは、それまでの疲労困憊《こんぱい》はおおうべくもなかったけれども、大いに心強さをおぼえたのである。

しかし、デモステネスは現地の戦況をつぶさに実見すると、自分としてはこれ以上に時を空しく費やすことも、またニキアスの轍を踏んでかれの陥った苦境におのれをおとしいれることも、避けねばならぬと判断した（というのは、ニキアスは着岸当初、敵を恐怖におとしいれたにもかかわらず、その後ただちにシュラクサイの城壁に肉迫して攻撃をつづけようとはせず、カタネで越冬するに及んで、敵側の軽侮を買ったのみか、ギュリッポスがペロポネソスから兵を率いて来るのにも先を越されてしまった。ニキアスさえただちに攻城戦を強行していたならば、シュラクサイ側とても援軍を要請することができなかったはずである。なぜなら、最初、シュラクサイ人は自分たちだけの力で充分対抗できると思っていたのだから、弱勢と悟ったときにはすでに攻城壁で遮断されていたであろうし、また招請に応じて援軍がやって来たとしても、そのときには現状のごとき援助の効果をあげえなかったにちがいない)。

さてこのように事態を省察したデモステネスは、自分の場合にも、敵の眼にもっとも恐るべきものと映るのは、現在ここに到着した第一日をおいて他日に期しがたいことを知って、増援軍に吃驚している敵の虚を衝き、一挙に事を決することを望んだ。そしてかれは、アテナイ側の包囲遮断壁をはばむシュラクサイ側の横断壁が一重構造であることを見て、もし味方の一隊がエピポライへ登る道を奪取確保し、エピポライの丘陵に陣どる敵兵をいま一度追い落とすことができれば、敵側の横断壁を奪うのはたやすかろうと考え（こうなれば、敵側は一兵も自分らの進撃のまえに抗しえないだろう）、大至急この作戦をこころみるべきだと強く説いた。そしてこれこそ自分としては、この戦いをたたかいおさめるもっとも手短な道であると考える、なぜなら、ここで成功すればシケリア征服の道がひらけようし、さもなくば遠征軍を撤退させ、従軍のアテナイ人将兵の生命や国全体としての力を、無意味な消耗から救うことができる、と。

そしてまず砦をあとに討って出たアテナイ勢は、アナポス川河畔の、シュラクサイ人所領の耕地に破壊行為を加え、海陸両軍呼応して、遠征作戦初期と同じような軍事的優勢をとなえた（というのは、シュラクサイ側は、オリュンピエイオンからの騎兵と投槍兵のほかには、海陸いずれの側からも応戦に討って出ようとしなかったからである）。

〔四三〕次にデモステネスは、敵の横断壁にたいしてまず、攻城装置⑤による攻撃をこころみようと決心した。ところが、かれがせっかく敵側城壁にむかって仕掛けた装置は、城壁上から反撃を浴びせた敵勢のため焼き払われてしまい、また城壁の諸面にわたって残りの全兵力をもちいてくりかえし攻撃を挑んでも、これもことごとく撃退されるに及んで、デモステネスはもはや猶予はできぬと、ニキアスをはじめとする同僚指揮官たちを説き伏せて、かねての計画のとおりエピポライにたいする攻撃をおこなうこととなった。

しかし日中敵の眼に触れることなく接近するのは不可能と思われたので、諸隊に伝令を派して糧食五日分の携行を命じ、従軍の石工や大工の全員をはじめ、地歩を確保すればただちに工事にかかれるように、工事に必要な諸道具や弓矢の準備などいっさいを手もとにそろえたのち、これをともない、デモステネス自身を先頭に、エウリュメドンとメナンドロスの三人は、敵兵が眠りについたころ、全軍勢を率いてエピポライへの道をすすんだ。しかしニキアスは砦の中の陣屋に残っていた。

そして、第一次遠征軍が最初に登攀《とうはん》したのと同じ方角から、エウリュエロス寄りの丘陵斜面に接近すると、シュラクサイ側の哨戒線をくぐり、さらに、この地点に立っていたシュラクサイ側の砦に登りついてこれを奪取、守備兵らの一部を斬り倒した。しかし守備兵の過半数のものたちは、ただちに味方の陣地へと逃れた。その陣地とは、エピポライに築かれた三つの前哨砦の中にあり、一つはシュラクサイ兵によって、一つはその他のシケリア諸邦勢によって、さらに一つは海外同盟国の諸兵によって固められていた。ここに逃れた守備兵らは、敵兵襲来を報じ、また六〇〇名のシュラクサイ兵にもこれを伝えた。これら六〇〇名は、第一戦の精兵であり、エピポライのこの地区の守備隊の中でもとくに優秀な兵士らであった。かれらは知らせをうけると急遽応戦にかけつけたが、これと遭遇したデモステネス麾下のアテナイ勢は、果敢にわたりあってこの敵をも撃退した。そしてこの一翼のアテナイ兵らは、この勢いに乗じて襲撃の目的を一刻も早く成就せんと、瞬時のひるみもなく次の攻撃目標にむかって突進した。しかし他の諸部隊は、シュラクサイ側の守備隊が崩れたつのを見て、最初になすべき作業として、まず横断壁を占領しその胸壁を突き崩すことにとりかかったのである。

他方、シュラクサイ勢や、その同盟国諸兵、ならびにギュリッポスとその麾下の兵士らは、三つの前哨砦から応戦にかけつけたが、思いもかけず果敢な夜襲をかけられて狼狽《ろうばい》をかくしきれず、アテナイ勢と交戦したが、たちまち攻手に押しまくられていったん退却した。アテナイ勢は勝利はすでにわがものと、かなり戦列に乱れを生じていたのもかまわず前進をつづけ、攻撃の手をゆるめじ、敵兵に形勢挽回の暇を許すまじと、まだ戦いを交えるにはいたっていない敵側後続部隊までをも、残らず一挙に踏みしだこうと勇み立ったが、そのときかれらの前に立ちはだかったボイオティア勢が、はじめてかれらの進路をはばみ、みずから攻勢に転じてアテナイ勢の陣を突き崩し、ついにこれを総崩れにおとしいれたのである。

〔四四〕事すでにここにいたっては、アテナイ勢の混乱と失態は収拾のつかぬものと化した。その実情を後刻聴取することは困難をきわめ、いかにして個々の進退が全体の動きにつらなったのか、この点を尋ねても、いずれの陣にいたものからも容易に真相を聞きだしえなかった。なぜなら、日中であれば事情はやや明瞭であったかもしれぬが、しかしそれでさえ実際の行動参加者は、みなおのおのが直面した局部的事情をかろうじて記憶している程度であり、全体的関連については何も知らないのが常である。いわんや夜戦において、しかも今次の大戦中では大軍勢の夜戦はこのときかぎりしかなかったのであるから、だれにその真相を知り究めることができたであろうか。

月明りの夜ではあったけれども、どれくらいにたがいの識別ができたかといえば、ふつう月光の下で、ある距離をもうけて見定めのつく程度、つまり、はなれていれば身体の輪郭はわかっても、敵味方をしかと判別するのはおぼつかなかった。しかも両勢とも重装兵の多くはごく狭い地面の上を行きつもどりつしていた。そしてアテナイ側の兵士らは、あるものはすでに打ち負かされているかと思えば、他は最初からの攻勢を持しさえぎるものもなく前進をつづけていた。さらにまたかれらにつづく残りの総勢のうち、ほとんどのものはそのとき丘陵地に登りついたばかりか、さもなくばまだ登攀中であったので、そこから先どの方角にむかってすすむべきか、見当をつけることができなかった。なぜならば、早くも先導隊中には退却するものがあらわれたために、先陣は完全に混乱状態と化し、叫喚のために識別は困難となったからである。

というのはシュラクサイ勢とその同盟諸兵は、形勢有利と判断するや――夜間のこととてそれ以外に命令を伝える術《すべ》がなかったからではあるが――大声で叫びをあげてたがいに励ましあい、寄せ来るアテナイ勢にたいして応戦したからである。またアテナイ勢も、自分らの味方を探しつつ、しかも自分たちにむかって来るものを見れば、たとえそれが早くも敗れて逃げ帰ってくる味方の一人であっても、みなこれを敵かと思い、他に識別の手立てもなかったために、合言葉の応答を間断なくくりかえしたので、だれもかれもがいっせいに問いあう声は味方の陣の騒ぎをいやがうえにも増したるのみか、敵方にまでも合言葉を明瞭におぼえられてしまうことになった。これに比して、シュラクサイ側は勝勢にあり、しかも緊密な密集隊形を持し、味方の識別にさほど窮していなかったので、その合言葉はそうたやすくアテナイ側に聞きとられなかった。その結果、シュラクサイ側は自分らより優勢な敵に遭遇すれば、相手側の合言葉からそれと悟って衝突を避けえたが、もし同じ立場に立ったアテナイ勢が、返答に窮すれば、たちまち殲滅されることとなったのである。

だがそれもさることながら、アテナイ側に致命的な打撃となった最大のものは、戦闘歌《パイアーン》の唱和であった。敵味方ともまぎらわしくよく似た歌であったため、聞くものを戸惑わせたのである。というのはアルゴス勢やケルキュラ勢などの、アテナイ側に加わっていたドーリス系の諸部隊⑥が戦闘歌を和唱するたびに、アテナイ人は敵かと恐れ、敵が和唱すればまたこれも敵かと恐怖に陥ったからである。

その結果、いったん戦列の統率に破綻をきたすや、兵士ら同士の鉢《はち》合せはほとんどすべての部隊に波及し、友軍は友軍と、同国人は同国人と入り乱れてたがいに敵かと恐怖に憑《つ》かれたのみか、ついに手と手と渡りあう争いとなっては、容易な手段でこれを引きはなすことができなかった。さらに敵に追われたものらは、エピポライから味方の陣へ帰る下りの坂が狭隘なため、絶壁から跳びおりて生命を失うものが続出した。しかし丘陵から平地まで無事に逃げ降りたものとても、みな助かったわけではない。過半のものたち、つまり第一次遠征軍の兵士らで地理の心得あるものたちは、陣地まで逃れおおしたが、後続軍の兵士らは幾名となく道に迷い、その地帯一面をあてどなく歩きつづけた。このものたちを、朝になってからシュラクサイ騎兵隊が四周から襲撃し、なぎ倒したのである。

〔四五〕翌日シュラクサイ側は、敵勢が接近登攀した場所と、ボイオティア勢が最初の反撃を浴びせた地点との二ヵ所に、それぞれ勝利碑を築き、アテナイ側は休戦を申し入れて戦死者を収容した。アテナイ勢ならびにその同盟諸兵がこうむった人命損失はおびただしい数に達したが、しかしかれらが奪われた武器甲冑数は、死者の数を越えて甚大な数量を記録した。というのは、盾をすて身一つで絶壁から跳びおりざるをえなかった兵士らの中には、もちろん生命を失ったものもあったが、無事生還したものもあったからである。

〔四六〕この戦闘ののち、シュラクサイ側は予期に反した戦局好転を迎えて、ふたたび先ごろと同様のさかんな士気をとりもどし、そのとき内乱状態にあったアクラガスにむかって、軍船一〇艘とともにシカノスを派遣、できうれば、アクラガス市をおのれの支配下に服せしめんと企てた。他方ギュリッポスはふたたび陸路を、残りのシケリア諸邦にむかって出発、エピポライの合戦がかくのごとき成果をもたらしたうえは、今やアテナイ勢の本拠たる砦を強襲奪取することも夢ではなくなったと、さらに多数の軍勢徴募におもむいたのである。

〔四七〕その間、アテナイ側の指揮官たちは、今回こうむった痛手に加えて、陣内のいたる所で見うけられる気力の衰えを無視しえず、これに処する対策の協議を重ねた。攻勢をつかむ諸計画が水泡《すいほう》に帰したこと、そして兵士らが現地に逗留をつづけることに強い反感をいだいている有様を、明瞭にみとめたからである。じじつ兵士らは、二つの原因に由来する病気のために、いたく窮していた。というのは、季節的には、一年のうち人体がもっとも憔悴《しょうすい》する時期に入っていたし、またあわせて、かれらの陣営が置かれていた地域は沼沢状態を呈しており、居住には耐えがたかったからである。またその他諸般の状態もかれらに幻滅を強いるものばかりであった。

そこでデモステネスは、もはやこれ以上は一刻も駐留を長びかせるべきではないと判断し、危険を賭してエピポライ攻撃をおこなったさいにもすでにかれの念頭にあった計画のとおり、はや試みが破綻をきたした現在、時を空費することなく撤兵すべきである、との案を決議にかけようとした。今であればまだ大海横断が可能の季節であり、また兵力の点でも、増援船隊が制海権を握っているからであった。しかもかれはこう言った、もはや容易なことには征服できないシュラクサイ勢を相手に戦いをつづけるよりも、わが領土内に攻撃砦を築き占領している敵と戦うほうが、アテナイにとってはどれほどか大なる益、しかるに今や成功の目算も立たぬ城攻めの陣を長びかせ、多大の資金を濫費するのは、理に反する、と。

〔四八〕デモステネスはこのような意見をあらわした。だがニキアスは、かれとても事態が窮していることをみとめないわけではなかったが、しかし自分の口から味方が無力化したと公表することを嫌い、また多数の将士を呼集して撤退の是非を公議に付すれば、敵側にそれがもれるのではないか、と危ぶんだ。そうなれば、いざ撤退をと望んでも、シュラクサイ勢の眼をくぐってこれを実行できる可能性ははなはだしく減ずるにちがいない、と思ったからである。

だが、それとはべつに、かれは敵側の実情をも考慮に入れていた。かれは、他の指揮官たちがつかみえたより広範囲にわたる敵側の情報に接していたので、こちらが忍苦して攻城の陣を維持するならば、敵側は味方より大なる窮状に陥るであろうという、ある程度の予測がまだ残っていた。つまり、敵側は資金に窮している、とくに今やふたたびアテナイ側の軍船がさらに広範囲にわたる制海権を掌握するにいたれば、かれらの戦力を涸渇《こかつ》させることもできる、と考えたのである。またじじつ、シュラクサイの内部にはアテナイ側に実権をゆだねようと、寝返りを企む一派があって、ニキアスのもとにその旨通牒《つうちょう》を送り、かれが軍勢を撤退させるのを引きとめていたのである。これらの事情を解していたニキアスは、内心はまだいずれとも決心がつかず、進退の是非をはかりわけながら、決定を遅らせていたのであるが、このときはかれは、軍勢撤退に反対の態度を表明していた。

アテナイ本国の決定を待たずして撤退すれば、かならずや自分たちの行動が本国で咎めをうけることを、自分はあまりにもよく知っている。⑦なぜかといえば、われらの行為の是非について、裁きの票を投ぜんとする市民らは、われらとは立場を異にする。市民は事実の目撃者ではない、ひとがあれこれと批評するのを聞いて意見をこしらえあげる、そして言葉たくみに中傷するものがあれば、たちまちその言を鵜《う》のみにして信じこむ手合いである。さらにまた今ここにいる将兵の多くは、いやその過半数と断言してはばからないが、今でこそかれらは声をはげまして事態が険悪であると叫んでいるが、いったん故国に到着してみるがよい、逆に、将軍連は金品で買収されて兵を引いたと叫びたてるにちがいない。されば、少なくとも自分は、かくのごときアテナイ人の性情を知悉《ちしつ》している人間として、えらぶべき道を知っている。汚辱にまみれた弾劾をうけ、なんの言い分もみとめられずにアテナイ人の裁きで公に葬りさられるよりも、やむをえざればこの身をひとり死地に投じようとも敵の手で倒されるほうを潔しとする。

しかも、戦況はともあれシュラクサイ側の内情はどうであろうか、その窮状たるやわれらの比ではない、とかれは断言した。なぜなら、かれらも資金を投じて傭兵を維持し、同時にもろもろの見張所の設営にも費用をかけ、さらに今ようやくにして一年のあいだ、大海軍を養ってきたが、すでにそれらの費用に窮している面もあり、やがては手も足も出なくなるだろう。じじつ、かれらはこれまでに二〇〇〇タラントンを費消しており、その他の借財は多大の額に達している。しかも、維持費不如意だからといって、現在かれらの兵備に一部の欠損でも生じようものなら、たちまちかれらの戦闘態勢は瓦解する。かれらはようするに傭兵の群をもって大をなしており、義務にしばられて戦うわれらとはちがっているからだ。ゆえに、いかに長びこうとも敵を涸渇に追いこむまで攻城の構えを維持すべきであり、少なくとも資金において味方がはるかに優勢であるかぎり、金の力に打ち負かされて退去する仕儀になってはならぬ。

〔四九〕ニキアスはこれだけのことを、自信をこめて表明した。かれとしては、シュラクサイ内部の事情を正確に察知し、とくにかれらの資金欠乏を知っていたことや、また、内部にはアテナイ側に実権をゆだねんと望む強力な一派があり、これがかれのもとに通牒を送って撤去を引きとめていたこともあり、あわせてまた、船勢をもってすれば敵を制しうるとの自信を先ごろよりもかなり強めたことなども、この発言の根拠となっていた。

しかしデモステネスは、攻城の陣を現状のまま維持すべき理由を、一言半句もうけいれようとはしなかった。ただし、アテナイ本国の議決を待たずして撤兵することをひかえ、現地で敵の資源涸渇を待つ必要があるとすれば、この地から兵をタプソスかさもなくばカタネに移動させてから、作戦を継続するべきである。これら両地からであれば陸上部隊を四周の広大な耕地に派遣して、敵側の財産を奪っておのれを養い敵を傷つけることもできるし、また船隊をも、敵側にばかり利の多い狭隘な湾内ではなく、外海でもちいて敵と雌雄を決することもできる。このようなところではなく、広い水面さえあれば自分たちの操練の冴《さ》えも生きてくる、つまり狭い柵を通って進退する必要さえなくなれば、敵船めがけて全力漕行することも、船を後ろにはなすことも効果をあげえよう。要を一言につくせば、このままここにとどまることは自分にはどう考えても好ましいことではない、こうなればできるかぎり迅速に、ここから移動するべきだ、もう一刻の遅滞もならぬ、と主張した。

デモステネスのこの意見には、エウリュメドンも賛意を表した。だがニキアスがなおも反論をとなえるのを見て、かれらも気おくれと躊躇を感じ、またニキアスがかくも自信にみちているのは、自分らのあずかり知らぬ確実な情報を得ているためであろうかと忖度《そんたく》した。アテナイ側はこのような有様で逡巡《しゅんじゅん》に陥り、なおもその地域にとどまることとなったのである。

〔五〇〕その間にギュリッポスとシカノスは、シュラクサイに帰着していた。もっとも、シカノスはアクラガス説得の使命を果たしえなかったが（かれがゲラにまだ滞在中に、シュラクサイに心を通じていた一派が、国外に追放されてしまったからである）、ギュリッポスはシケリア諸地方からの軍勢多数をともない、またその他に春期にペロポネソスから商船で派遣され、リビュア経由でセリヌスに到着していた重装兵らを同伴して帰ってきた。

というのはこれらのペロポネソス人重装兵らは、リビュアに漂着後、キュレネ人から三段櫂船二艘と水先案内人の供与をうけて、沿岸航路を航行中、エウヘスペリデス市がリビュア人のために籠城の憂き目にあっているのを見て、これを助けてリビュア人を撃退し、さらにそこから沿岸を航行して、カルタゴ人の交易所、ネア・ポリスに到着した。そこからシケリアは最短航路をとれば二日一晩の距離にある。ネア・ポリスを出発した船隊はこの横断航路をとってセリヌスに到着したのである。

さてシュラクサイ人は、これらの諸兵が到着するとただちに、アテナイ勢にたいしてふたたび海陸両面からの攻撃を挑むべく、その準備にとりかかった。アテナイ側の将軍らは、敵方にはあらたな軍勢が加わっていることを見、これにたいして味方の事態はいっこうに好転するどころか、日々にあらゆる点で悪化しつつあり、とくに人体が消耗衰弱のためにいたく窮している有様を知って、ことがここにいたるまえに撤退しなかったことを後悔した。ニキアスでさえも、ただ公の決議に付するを非とした以外には、もう以前のごとき反対をとなえようとはしなかった。そこで指揮官らは、あとうかぎり機密を保持しながら全軍にあらかじめ通牒を発し、陣地から出航するから、命令があり次第ただちに行動に移れるように準備を完了しておくように、と伝えた。

やがてその準備がととのい、今にも船出という瞬間になって、月蝕が起こった。たまたまこれは満月の夜であったからである。[8] するとアテナイ勢の過半の兵士らはこれを気に病んで、指揮官たちに出航中止を要請し、またニキアス自身も(かれは神託予言などの類をやや偏重しすぎる性質であった)、予言者たちがこの兆を解いて言っているように、[9] 二七日間の日数が経過するまでは、その先いかなる行動をとるべきかについて協議することも慎みたい、と言った。そして月蝕のために遅疑をきたしたアテナイ勢は、なおも逗留を長びかせることとなってしまったのである。

〔五一〕やがてこの事実がシュラクサイ側に伝わると、勇気百倍したかれらは、断じてアテナイ側に退路を許してはならぬと、気負いたった。いまやアテナイ勢のほうから、船によっても兵によっても、はやシュラクサイを相手にしては勝ち目がないと自認したに等しい、と思われたからであり（さもなくば、ひそかに海上脱出の策をもうけるわけがない、と思った）、また、今ここで敵を逃がし、かれらがシケリアのべつの地点に基地を設けることになれば、これを攻めるむずかしさは今の比ではなくなるので、ただちにこの場で、シュラクサイにとって有利な条件のもとに、敵を追いつめ海戦不可避の窮地におとそうと考えたのである。そこでかれらは船員を部署につけ、充分と思われるまで日数を費やして操練を積んだ。

やがて戦機熟すると、まず初日はアテナイ勢のこもる城塞にたいする攻撃をおこなった。そしてアテナイ側の重装兵、騎兵の小部隊が一門をひらいて討って出るのを待って、敵の重装兵の一部を包囲遮断し、その陣を突き崩して追撃に移った。砦の内へ通ずる入口が狭かったため、アテナイ勢は騎馬七〇頭と少数の重装兵を喪失した。

〔五二〕こうしてこの日は、シュラクサイ勢は引きあげた。翌日になるとかれらは船七六艘を漕ぎだし、同時に陸上部隊は城壁にむかって繰りだした。アテナイ側は船八六艘を迎撃に漕ぎだし、両勢相まみえると海戦に入った。このときエウリュメドンはアテナイ勢の右翼を率い、敵船隊を包囲せんとして、航路を陸寄りに近づけて先導しつつあったが時すでにおそく、アテナイ側の中央船隊を早くも撃破したシュラクサイとその同盟諸国の船隊が、さらにエウリュメドンをも湾内の奥の一隅に遮断し、かれを倒しかれの配下の後続船隊をも撃破した。その後、今度はあとに残ったアテナイ船隊を追撃し、これらを岸まで追いあげた。

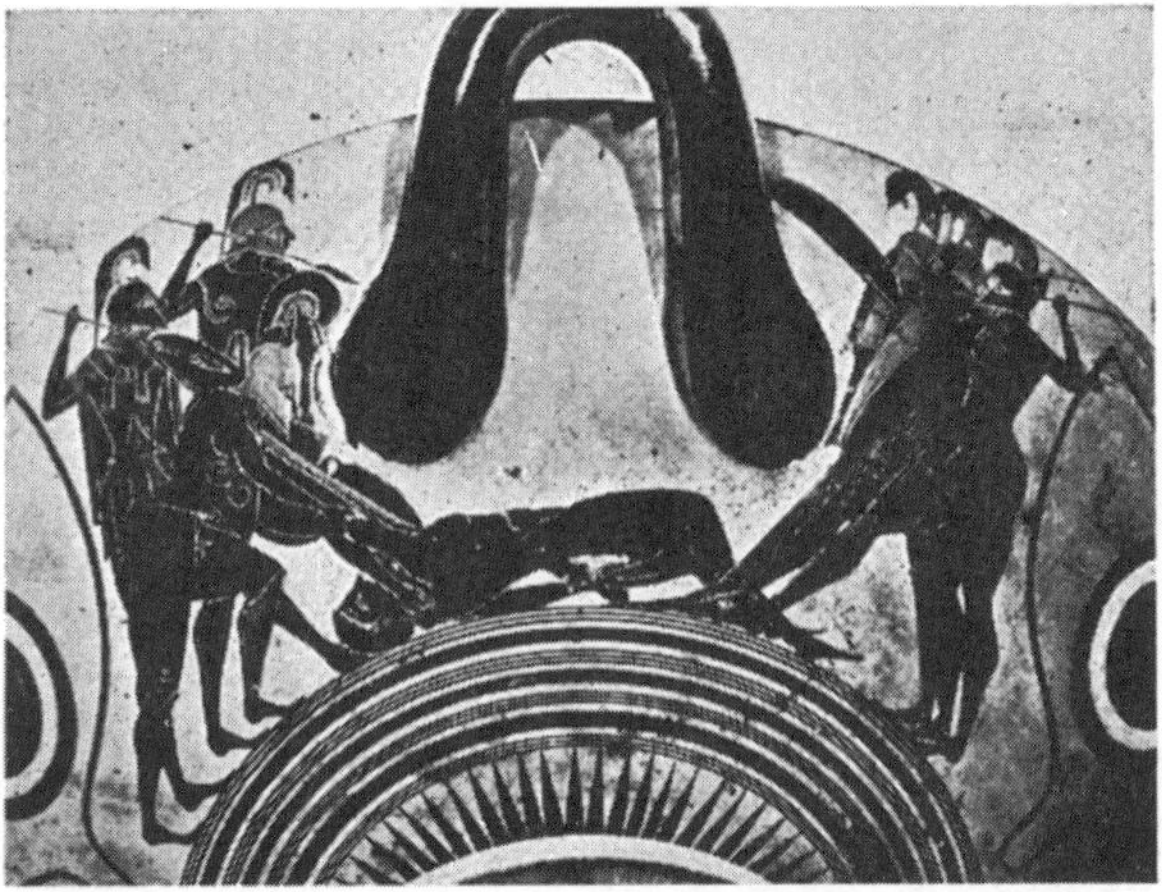

戦死者の屍体を奪いあって戦う重装兵たち

〔五三〕他方ギュリッポスは、敵船隊が打ち負かされ、敵側の防柵や陣営地からはなれた海岸に追いあげられてくるのを見て、配下の軍勢の一部を従えて、海際に細く伸びた洲にむかってかけつけた。船から降りるアテナイ勢を斬り倒し、この地帯を味方の手でおさえれば、シュラクサイ側が敵船を難なく曳航《えいこう》できる、と考えたのである。しかしかれらが列を乱して襲来するのを見てエトルリア人部隊[10]は（かれらがこの方面でのアテナイ側守備隊をつとめていた）、これを迎えて応戦に討ってでるや、敵の先頭の一隊に襲いかかってこれを突き崩し、リュシメレイアと呼ばれる沼沢に追い落とした。やがてシュラクサイ勢とその同盟諸兵が数を増して到来するに及んで、アテナイ兵も船隊の安否を気づかって増援隊を繰りだし、シュラクサイ勢と戦闘をまじえた。そして勝勢をつかむや追撃戦に転じ、少数の敵側重装兵を倒した。そして味方の軍船の大多数を救いだすことができると、これらをまとめて味方の陣地に護送した。だが一八艘はシュラクサイ勢やその同盟諸勢の手に奪われ、その乗組員はみな殺された。

さらにシュラクサイ側は、残るアテナイ側軍船にも火をかけることを企て、古い商船に薪《まき》の小枝や松の割木を満載して（かれらにとって、都合よく風はアテナイ側の陣地にむかって吹いていた）、火を投げいれて〔船を〕放った。するとアテナイ勢は味方の船団を心配して、消火用の障害物を工夫してこれに対抗し、焔をとどめ、火船が間近まで接近するのを食い止めて、危険から脱した。

〔五四〕この後、シュラクサイ側は海戦の勝利碑を築き、また、敵の城壁下に肉迫して重装兵部隊を遮断し騎馬をも生け捕りにした、かの陸戦の勝利をとどめる碑を建てた。他方、アテナイ側も、エトルリア人部隊が敵の陸上部隊を沼沢に追い落として得た勝利と、アテナイ兵自身が残りの兵力を率いて勝ちとった勝利とをとどめる碑を築いた。

〔五五〕こうしてシュラクサイ勢が、今やその海軍によっても、堂々たる勝利をとげるに及んで（それまでは、シュラクサイ側はデモステネスが率いて来攻した船隊を恐れていたのであるが）、アテナイ側将士の落胆はおおうべくもなく、かれらの予想は大きく裏切られたが、しかしそのいずれにもまさって、この遠征挙行を後悔する気持がつよくかれらを捕えた。

というのは、かれらがこれまでに兵をすすめた諸国の中で、ただこれらのシケリア諸邦のみが、アテナイと類似の体質を有する国々であったことによる。つまり、これらはアテナイと同じく民主政治の国家を営み、⑪軍船、騎馬をはじめとする軍備もすこぶる大であるために、アテナイ側がこれを攻めるにさいしても、相手国の政体革新を餌《えさ》に国内の反政府分子を武器として利用する、という常套手段をもちいておのが意にしたがわしめることもならず、さりとて圧倒的な兵力投入によってもことは成らなかった。それのみかほとんどすべての策は破れ、それ以前よりすでに窮していたところへ、さらに海戦においてさえ勝利を奪われるという、およそ予想だにしなかった事態が現実となるにいたって、アテナイ側の困窮たるや、もはやそれまでの比ではなくなったのである。

〔五六〕これにたいしてシュラクサイ側は、その後はなんびとも恐れるものもなきふうに、ただちに湾内の岸沿いに軍船を就航させ、さらにその湾口を封鎖しようと企てた。たとえアテナイ勢が脱出を望んでも、もはやシュラクサイ側の眼をくぐって湾外に船をすすめることができぬようにするためであった。つまり今やかれらの関心事は、自分たちを危機から救うことだけではなく、今度はいかにして敵の脱出を阻止すべきか、という問題に移りつつあった。

というわけは、現段階における情勢がかれらにとってはるかに有利であることは、たんにかれらの主観的判断ではなくして、厳然たる事実であり、またかれらの考えでは、もしアテナイとその同盟諸国の兵力を、海陸両戦において撃破できうるならば、シュラクサイの武勲たるや全ギリシア世界に冠たる脚光を浴びることになる。なぜならその後ただちに（ここでかれらが勝てば、アテナイに残存する軍事力は、その後の戦争の重圧に耐えることができないであろうから）、ギリシア全土の諸邦にむかって、あるものには隷属からの自由を、あるものには恐怖からの救いを与え、かくしてシュラクサイみずからギリシアの解放者としての名声を高からしめれば、全世界の人々はもとより末長く後世人にいたるまで、シュラクサイへの尊敬を厚くするであろう、と思ったのである。

そして、かれらがこの一戦に多大の価値を感じたのは以上のごとき諸理由によることも事実であったが、しかしそれだけではなかった。つまりもし勝てば、かれらはただアテナイ勢だけに勝つのではなく、アテナイに与する多数の同盟諸国をも凌駕することを意味し、しかもまた自分たちも単独ではなく、シュラクサイに加勢応援している諸兵を率い、コリントス、ラケダイモン両大国とともに全軍の将と仰がれる位にあって、諸国の中でただ一国自分たちの国家を興亡の危機に賭することをいとわず、諸国に先駆けして海軍力の充実に巨大な一歩を画したことになる、という自負があったためである。じじつ、これほどの数の民族や部族が一つの都市の攻防に馳せ参じた例はたえてなく、あえて例外を求めれば、今次大戦期間をつうじて、アテナイとラケダイモンの両国家おのおのに与した各国兵員の総計をあげることになろう。

〔五七〕シケリアを攻める軍、シケリアを守る軍、そのおのおのに参加した兵数は、じつに下記のごとき多数に達し、一方が力を合わせてこの地を掌中に収めんとすれば、他方も一致協力その安泰を全うせんとして、シュラクサイ攻防の戦いをとげたのであるが、しかし各陣営の構成はと見れば、法的論拠や血縁の誼によって敵味方の陣に参加したものばかりではなく、各国の立場によって、あるいは利害得失の理に引かれ、あるいは強者の強制によって参加しているもののほうがむしろ多かった。

まずアテナイ人自身は、イオニア民族の長として、ドーリス民族なるシュラクサイ人にたいして、おのれの意図をとげるべく来攻したのであるが、その陣営には、当時なおかれらと同一の方言ならびに制度慣習をもちいていたレムノス人とインブロス人、同じく当時アイギナを領していた旧アテナイ市民[12]、同じくエウボイアのヘスティアイアに植民していた旧アテナイ市民[13]たちも加わっていた。その他残りの遠征軍諸兵は、隷属諸国[14]の軍兵、同盟条約の約定にしたがって派遣された独立諸国[15]の軍兵からなり、さらに一部は傭兵によって占められていた。

そして、隷属国として年賦金を課せられている諸国からは、エレトリア、カルキス、ステュラ、カリュストスなどエウボイア島諸都市の兵、ケオス、アンドロス、テノスなど諸島嶼の兵、ミレトス、サモス、キオスなどイオニア諸都市の兵が、それぞれ参加していた。ただしこれらの中で、キオスは年賦金を課せられておらず、海軍を提供する独立国として遠征に加わっていた[16]。これらはアテナイ側の主力部隊を構成し、カリュストス兵以外は（これはドリュオプス人[17]である）、みなイオニア人であり、しかももとはアテナイから植民された諸国[18]の兵であったので、隷属国から強制的に徴募されたものとはいえ、ドーリス人攻略に従っていたのである。

これらに加えてアイオリス人の諸邦からは、年賦金ではなく軍船提供という形でアテナイの命に服していたメテュムネと、さらにテネドスとアイノスの両年賦金支払国の兵が参加していた。これらのアイオリス系諸国は、建国の祖にさかのぼればシュラクサイ側に与しているボイオティア人と同系であったけれども、やむなき事情からアイオリス人がアイオリス人と戟をまじえることを強いられたのである。ただプラタイア兵だけは、きっすいのボイオティア人でありながら、ボイオティア勢を敵として戦ったが、これはかねてよりの憎悪を思えば[19]、当然とすべき理由がみとめられよう。

しかしながら、ロドスおよびキュテラ[20]出身の兵士らは、ともにドーリス民族であったけれども、ラケダイモンの植民地キュテラの兵はアテナイ勢に与して、ギュリッポス麾下のラケダイモン兵と戦場で争うこととなり、またロドス兵は本来アルゴスからの植民の末でありながら、同じドーリス系のシュラクサイ人や、また、ロドス人みずからが植民したゲラ市の市民がシュラクサイ勢に加わっているのを、敵にまわして戦うのやむなきにいたった。

さらにまた、ペロポネソス周辺の島嶼諸国を見れば、ケパレニア、ザキュントス両島の住民は、ともに独立国兵としてではあるが、じじつアテナイが制海権を握っている以上、島民たることとの制約にしばられて、ほとんど諾否の選択の余地もなく遠征軍に加わっていた。しかしケルキュラ兵は、たんにドーリス民族であるのみか、正真正銘のコリントス人末裔でありながら、おのれにとっては開国の祖たるコリントスと、[21]また同じく姉妹関係にあるシュラクサイとを敵にまわし、体裁をつくろうために、強制されたやむをえざる出兵であると称していたけれども、しかしその偽らざる本心はコリントスにたいするやみがたい憎悪の念から、従軍していたのである。[22]

そして、現在メッセニア人と呼ばれている兵士らも、ナウパクトスおよび、当時アテナイが占領していたピュロスとの両地域から、戦線に同行を強いられていた。[23]さらにまた、少数ながらメガラからの亡命者らも、メガラの植民地たるセリヌスの兵と戦うこととなったが、これらもかれらの境遇がしからしめた事態であった。

しかし以下にあげる残りの諸国兵はどちらかといえばむしろおのれの意志によって従軍したものである。たとえば、アルゴス兵は、同盟条約履行をせまられたためというよりも、むしろラケダイモンにたいする憎悪と、手近につかめる個人的利益の追求が各人の主たる動機となって、みずからはドーリス民族でありながらイオニア民族たるアテナイ勢と組んで、ドーリス人征討の軍に従っていた。またマンティネイア兵はじめその他のアルカディア諸邦の兵は、かねてより傭兵として従軍するたびに、そのおりおりに敵として名ざされたものを相手に戦《いくさ》することには慣れていたので、このときにもまた、給料さえ与えられれば、コリントス側に与する同胞アルカディア人をもその他一般の敵兵同様に相手どる覚悟で、アテナイ勢に加わっていたのである。またクレタ、アイトリアの諸都市からも、従軍者がいたが、これらも賃金契約に応じたものたちであった。さらに、かつてロドス人と協力してゲラを建設したクレタ人[24]にいたっては、おのれの植民地の救援に力をかすどころか、賃金のためとあれば、諸々としておのれの植民地を敵とする戦いに加わる立場に甘んじたのである。またアカルナニアからは、一部は利欲心に動かされたものもいたにせよ、多くのものはデモステネスにたいする友情、ひいてはかねてよりの同盟国アテナイにたいする好意が動機となって、傭兵資格で従軍していた。以上の諸兵はみな、イオニア湾のギリシア本土側に領土を有する諸国出身のものたちである。

またイタリア沿岸の諸邦の中からは、トゥリオイとメタポンティオンの両国の兵が、ちょうどそのとき内乱の過程に生じた国内事情にせまられて、やむなくアテナイ勢と征軍をともにしており、またシケリアのギリシア系諸都市からはナクソスとカタネの両国兵、異民族諸邦からは、アテナイ側の干渉を求めた主謀たるエゲスタの兵、さらにシケリア先住民の大多数がこれに参加していた。またシケリア以外の地からは、一部のエトルリア人がシュラクサイと利害関係が対立していたため、これがアテナイ側に与しており、またイアピュゲス人も、傭兵として従軍していた。かくも多数にのぼる諸民族がアテナイ側の陣に加わっていたのである。

〔五八〕これに対抗して、シュラクサイ防衛の陣に加わった諸兵を数えれば、まずその隣邦カマリナの兵、さらにその西隣のゲラの兵があり、そしてさらにその西のアクラガスは中立を維持していたが、アクラガスの西隣セリヌスは援兵を派していた。以上はリビュアに面するシケリア南岸の諸地方からの兵であるが、エトルリア海に洗われる北岸からは、その地域ではただ一つのギリシア人都市であるヒメラの兵が加わっていた。じじつヒメラは、この地域から援兵を送った唯一の国であった。シケリアのギリシア人諸邦からは、以上列記したような諸国が同盟者として戦いをともにしたのであるが、それらはいずれもみな、ドーリス人に属しおのおの独立国を営んでいた。かれらの陣に加わっていた異民族はシケリア先住民のみで、しかもさきに離叛してアテナイ側に与したものらはこれにふくまれていなかった。

シケリア以外のギリシア諸邦から送られた援兵は次のごとくである。まずラケダイモンはスパルタ人を総指揮官として派し、その配下に新規市民《ネオダーモーデス》と国有奴隷からなる軍勢を送っていた〔新規市民というのは、すでに自由人としての資格をもつものと対等に見なされる〕。次にコリントスは、海陸両兵力を提供した唯一の国であったが、シュラクサイとの姉妹国の関係から、レウカスとアンプラキアも援軍を送っていた。[25] またアルカディアからはコリントスによって傭兵が徴募派遣され、シキュオンは強制されて兵を送っていた。[26] さらにペロポネソス以外からは、ボイオティア兵が加わっていた。

しかしこれらの外部からの援兵に比して、シケリアのギリシア諸邦みずからが提供した兵力は、さすがにいずれも大国を営んでいるだけあって、あらゆる兵種軍備においてはるかに大規模な数に達した。というのは、多数の重装兵、軍船、騎馬、その他甚大な数にのぼる諸種雑兵が集められたからである。さらにまた、これら全部の他市からの諸兵の数との比較をあえてこころみるならば、シュラクサイ一国がかつてなき至難の危機を克服せんとして、強大な国力をあげてみずから調達動員した兵力は、それら同盟勢を合算したよりもさらに多大な数に達したのである。

〔五九〕かくして両陣それぞれの傘下に結集した援兵は上に数えたごとくであったが、戦局がこの段階にいたったときには、すでにこれらの全兵力が現場に到着しており、またこれ以後になっていずれかの陣営に新手として加わったものは一兵もいなかった。

さて、シュラクサイ勢とその同盟諸兵は、かくもおびただしい数のアテナイ側の大軍勢を一網打尽にひっとらえ、海路陸路のいずれにおいても討ちもらさず仕止めることこそ、さきの海戦の勝利とあいまって、シュラクサイの名を高からしめる大作戦である、と考えたのであり、周囲の事情からすればそう考えるべき理由は充分あった。そこでかれらはただちに大湾の封鎖にとりかかった。その湾口は約八スタディオンあるが、三段櫂船、その他の船舶舟艇などを横長に碇泊投錨させて、入口を閉じようとしたのである。そしてさらに、なおもアテナイ勢が勇を鼓して海戦を挑んでくる場合にそなえて、諸般の準備に怠りなく努めるなど、かくしてかれらの意図するところ大ならざるはなかった。

〔六〇〕他方アテナイ側は、敵側の封鎖作業を目のあたりにし、さらにそれにつづくかれらの作戦計画を察知すると、対策を講ずる必要にせまられた。そして指揮官、部隊長らは一堂に会すると、諸般にわたる当面の窮状とりわけ食糧類の必需品が現在すでに涸渇状態にあり(先般海上への退去を企てたとき、前もってカタネへ指令を送り[27]、今後補給の必要なしと伝えたからである)、また今後とも、制海権を奪回せぬかぎりは、補給の道とてない状態にあることを憂慮して、かれらは次の案を取りきめた。

すなわち、北面の台地をめぐる砦と城壁をすて、船団が碇泊している脇に、壁と壁とをつなぐ横断壁を築き、装具と傷病兵を収容するに足りる程度の最小限の地面を確保して、ここになにがしかの守備兵を配置する。そして残った陸上部隊を動員して、航行できる船も不適な船もその別をとわず、残存の全船舶に一人残らず搭乗させて出撃の用意をととのえ、血路をもとめて海戦を決行する。そしてもし勝勢をつかめばカタネへの航路をすすむ。もしこの策が破れれば、船団を焼き払い、戦闘隊形を組みかためて陸路をすすみ、異民族の国であれギリシア人の国であれ、いずれかあとうかぎり短時間で到着できる友邦にむかって撤退していく。

指揮官らはこの案を決めると、即座にそれを実行に移した。まず、北面台地から兵士を順次に後退させて海岸に移動させ、かれらを全軍船の部署につけた。だれかれをえらばず、五体壮健で何かの役に立ちそうな人間と見れば、みな強制的に船に乗り組ませたのである。こうしていっさいがっさい、総計約一一〇艘の船の就航準備がととのった。そしてこれらの船上には、アカルナニア兵をはじめその他の諸国兵からなる多数の弓兵、投槍兵を搭載するなど、その他数々の工夫を凝らしたのであるが、いずれもこの切羽つまった事態が許すかぎりのものであり、また上述の作戦計画がしからしめた準備であった。

準備が一通りととのうと、ニキアスは、さきの海戦でアテナイ人にとって未曾有《みぞう》の大敗を喫したために兵士らの士気が地に堕ちている様子を見ており、また糧食欠乏からかれらが一刻も早く決戦を賭したいと望んでいるのを知って、各部隊全将卒を呼集すると、出撃に先立って次のごとき激励の言葉を述べた。

〔六一〕「アテナイの兵士諸君、ならびに同盟諸国の兵士諸君、今われらがのぞむ決戦は、ひとしくすべてのものにとって生死の境となる。敵も味方も、みな各人おのれの生命と祖国の存亡を、その帰趨《きすう》に賭している。すなわち、もしここでわれらが海軍をもって敵を制しうれば、いずれの国から来たりしいずれの兵も、ふたたびおのが故郷にまみえることができる。諸君、これを目前にして意気消沈すべきいわれはない。また一戦の経験もなきものらのごとく、一度二度の試練に屈したるがために、爾後までも恐れが去りやらず、敗運あいつづくのではないかと疑心暗鬼することもまちがっている。なぜならば、アテナイからの従軍兵諸君はみな歴戦の強者ぞろい、また同盟諸国の兵士諸君も、つねづねわれらと陣をともにしたものたちであれば、戦いの勝敗の予期しがたきは周知のはず、今こそこれを心によみがえらせ、われらに好運のめぐみあらんことを念願して、諸君一人一人、眼前一野を満たすこの大軍勢にふさわしく、みごとな反撃に討ってでるよう、諸君の決意をかためてもらいたい。

〔六二〕さて、戦いは狭い湾内の水面でおこなわれる。多数の船舶の抜き差しならぬ混雑と、前回われらに被害を与えた敵側甲板上の戦備㉘と、これら両面の障害にたいして、われらに益ありと思われるもろもろの対抗装備は、船長らと協議勘考のうえ、ありたけの現有手段を投入して、残りなくわがほうの軍船にも配備されている。

その一つが、甲板上に配置される多数の弓兵、投槍兵、その他の雑兵群である。もとよりこれは船の荷重を増加させるものゆえ、操船技術を損ずるところがあり、ゆえにわれらが外洋にて戦《いくさ》するときには好んでもちいる手段ではないが㉙、今回のごとくに船上から陸兵をもちいる戦いを余儀なくされた場合、有利となる。また、敵船と対抗するに必要な船体の改造についてもとどこおりなく方策が講じられており、とりわけ、先般われらに甚大な損害を与える主因となった、敵の錨をつるす支柱の強度にたいしては、味方は鉄製の投鉤《なげかぎ》をもってする。これは、これを扱う搭乗戦闘員のぬかりない働きをまって、突入してきた敵船が逆に櫂を操り後退するのをさまたげる。といえばすでに察しのつくように、事ここにいたってわれらは船上から陸上戦闘を挑むよりほかない絶体絶命の窮地にあり、とくに陸地という陸地は、われらの陸上部隊が残留維持しているわずかの地面を除いてこれみな敵地とあれば、われら自身も船を引かず、敵船にも退くいとまを与えぬことが、味方の利であると思われる。

〔六三〕これらのことを胸にたたんで、諸君の力のつづくかぎり決死の戦いを挑み、断じて岸辺に押しもどされぬことこそ肝要、されば敵船の腹に船縁を打ち当てたが最後、いかなることがあろうとも敵の甲板から重装兵をなぎ倒すまでは絶対に敵船から押し離されぬ覚悟であってもらいたい。私はこの命令が漕手諸君はもとより、とくに重装兵諸君によって死守されんことを望む。これを成しとげる責任は主として甲板上の兵士諸君にかかっている。しかも現在のところでは、およそ全般的に見てわれらはなお陸上兵力をもって優勢をとなえうる立場にある。

また漕手諸君には、次の激励を、いな激励の言葉に懇望をもこめて伝えたい。先般来の敗運のために、過度の不安をつのらせることがあってはならぬ、今回諸君の船の甲板上にははるかに強力な戦闘力が配備されている、船の数もはるかに多いのだ。そして、心に深くよみがえらせてもらいたい、諸君が享受してきた満足感のいかにかえがたく、死守に値するものであるかを。生れはいずこの国であれ、われらの言葉に通じわれらの態度を模することによって、世は諸君をアテナイ人として扱い、諸君はその間ギリシア世界の畏敬を集めてきたのみか、諸君がわれらの支配圏から汲みとった恩恵は、けっしてアテナイ市民に劣るものではない。いな、諸君は隷属諸邦にたいして威をなすことがあっても、かれらから害をこうむったことがなかったのであるから、ふつうの市民よりはるかに大なる支配者の特典にあずかってきた。(30) ただひとり諸君のみが自由人の誇りをもって、われらとともに支配を分かちあってきたのであれば、この期に及んでこれを見捨て裏切ることは義に反すると言わねばならぬ。

されば コリントス勢なんぞ恐るべき、諸君は連戦かれらを撃破したのだ。シケリア勢なんぞ恐るべき、わが軍船が勢いさかんであるかぎり、かれらは行く手をはばもうとさえしなかったではないか。勇を鼓して敵を呑む気概のもとに、かれらを撃退せねばならぬ。そして、たとえ体力おとろえ、不利な立場から討ってでようとも、諸君の熟練の技術は、僥倖に乗じたる敵の猪突にまさることを、りっぱに示してもらいたい。

〔六四〕最後にいま一度、ここにいるアテナイ市民諸君にこの一事を想起してもらいたい。諸君があとにした本国の造船所には、今ここにあるごとき軍船はもう一艘も残っていない、またかくも若くたくましい重装兵も残っていない。さればもしここで諸君が勝利を逸することになれば、必定シケリア勢はアテナイ攻撃に出帆する、しかし故国のわが同胞は、本土領内の敵、海より寄せる新手の敵を両面にまわして、戦う力もなくなっている。かくして諸国の胸に今なおあらたなるかの征服の夢はあだとなり、諸君はたちまちにしてシュラクサイ勢の手につかまれ、本国の同胞たちはラケダイモン勢の意にしたがう、という結果は免れない。これを思えば、この一戦こそ、その両者を賭した争い、よろしく諸君はここを先途とあらゆる重みに耐えられんことを望む。そして兵も将も、全軍心を一つにして、深く肝に銘じてもらいたい。今や決戦をまえに船上の部署につく諸君こそ、アテナイ最後の兵であり船である、いな、わが国の最後の蓄えであり、冠たるアテナイの偉名である、と。この責にたえんがために、戦技、胆力そのいずれかによって抜群の功を馳せんと望む士があれば、今こそ絶好の機、勇を顕示しておのれの志をとげ、かつ全軍全同胞の救いとなるべきときは、今をおいてほかにはない」

〔六五〕ニキアスは以上の言葉をもって激励の辞を終えると、ただちに乗船命令を下した。ギュリッポスをはじめシュラクサイ側では、相手側のこの準備を目のあたりに見てとることができたので、アテナイ勢が海戦を挑むらしいと察することができたが、やがて、鉄製の投鉤が装備されているという知らせも、届いた。そこでかれらも、個々の必要に応じて諸般の準備をととのえるかたわら、とくに投鉤作戦に対抗すべき処置をとった。すなわち、各船の舳先部分と、船体上部付近のほとんど全面にわたって、獣皮のおおいをかけた。鉤が投げかけられても滑りおちて、船体にひっかからないように工夫したのである。こうして万端の準備がととのうと、シュラクサイ側の諸兵を前にして、指揮官たちやギュリッポスは、次のごとき激励の言葉を述べた。

〔六六〕「シュラクサイおよび同盟諸国の兵士諸君、今日にいたる歴戦の戦果は輝かしく、そして今やおこなわれんとする決戦の見通しも、また輝きに満てるものであることは、おおかたの諸君が熟知のことと思うが（さもなかったならば、諸君がかくもよろこび勇んでこの戦いに全力を投ずることにはならなかったろう）、しかしこの当然知っているべき事実をなお解しえぬものがあるやもしれず、ここに説明する次第である。

すなわち、かのアテナイ人はすでに、古今に類なき強大な支配圏を所有しながら、なおあきたらずわれらの領土に兵をすすめ、まずはシケリアをおのが属領に組み従えんともくろみ、あわよく作戦が功を奏せば、次にペロポネソスをはじめ、残るギリシア全土をも隷属化せんとしていた。かくのごときアテナイ勢をむかえて、しかもかれらが無敵を誇った海軍にたいして海軍をもって拮抗《きっこう》するという、世に初めての試練に耐えた諸君は、すでにいくたびかの海戦で勝利を挙げ、今おこなわんとする決戦にもみごと勝てる、と信ずべき理由をもっている。周知のごとく、なべて兵隊は、わが得手と頼む戦術をもちいていったん遅れをとると、爾後はかつての自信をとりもどすことはおろか、毛頭自信などなかったものにすら劣ることとなる。また、予期を裏切る事態に見舞われ、高言が水の泡と潰《つい》えたものは、実力のほどを発揮するにはいたらずして見切りをつける。この状態こそ今やアテナイ勢が陥っている姿、と考えて誤りではない。

〔六七〕これにたいしてわがほうは、最初より勇気において欠けるところなく、はじめはただその勇気を頼みに技量いまだしの実情をも意とせず、緒戦において必死果敢な挙をとげたのであるが、今やわれらの士気はますます強固となり、しかも、最強の敵を倒しえた日にはわれらこそ最強のものであるという自信がこれに加わり、われら各人の希望は二倍につよまった。およそ事に当たらんとするときには、大をとげうる希望こそ、転じてまた大をとげうる勇気を与えるのだ。

さてまた敵側が対抗策としてわが装備を模倣したところで、それはわが戦法によってつちかわれてきた手段、その一々にたいする備えをわれらは心得ている。考えてもみるがよい、かれらがおのれの戦法を放棄して甲板上に多数の重装兵を乗せ、またアカルナニア兵をはじめ多勢の、いわば陸の動物さながらの投槍兵を船に満載してみたところで、かれらは揺れ動く船上で身をしずめ槍を放つ術さえ知らぬ。かならずやかれらは船の扱いをあやまるにちがいない、手慣れた戦法を無視して動くため、かれらはみなことごとく同士討ちの混乱に陥るにちがいないのだ。そうなればかれらの船がいくら多くとも、なんの役にも立ちはせぬ、よもやと思うが諸君の中で、優勢なる敵船と戦うことに恐れをいだくものがいれば、その心配は無用。なぜなら狭いところに多数の船を浮かべれば、敵船の動きはにぶり望みの目的をとげにくくなるのみか、かねてよりわれらの熟知する戦法をもちいれば、このうえなく倒しやすい目標となるからだ。

加えて、諸君、われらがたしかにつきとめたと信ずる真相を、諸君もよく認識してもらいたい。敵側の困惑は今や収拾すべからざるものとなっており、かれらは現在の窮状に耐えきれず、ついに絶望にはしり最後の手段にうったえている。つまり、かれらは戦って勝つ備えがあるとは信じられずとも、今残されたただ一つの可能性にすがり、ただ運を頼りに最後の賭をなそうとしているのだ。もし勝てば、船隊もろとも脱出もできよう、また勝ちさえすれば、陸伝いに退路をひらくこともできよう、いや勝っても負けても結果が現状よりさらに悪化するはずがない、そう考えているのだ。

〔六八〕されば諸君、敵の態勢はかくも乱れに乱れ、不倶戴天の輩が最後とすがる好運も、すでにわれわれらの側についている。これを衝き、今こそわれらは怒りの鉄槌《てっつい》を下すべきとき、今こそわれらの信念をあらわすべきとき。侵略者を罰すべく、煮えたぎるこの怒り恨みを思いのままに打ち晴らすのは、万人の諒とする報復の掟、しかも仇敵撃滅は今やわが手の中なる可能事にして、諺《ことわざ》にもいうこの世に類なき痛快事である。かれらがいかなる敵、いな、いかに許しがたき仇敵であるかは、諸君全部がよく知るところ、わがシュラクサイを奴隷に落とさんと兵をすすめ、しかもあわよくば、市民には残虐無比の処罰を、婦女子供にはもっとも似合わしからぬ烙印《らくいん》を、そしてこの町全体にはこのうえなき汚辱の名を科そうとの魂胆からやって来たのだ。これらに報いんとする今、なんびとも憐憫の情はいっさい無用。痛撃を加えることもなく、ただかれらを去らせさえすれば身の得などと考えるものがあってはならぬ。敵は勝っても負けても同じようにここから撤退する。しかし見込みどおりにわれらの意図をとげうるならば、かれらを懲罰しうるのみか、古き自由の華をつちかうシケリア全土に、自由のたしかな稔《みの》りをもたらすことができる。これを成就しえてこそ、戦いは勝利の名に値する。思ってもみるがよい、はずれても失うものはま

三段櫂船の舷側部分を表す浮彫り。最上段の漕手らの姿だけがえがかれている。

ず皆無、当たれば望みうるかぎりのものを手に入れることができるとすれば、これにまさる安全な賭はまたとあるまい」

〔六九〕シュラクサイ側の指揮官やギュリッポスらは、アテナイ勢が乗船するのを見て、自分たちも以上のごとき激励の辞を与えたのち、敵の動きに対抗してただちに乗船命令を下した。

他方ニキアスは事態の窮迫に内心の動揺ただならず、目をおおわんばかりの危険が今や間近まで迫っているのを見て、はや軍勢が波間に乗りだすばかりの瀬戸際になっていたにもかかわらず、かれは、巨大な試練に直面した人間の陥る例にもれず、味方がなすべき戦いの準備はまだととのっていない、口で伝えるべきこともなおつくされていない、と思いこみ、またもや三段櫂船長のだれかれを一人ずつ岸に呼びもどし、その名を呼び父の名を呼び、その部族名を呼び、多少なりと功績があったものにはその名を汚さぬよう、父祖の功名しるきものには父たちの勇徳をかげらさぬよう、と各人にふさわしい励ましを与え、さらにまた世に高く自由の名をうたわれた祖国を想起させ、そこではすべての市民にいかに自由な生活が許されているかを語り、まだその他にも、このような危機に追いつめられた人間が、古くさい繰り言を笑われはせぬかと恐れる顧慮をもすてて口にする言葉や、とりわけこのような場合だれでもが引きあいにだす、妻女子供たち古来の守護神らなど、ただ目前の事態にたいするとりとめもない惑乱から、藁《わら》をもつかむ思いでその名にうったえるもろもろのものにまで言い及んだのである。

こうしてかれは、このさい充分とまでは望めぬにせよ、せめて最小限の激励を与え終わったと判断すると、自分はその場から退き、陸上部隊を波打ち際まで率いて、そこでできるかぎりの広範囲にわたる海岸線にそって戦闘隊形を組ませた。船隊に乗り組んだものたちにたいして及ぶかぎりの支援を与え、かれらの士気を鼓舞しようとはかったのである。他方、デモステネス、メナンドロス、エウテュデモスは(これら三名が、アテナイ勢の将軍として船隊を率いたのである)、味方の宿営地海岸から船隊を出発させるや、まっすぐに湾口を閉ざす封鎖線にむかって突進し、まだなお閉じられぬままになっている入口[31]を目標に、船をすすめた。力ずくでも外海への航路を奪おうとしたのである。

〔七〇〕シュラクサイとその同盟諸国の水軍はそのときすでに、先回とほぼ同数[32]の軍船を水面に漕ぎだしており、その一隊が湾内からの出口付近を固め、残りは湾岸沿いの水面に円く戦列を敷いて、四方八方からいっせいにアテナイ勢に襲いかかろうとしていた。またかれらの陸上部隊も、味方の船が着岸すればその場で掩護《えんご》できるよう、態勢をととのえていた。シュラクサイ側海軍の指揮をとっていたのは、全船隊の左右両翼を担っていたシカノス、アガタルコス両名と、中央部を固めていたピュテン以下のコリントス人指揮官であった。

やがて後続のアテナイ船隊も湾口の封鎖線に突入すると、まず緒戦の攻撃力をふるって敵を攻めたて、この水面に配置されていたシュラクサイ船隊を圧倒するや、湾口を閉じている鎖を解く作業にかかった。だがこれにつづいて四方八方からかれらにむかってシュラクサイやその同盟諸国の船隊が襲いかかって来るに及んで、もはや海戦は封鎖線の付近だけではなく、湾内全水面にわたって展開されることとなり、その執拗《しつよう》な激しさはかつて類例を見ぬものであった。というのは、敵も味方も、命令一下攻撃に突入するとき漕手らが示す意欲は激しく、また舵取りらもたがいに業《わざ》には業を、力には力をもって激しくしのぎをけずりあい、さらに搭乗戦闘員らも、甲板上の働きが他のものたちの技術に引けをとってはならぬとばかり、船が船に打ち当たるをさいわい、勇敢に立ち働くなど、だれもかれも与えられた部署において自分こそ第一の誉れを得ようとはやりたったからである。

しかし狭い水面に多数の船が投入されたために（これほど狭いところで、これほどに多数の船が戦ったことはこれが初めてであった。両勢の参加船舶の総数は二〇〇をわずかに下まわるくらいであったから）、逆漕ぎして後退する手や、船列攪乱などの戦法は不可能となり、そのために衝角攻撃はほとんどおこなわれることなく、それよりも、逃げようとしたり転じてべつの敵を追おうとするたびに、船と船が触れあって生ずる衝突のほうが、しきりに見られた。そして船が船をめがけて接近しつつあるあいだは、甲板上の戦闘員は相手の船にむかって投槍、矢、投石などを雨あられと浴びせつづけたが、いったん舷と舷が触れあうや、搭乗戦闘員はいっせいに手と手の渡りあう白兵戦を演じ、たがいに相手の船に躍りこもうとして争った。こうして、水面狭隘のためにいたるところで、敵船に突きを入れたと思った船が、逆に突きを入れられる有様となり、しかも一艘のまわりに二艘、あるいはさらにはなはだしきにいたってはそれ以上の数の船が、動きがとれぬままにからみ合う状態となり、舵取りたちは一方にたいして警戒を怠りなく努めながら、他方にたいして攻撃のすきをねらい、しかも一対一の駆引きではなく、四方からの多数の船にたいして一度に策を講じなくてはならなくなった。

かてて加えて、多数の船体が所せましと激突しあう、耳を聾《ろう》するばかりの轟音《ごうおん》は心を動転させたのみか、水夫長が叫ぶ号令をも消してしまった。というわけは、敵も味方も操船上の号令や、目前の勝ちをはやる功名心の雄叫《おたけ》びが、両側の水夫長の口から絶え間なく乱れとび、アテナイ側のあいだでは、突破口を奪取せよ、腕に覚えのあるものは今こそ祖国を守り抜くために、あらんかぎりの勇猛心を発揮して戦え、と呼びかける声、シュラクサイ側とその同盟勢のものたちのあいだでは、敵を一兵も逃さず最後の勝利をかちとって、各兵おのが祖国を大ならしめることこそ誉れなり、と叫ぶ声が飛びかったのである。さらにまた敵味方両軍の指揮官らも、やむをえぬ理由もなく勝手に逆漕ぎして退く船が眼にとまると、その船の三段櫂船長の名前を大音声で呼ばわって詰問し、アテナイ勢指揮官であればこう言った、海はわれらアテナイ人が営々辛苦して得たわが領土、しかるにいつからそれをすて、仇敵が領する陸地を恋しがり逃げもどるようになったのか、と。またシュラクサイ勢指揮官であればこう言った、逃げるアテナイ勢から逃れるとはなんたること、敵はあらゆる手でただ逃げようと必死になっているのがわからないのか、と。

〔七一〕海上の戦闘が押しつ押されつの拮抗状態にあるあいだ、海岸からこれを見守っていた両軍の陸上部隊は、心が千々に裂け争いあう苦しみにおちていた。現地勢は勝利にはやり、今よりもさらに大なる戦果を収めんと勇みたち、侵攻勢は現況がさらにいっそう不利になるのではないかと恐れわなないていたのである。今やすべてをこの海戦に託していたアテナイ勢にとって、その成行きを危惧する気持は何ものにもたとえようがなく、そしてまた海戦が勝敗まちまちの形で展開したために、見ているものたちも、勝敗入りまじった光景を同時に眼前にすることを余儀なくされた。というのは、戦闘の情景は目と鼻の先に見え、しかもまたすべてのものがいっしょに同一の局面を見つめていたわけではなかったので、一部のものはある一方面の味方勢が優勢に立つのを見るたびに、大いに元気づき神々の名を呼び、どうかわれらを見捨てたもうなと呼びかけているかと思えば、そのわきでべつのものたちは、敗退する味方の船を眼前にして、声高く悲嘆の叫びを放ち、自分らはただ実景の見物人であることも忘れて、実戦に参加しているものよりも先にわれとわが心を絶望におとしいれた。また他のものたちは、彼我伯仲の海戦場面に眼を釘《くぎ》づけにしているうちに、いつまでも優劣の果てしなき争いに、いつしか身も心も吸いこまれ、一喜一憂するたびにその体をもとりとめもない心配にねじらせて、激しい苦痛をなめつづけた。そのあいだじゅう、脱するか破れるかその差まさに一髪という瀬戸際の争いをくりかえしていたからである。

こうして海上で彼我互角の戦闘がおこなわれているあいだは、アテナイ側の陸兵のまっただ中においても、ありとあらゆる叫びがいっしょになって聞こえ、悲嘆、歓声、勝っている、負けている、の叫びなど、潰滅の危機に瀕した大軍勢が発せざるをえなくなる悲喜こもごもの声を、耳にすることができた。これとほぼ同じ状態に船上の諸兵もあったのであるが、ついに転機がやって来た。

ながらく膠着《こうちゃく》状態にあった海戦ののち、ついにシュラクサイとその同盟諸国の水軍はアテナイ側の船勢を突き崩し、はやまごうかたもない攻撃に転ずるや、大喚声をとどろかせ、たがいに激励を投げかわしながら、敵船を陸地にむかって追いつめようと攻めよせた。ここにいたってアテナイ側の船勢は、水上で拿捕《だほ》されたものもあり、残ったものも支離滅裂に海岸まで追いかけられて船内から崩れるように陣地へとなだれこんだ。

陸上の兵士らは、もはや悲喜こもごもどころではなく、見るものすべてこの惨状に耐ええず、いっせいに嘆きとうめきの声が堰《せき》をきってあふれ、あるものは船のまわりを掩護するために、またべつのものは今なお味方の手中に残っている城壁の守備に、と急いだが、さらに残りの、しかも数えればはるかに多数のものたちは、早くも自分自身の身の上を案じ、いかにすれば一命が助かろうかと思いをめぐらしていた。いずれにせよ、かれらがこの瞬間に経験した心気動転は、これまでのいかなる惨害と比べても、一つとしてなお及ばぬほど深刻なものであった。かつてピュロスにおいてかれらが敵に加えたのとちょうど同じ被害を、今かれら自身がこうむったからである。なぜならば、かのときラケダイモン側は船を失ったことによって、島に渡っていた味方の兵士らをも失う羽目になったのであったが[33]、今やアテナイ勢にとっては、望外の変事でも生じないかぎり、陸のみで脱出の活路を求めることは、期しがたくなったからである。

〔七二〕海上戦は激烈をきわめ、両勢ともに多数の人命船舶を喪失した。しかしシュラクサイとその同盟国の水軍は、船体破片を確保したのち味方の戦死者を収容し、そこでシュラクサイの町へ引きあげて勝利碑を築いた。

他方アテナイ側は、今回の惨状があまりに大であったために、屍体や船の残骸の処置については、それらの収容を申し入れることにさえ思い及ばず、その夜のうちにただちに撤退に移るべく協議をおこなっていた。しかしデモステネスはニキアスの前にすすむと、いま一度残った船に兵を乗り組ませて、あとうことなら払暁《ふつぎょう》とともに海上から強行脱出をとげるべきである、という案をすすめた。味方にはまだ敵よりも多数の、航行可能の船が残っている、アテナイ側には約六〇艘の余りがあるが、相手側にはもう五〇艘以下しかない、と。そこでニキアスもこの意見に賛同し、指揮官らは乗船を命じようとしたのであったが、船員たちはこの日の敗北にいたく動揺しており、もはや勝勢をつかむことはおぼつかないと思いこんでいたために、乗船命令に応じようとはしなかった。

〔七三〕こうしてアテナイ勢は、今にも総勢そろって撤退に移ろうと意を決したのであるが、かれらのこのような計画をひそかに察知していたシュラクサイのヘルモクラテスは、もしこれほどの大軍が陸伝いに退却することに成功すればシケリアのどこかに陣をかまえ、またもや自分らに戦いをしかけてこようと考えるやもしれぬ、そうなれば一大事である、と判断して、責任者たちのもとをたずねると、このさい敵側が夜陰にまぎれて撤退してしまうのを黙過すべきではないと、つぎの提案をなした。

つまり右のごときかれ自身の判断をも述べ、さればこのおりを逃さずシュラクサイ勢も同盟勢も総出で討ってでて、街道筋には遮断壁を設け、またあちこちの山間の隘路《あいろ》を占取して守りを固くすべし、と主張したのである。責任者たちはこれを聞いて、かれらもヘルモクラテスにまさるとも劣らぬくらい熱心にこの提案を支持し、これを実行に移すべきであると一度は考えた。しかしかれらの見るところ、一般の軍兵は、欣喜《きんき》して今しがたの大海戦の労を癒《いや》すべくすでに休息をとりつつあり、またこのとき祭りが催されていたので（ちょうどこの日はシュラクサイではヘラクレスに供物をささげる祭礼日に当たっていた）、容易なことでは命令に応じようとしないのではないかと思われた。というのは、勝利を得て喜びのあまり、ほとんど全部のものたちはすでに祭りの酒に浸っており、指揮官らの見るところこれらの軍兵漕手に今ここで武器をとって出動せよと命じたところで、まず絶対に服従することはあるまいとしか思えなかったのである。

このような見込みを立てた指揮官たちには、せっかくの提案も実行不可能としか思えず、ヘルモクラテスももうあえてかれらを説得しようとは努めなかった。しかしながらかれ自身、みすみすアテナイ勢がその夜のうちに、追撃がかかるのを待たず、もっとも峻険な悪路を突破してしまうのではないか、という危惧をすてきれなかったので、このさい可能な手段として、次の一策をもちいた。

かれは夕闇がせまると、自分の同志の幾名かに騎兵をつけて、アテナイ側の陣営にむけて出発させた。これらのものは、敵側に声が届く距離まで馬を乗りつけると、あたかもアテナイ側に意を通ずる一派のものたちであるかのごとく装って、陣内から幾名かのアテナイ人を呼び出し（じじつシュラクサイには、内部の情報をニキアスに通報している一味があったのである）、ニキアスに伝えてもらいたいとこう言った、街道筋はシュラクサイ勢が警備についているから、夜間軍勢を引くことは避けたほうがよい、朝になってから整然と応戦隊形を組んで撤退に移るべきである、と。言い終わってかれらは去って行ったが、これを聞いたものたちはその旨をアテナイ軍の将軍らのもとに申し送った。

〔七四〕将軍たちは、これが奸計であろうとは疑うよしもなく、報じられた情報のままにその夜は出発を延期した。しかしその夜が明け、翌日には出発が予定されていたにもかかわらず、かれらは即座に進軍に移ろうとはせず、さらに次の日まで待つことに決めた。これは兵士らが、可能な範囲において最小限の必要品を荷ごしらえできるようにとの配慮であり、準備完了次第、余計なものはいっさい遺棄し、ただ各人の生活を維持するための身の回り品だけを携行して、出発することが定められた。

他方シュラクサイ人とギュリッポスは陸上部隊とともに一足さきに出動すると、アテナイ勢が通過するにちがいないと予想された、領内の各街道を封鎖遮断し、また渓流河川の徒渉点に守備隊を置き、ここぞと思う有利な地点をえらんで敵勢を待ちもうけ、退却を阻止しようと態勢を固めた。またかれらは水軍を従えて海上から接近すると、アテナイ側の船舶を波打ち際から曳航しようとした。アテナイ側の少数の軍船は、アテナイ人のかねての計画どおりに、自分たちの手で焼き払われていたが、残りの船はあちこち浜辺に乗り上げられているのを、シュラクサイ勢はただれの妨げもこうむることなく悠々と一艘ずつ曳き綱をつけ、シュラクサイの町をめざして引いていった。

〔七五〕このことがあってのち、ニキアスとデモステネスは充分に準備がととのえられたと見たので、海戦の翌々日にしてようやく軍勢は撤退の途についた。ここに見られた情景は酸鼻をきわめ、数えればどれ一つとして悲惨たらざるものはなかった。

退陣せんとするものたちは多数の船をことごとく失い、大いなる抱負は失せて自分らはもとより祖国をも危機におとしいれただけではなく、後にする宿営地には各人の眼を刺し心を貫く痛ましい光景が横たわっていた。戦死者の遺体は土をかけられることもなく横たわり、人はおのれの縁者友人が倒れ伏しているのを見るたびに、恐れと痛恨の交錯した気持に突きおとされた。さらに負傷や病弱のため、生きながらに遺棄されていく戦友たちの姿は、生きているものらにとって、累々たる屍体よりもはるかに耐えがたい苦痛を与え、五感を失った死者よりもさらにみじめな訴えを去るものらにむかって放った。かれらは嘆願し、涙ながらの訴えをつくして人々を絶望に追いやった。仲間や縁者の姿を見つけるたびに、どうか自分たちも連れていってくれと一人一人にむかって声を放って助けを求めるもの、同じ宿舎にいた戦友がやがて立ち去ろうとすると、その肩にすがりついて力のつづくかぎりはそのあとに従うもの、だがその気力もたちまちにつきはてて、最後の息で神を呼び悲嘆の声を放って落伍していくもの、そのためついに全軍の将士は涙にみたされ、いかんともすべき力を失って、今は敵地から脱出すべきことも、涙ではつぐないきれぬほどの大損害をすでにこうむっており、またこの先定かならぬ道中でこうむるやもしれぬと恐れていることも、みな忘れて出発はただ遅々としてはかどらなかったのである。そしてついに果てしない幻滅感と自責の念がかれらを押しつつんだ。

じじつかれらの姿は籠城に屈した一城市の全員が城門をあとに落ちていく有様そのものであり、しかもそれはけっして小さい町とは言えぬ規模であった。かれらが退却の途についたとき、総勢は無慮四万以上の群れを数えたからである。そしてこれらの中のほかの兵士は各人みな、あとうかぎりの必需品を携行したが、重装兵および騎兵は慣習を無視して、(34)武器甲冑を装ったうえに、なおみずからの手でおのおのの食糧を携行していた。従者の手が得られなくなったものもあり、また従者にたいする不信からそうしたものもいた。脱走する従者はかなり以前からあり、とくに多勢のものがこの期に及んで姿を消していたからである。しかしかれらが携行した食糧とても、けっして充分といえるものではなかった。陣営内に貯蔵されていた主食はすでに涸渇していたのである。

だがそれだけではない。かれらがなめたその他いっさいの屈辱にみちた辛苦、だれもかもひとしく分かちあう敗北感は、たしかに全体の連帯感とやらによって多少はやわらげられはしたけれども、しかしそれでもすべては今この場にあるものにとって耐えがたく、とくに、出発当初の絢《けん》爛《らん》たる装いやさかんな高言も今はむなしく、なんたる終局、なんたる恥辱に逢着《ほうちゃく》したかを思うとき、人は痛恨にしずんだ。じじつこのたびの逆転こそは、ギリシアの軍勢が喫した敗北としてはまさに空前の規模というべく、他国に隷属の軛《くびき》をうたんとして攻め寄せたものらが、形勢逆転おのれの身を奴隷にされる恐れにかられて退却する仕儀となり、祈禱や出陣歌もにぎにぎしく遠征の途についたものが、帰りはまさしくその逆の凶兆のもとに出発、来るときは船乗りであったのに帰りは兵隊、海軍に望みを絶って重装兵にすがる、という事態にいたったのである。しかし、なおもかれらを頭上から脅かす危険があまりにも大きかったために、それらすべてのものにも耐えていけるかのように思われた。

〔七六〕ニキアスは軍勢の士気が地に堕ち、まさに崩壊にいたらんとしているのを見ると、戦列を順にまわりながら、このさいできるかぎりの激励と慰撫《いぶ》の言葉をかけていった。そして心はやるあまり、目前にいるものに話すにも必要以上に声をはげまし、また少しでも多くの兵に呼びかければ何かの力を与ええようかと声をはげました。

〔七七〕「アテナイ人諸君、同盟国の諸君、現状がいかにあろうとも希望を失ってはならぬ（これにもまさる危険や悲惨にあいながら、りっぱに救われたものもいるのだ）、またいかに惨害があい重なったからとて、あるいはまた、当然勝者となるべき諸君に武運がつたなかったからとて、過ぎておのれの失態を咎めることはやめよ。

私を見るがよい、諸君の中のだれと比べても、体力においてまさっているわけではない（それどころか、見ればわかるように、かくも病にむしばまれている体だ)、また公私いずれの生活においても、人として申し分ない幸運に恵まれてきたが、今はもっとも身分の低いものたちとともになんら分かつところない危険のさなかに投げだされている。とはいえ日ごろより私は、神々にたいしては、なすべきつとめを欠かさぬことを第一とし、また、人々にたいしては正義と温厚を第一に心がけてきた。そのためか、かくのごとき逆境にあろうとも未来にたいする希望を失わず、またもろもろの惨事も、はたして私がそれらをうけるべくしてうけたのであろうか、とおじけづかせてはいない。

われらのこの苦しみもやがて去るであろうと考えるべき理由はある。なぜなら敵方には幸運が打ちつづいたがそれもすでにつきているはず、またわれらの遠征がいずれかの神の怒りに触れるところがあったとしても、すでにその贖《あがな》いは十二分になされている。かえりみれば今日までに、他にも幾多の軍勢が他国を攻め、そして人間として恕すべき愚挙をなした例もあり、そのために耐えられぬほどの処罰をこうむった。ここに、われらとても今後は神々の仕打ちがやわらぐであろうと考えるべき理由がある(はやわれらには神々の憐憫をうくべきいわれこそあれ、このうえに怒りをこうむることはありえないのだ)、また諸君ら自身その眼でよく見てもらいたい、諸君らごとき粒よりの精兵がこれほどの数集まって整然と陣をつらねてすすむのだから、わきまえもなく畏怖動揺することがあってはならぬ。

各人しっかりと心にたたんでおいてもらいたい、いずこなりと諸君が地歩を占めれば、すなわちその場に諸君らがその身をもって一国をなしうる、そうなれば、シケリアのいかなる国とても、攻め寄せる諸君の前に盾つくことはむずかしい、いわんやいったん占めた諸君の地歩を奪うことは論外であろう。さて、行軍がとどこおりなく安全に、かつ順序よくおこなわれるには、まず諸君ら自身、身をもって細心の配慮をはらうこと、いかなる地であれ、そこで戦闘を余儀なくされた所こそ、これを死守すれば諸君の祖国たり城塞たりうると、各兵かたく心に持してもらいたい。

行程を早めるために、このさい昼夜を徹して急ぐことになる。携行食糧が僅少のためである。だがそうして、いずれか、味方のシケリア先住民の地に到着できれば、そのときはすでに安全地帯に入ったと安んじてよい（先住民はシュラクサイを恐れているため、現在もなお、われらの信頼にたえることができる）。すでにかれらのもとに使いが先発しており、われらを出迎える地点まで、食糧を携行するように、と指令が送られている。

最後に一つ、諸君の胆にきざんでおくこと、兵士諸君、諸君は是が非でも勇敢なる兵士の本分を発揮せねばならぬ瀬戸際にある。なぜなら、ここで意を屈すれば、落ちて一命を救われるべき行く先は近くにはない。しかし今敵の追撃を払い危険から脱出しうれば、各国の諸君はふたたびまみえんと渇望する故郷の地に達しえよう、またアテナイ人諸君は、祖国の偉大なる国力を、しばしの傾きからりっぱに立て直すことができよう。諸君、男児らこそ国をなすもの、人なき城壁や船が国ではない」

〔七八〕ニキアスは以上のごとき激励の辞を与えながら、軍兵の列に沿って歩みをすすめ、脇に散って隊列を崩してすすんでいる群を見るたびに、隊形をまとめもとの位置に連れもどしてやった。またデモステネスも自分の部下の兵士らにむかって、これに劣らぬ熱をこめて同様の主旨を説き諭しながら、列に沿ってすすんでいった。

軍勢は四側方形陣㉟を組んで進軍、先達はニキアスの部隊、殿《しんがり》はデモステネスの部隊がこれをつとめた。輜重兵《しちょうへい》をはじめとするほとんど全部の従軍兵は、重装兵の戦列に守られて方陣の内側をすすんだ。こうしてアナポス河の徒渉点までやって来ると、そこに沿ってシュラクサイとその同盟諸国の軍勢が戦列を敷いて待機しているのにぶつかった。しかしアテナイ勢はこれらを突き崩し徒渉点を確保したのち、さらに前進していった。シュラクサイ勢は方陣の側面を騎馬で駆けぬけながら襲撃をこころみ、おなじくその軽装兵部隊は槍を投げ込んできた。

こうしてこの日は約四〇スタディオン前進をとげたのち、アテナイ勢はとある丘陵の陰で夜営した。翌日、早朝から行軍をはじめ約二〇スタディオンすすみ、そしてとある平地にむかって道を降り、ここで宿営した。付近の住家からなにがしかの食糧を手に入れ（この地域には住民がいた）、そこから先の道中携行すべき水を汲もうと望んだのである。かれらの進路にあたる幾里ものあいだ、水は充分に得られないからであった。ところがそのあいだにシュラクサイ勢は先まわりをして、アテナイ勢の進路前方にある間道に壁を築き、これを遮断した。ここには急峻な丘があり、その両側は絶壁が渓谷をなしていて、その丘はアクライの裸岩と呼ばれていた。

その翌日、アテナイ勢が前進していくと、シュラクサイとその同盟諸国の騎兵および投槍兵多数が、両側から馬で駆けぬけ、投槍を浴びせかけ、進軍を阻止しようとした。かくして長時間にわたってアテナイ勢はこれらと交戦したが、けっきょくもと来た道をとって返して、前日と同じ宿営地にたどりついた。ここにいたって食糧の調達は前日と同様にはおこなえなくなった。敵の騎兵にさえぎられて、もはや本隊からはなれて行動することができなくなったからである。

〔七九〕翌朝早く途についたかれらは、昨日と同じ道をすすみ、遮断壁が築かれている丘にむかう道を力ずくで押しすすんだが、やがてその行く手に、遮断壁の防備に配置された敵側重装兵が幾層となく盾をつらねて戦列を組んでいる姿を、発見した。この地は狭隘な山道をなしていたのである。攻撃に移ったアテナイ勢は、城壁奪取の戦いを挑んだが、眼前にそびえる丘の上に構える多数の敵から、投槍と矢を雨と浴びせられ（上から下に放つ矢や槍は、やすやすと的に当たった）、どうしても強行突破することができず、またもと来た道を引き返して休息をとった。

このときちょうど、稲妻があちこちにひらめき雷雨となった。季節はめぐってすでに秋に入っていたので、このような天候が自然と起こりやすくなっていたのである。しかしこのために、アテナイ側の将士はそれまでにも増して意気消沈し、天地自然の現象までもみな、自分たちの破滅を告げていると思いこんだ。

こうしてかれらが休息しているすきに、ギュリッポスとシュラクサイ人は軍勢の一部をさいて迂回させ、アテナイ勢が前進して来た道路を、今度はその背後からの遮断壁によって閉ざそうとした。しかしアテナイ側も配下の一部隊を送ってこれに対抗し、敵側の作戦を阻止することに成功した。そしてこのあと、アテナイ勢は全軍もろとも、それまでよりも平野に近い地点に移動し、そこで夜営した。

翌日かれらが前進をはじめると、シュラクサイ勢はかれらの四方から包囲攻撃を開始、多勢のものに負傷させた。そしてアテナイ勢が攻めれば引き、引けば襲い寄る駆引きをくりかえし、とくにアテナイ勢の最後部にむかって激しい攻撃を加えた。少しずつでもなし崩しに陣形を突き崩せば、やがて全軍を混乱におとしいれることができようか、と思ったのである。こうして長時間にわたるこのような形の戦闘において守備を全うしたアテナイ勢は、その後、五、六スタディオン前進をとげ、平野地で休息した。シュラクサイ側も、アテナイ勢の周囲から後退して、味方の陣営に引き返した。

〔八〇〕その夜、ニキアスとデモステネスは次の計画に従うこととした。すなわち、味方はすでに糧食類がことごとく涸渇して、軍兵の困窮ただならぬものがあり、またこれまでのたびしげき敵襲のため、おびただしい負傷者を数えるにいたった現在、陣営内にはできうるかぎり多数の松《たい》明《まつ》を燃やしたままにして、軍勢を撤退させる、ただし、最初計画されていた道順をもうあきらめて、シュラクサイ側の警備線が張られていない方面に、つまり海岸にむかって、進路をとることとしたのである。とはいえ、軍勢がたどろうとしたこの道程をすすんでもカタネにはいたらず、シケリア西南岸地域、つまりカマリナ、ゲラをはじめ、こちら方面に散在するギリシア系ならびに異民族系の諸市に達するはずであった。そこでかれらは多数の松明を点じた後、夜間の進軍に移った。

ところが、すべての軍勢の場合、とりわけ非常に大規模の軍勢の場合には、おうおうにしていわれもなき恐慌《きょうこう》や危惧にとりつかれやすく、とくに夜間に、敵地において、しかも間近にひかえる敵勢のもとから退却する場合には、そのような状態を招きやすいものであるが、このときアテナイ勢もその例にもれず、突如として恐怖と混乱に襲われたのである。そしてニキアス麾下の軍勢は全軍を先導する位置にあったので、隊形を固く持したままはるか前方にまで進軍したが、その間にデモステネスの配下にあった、約半数ないしはそれ以上の軍兵は、はなればなれとなってしまい、かなり無秩序な状態ですすんでいくこととなった。

それでも明け方にはいちおう海岸地帯に到着し、そこからヘロロン街道と呼ばれる道路上をすすんだ。つまり、カキュパリス河畔にまで出たならば、そこから河流沿いに内陸地横断の途につく計画であった。その付近で、先ごろから来援を求めてあったシケリア先住民勢と落ち合うことになろう、と期待していたからである。しかしかれらが河流まで出てみると、そこにもまたべつのシュラクサイ側警備隊の一隊が遮断壁を設け、徒渉点に防柵を築き道を閉じているのを発見した。そこでかれらは、この守備点を強行突破し、渡河し終えると、さらに次の河であるエリネオス河畔にむかって行軍をつづけた。道案内人らの指示に従ってこの方角をとったのである。

〔八二〕その間にシュラクサイとその同盟諸国の軍勢は、アテナイ勢が退却し終わったことを朝になってから知ると、大多数のものたちはギュリッポスが故意にアテナイ勢を逃がしたのであると非難を浴びせた。だが、退去勢の足跡を発見するのは簡単であったので、即座に追跡を開始、昼食のころにはめざす相手に追いついた。

かくしてかれらはまず最初に、デモステネス麾下の軍兵、すなわち前夜の恐怖と混乱のために遅れをとり、隊形を崩したまま行進していたアテナイ勢最後尾の部隊に接近するや、ただちに攻撃をはじめて戦闘状態に入った。同時にシュラクサイの騎兵隊は、アテナイ勢が前後はるかに二分されている虚を衝いてやすやすと殿《しんがり》勢を包囲し、包囲の輪を一ヵ所に縮めていった。

他方ニキアス麾下の軍勢は、ここから前方にむかって五〇スタディオンもはなれた地点にまですすんでいた。というのは、ニキアスは味方に選択の余地あるかぎり、かくのごとき情況下の遅滞や戦闘行為を避け、やむをえざる場合にのみ戦いながら、全速力で脱出することこそ安全確保の策、と考えていたので、はやめはやめに先導をつづけていたからである。これにたいしてデモステネスは、退却軍の後尾にあって敵側の追撃を初手にうける位置を占めていたため、それまでほとんどの行程をつうじて間断ない心労にさらされていた。

そしてこのときも、シュラクサイ勢の追撃せまると知るや、もはや前進をつづけようとはせず、転じて迎撃の陣形を組みそろえようとしたが、そうして時を費やすうちに、ついに敵勢に四周を包まれ、自分も部下のアテナイ兵らも、収拾のつかぬ混乱におちてしまった。というのは、かれらは、四面に低い周壁をめぐらした地所内に追いつめられていた。左右両脇からそこに通ずる道があり、中には多数のオリーヴの樹が密生していたが、その中に追い込まれたかれらの頭上に、四方から投槍や矢が注がれたのである。

シュラクサイ側が盾と盾を摩《ま》する白兵戦を避け、このような攻撃方法をもちいたことには、もっともな理由があった。つまり、今ははや絶望に追いやられた敵兵たちと危険を賭して争っても、利はアテナイ側にこそあれ、自分たちとしてはもうほとんど得るところがない。加えてまた、すでに味方の勝利が明白となった現在、不必要にあせって殺されたくないという、生命を惜しむ気持がだれの心にもあり、このままの攻撃方法をつづけていてもいずれは敵勢をくじき、かれらを一網打尽にできる、と考えたからである。

〔八二〕こうしてこの日が終わるまで、かれらは四方からアテナイ勢とその同盟諸国の軍兵にたいする攻撃をつづけ、やがて相手側が負傷をはじめその他あらゆる苦痛のため、精根ともにつきはてたのを見届けると、ギュリッポスとシュラクサイ勢および同盟国諸勢は軍使を送り、まず島嶼諸邦の兵士らにむかって、投降者には自由を約すから、望みのものはわが陣に投降せよ、と呼びかけた。そこでいくつかの都市からの従軍兵が囲みから退出していったが、その数はわずかであった。つづいて、後に残ったデモステネス麾下の将士すべてにたいしても次の降服条件がみとめられた、すなわち一つ武装解除、一つなんびとも暴力行為や投獄による死を強いられぬこと、また餓死を強いられぬこと。かくしてかれらはみなおのれの身を敵手にゆだねたのであるが、その数は六〇〇〇、かれらが携行していた銀貨は裏返した盾の中にことごとく投ぜられ、あわせて盾四枚をみたすにいたった。そして捕虜たちはただちにシュラクサイ城内へ護送されていった。

他方ニキアスとその配下のものたちはこれと同じ日にエリネオス河に到着、これを渡河し終わってとある高所に軍勢をとどめた。

〔八三〕その翌日、シュラクサイ勢はニキアスに追いつき、こう言った、デモステネスの率いた軍勢はすでに投降した、ニキアスも同様の処置をとるべきではないか、と。これを信じかねたニキアスは、偵察の騎兵一騎を派遣するために、仮休戦の協定をむすんだ。やがて使いが帰着し、投降したのは事実であると報ずるに及んで、かれはギュリッポスとシュラクサイ勢のもとに軍使を送り、アテナイを代表するものとして次の条件で和議をむすぶ用意がある旨を伝えた。すなわち、シュラクサイがかれの配下にある軍勢の撤退を容認するならば、今回の戦いのためにシュラクサイが費消した戦費を賠償する。その賠償金支払が完了するまでのあいだ、一タラントン当り一人の率で、アテナイ市民を人質として差し出す、と。しかしシュラクサイ側はもとよりギュリッポスもこの申入れを諒とせず、ニキアスの軍勢に襲いかかるや四周を包囲して、これらの上にも、日没にいたるまで投槍と矢を浴びせかけた。

ここで攻めたてられた兵士らも、主食をはじめ日用の品々の補給が絶えており、窮迫した状態にあった。それにもかかわらず、かれらは夜の静けさがもどるのを待って、行進をつづけようとしていた。だがかれらが武器を取り上げたとたん、シュラクサイ勢もこれに気づいて、ただちに突撃歌を和唱した。かれらの眼を逃れることができぬ、と知ってアテナイ勢はふたたび武器を地に置いたが、しかしその中の約三〇〇名は別行動をとった。これらの兵は哨戒線を強行突破するや、血路を求めて夜中の前進をつづけた。

〔八四〕ニキアスは、朝になってから軍勢を率いてすすんだ。するとシュラクサイ勢とその同盟国の兵士たちは、前日と同じ戦法で攻撃をはじめ、アテナイ勢の前後左右から矢を放ち、槍を投げた。アテナイ勢は、四方八方からの投槍と矢によって押しつめられ、多数の騎兵やその他の兵士たちによって威圧されて、アッシナロス河にむかう道を急いだ。河を渡りさえすれば多少なりともこの窮迫した状態が緩和されようと思う気持と、疲労困憊と渇きが手伝って、道を急がせたのである。

しかし河流に達すると、かれらはもはやなんの秩序を保つこともできず、ただだれもかもわれがちに渡り終えようと、流れになだれ入った。ところへ踵《きびす》を追って迫って来た敵勢が追討ちをかけるにいたって、たちまち徒渉は困難をきわめることになった。というのは、攻め立てられ、一団に密集していっしょにすすまざるをえなくなったアテナイ勢は、味方同士重なって倒れ落ちたり、その上を踏みつけたりするうちに、あるものは手槍やさまざまの武器のためにたちどころに生命を失い、またあるものはこれら諸具が手足にからんで、水底へ押し流されていったからである。その間に河流の対岸には、シュラクサイ勢がならび立ち（こちら側には絶壁がそそり立っていた）、アテナイ勢のほとんどのものが河岸の凹地になんの秩序もなく蟻集《ぎしゅう》して、夢中になって水を飲んでいる、その頭上から、矢と投槍を浴びせた。またペロポネソスからの兵士たちがかれらをめざして攻め降り、とくに河の中にいたアテナイ勢を手当り次第に殺戮した。そのため流れはたちまちにして汚れきったが、それでも渇いた群は泥と血のまじった水をかまわずに飲みつづけ、ほとんどのものは飲み場を得るためにはたがいに争いを辞さなかった。

〔八五〕ついに河床には無数の屍骸が重畳《ちょうじょう》と倒れ敷き、かくして兵士らはあるいは河岸で殺戮され、あるいはいったんは逃げおおしながらも騎馬兵によって倒されるに及んで、ニキアスはギュリッポスにおのが身をゆだねた。シュラクサイ人よりもギュリッポスのほうが頼むに足りると思ったからである。そして、自分の一命はこれをギュリッポスとラケダイモン人の望みの処置に付するがよい、だがあとの兵士らを殺戮することは中止してもらいたい、と懇望した。ギュリッポスはこの後、アテナイ兵を生け捕りにせよとただちに命令を下した。そしてシュラクサイ勢が自分らの役に立てようと隠してしまった兵士らを除けば（こうして隠されたものは多数にのぼった）、残りのものをみな捕虜にしてひとまとめに護送し、また一方では前夜、哨戒線を突破した三〇〇人を追跡するために一隊を派遣し、これらのものたちをも捕虜にした。

しかしながら、まとめて公の管理に託された捕虜は、ニキアスの軍勢のごく一部分にしかすぎず、反して盗まれて私有化されたものはきわめて多数にのぼり、シケリアの各地はこれらの捕囚によってみたされた。これは、デモステネスとともに降ったものたちの場合とちがって、降服条件が明示されぬままに捕えられたために生じた事態であった。また、全軍のおびただしい割合に達する数が戦死をとげていた。じじつこのたびの人命喪失はきわめて大であり、今次の大戦中のいかなる例もこれには及ばなかった。[36]

進軍途次、ひんぱんにこうむった襲撃によって、すでに多数の兵士が斃《たお》れていた。しかしかくのごとき事態にもかかわらず、脱出できたものも多数いた。この場をただちに逃れえたものもあり、また一度は奴隷の身に落とされながらも、後刻脱走したものもあった。これらのものは、カタネへの脱出をとげることができたのである。

〔八六〕さてシュラクサイとその同盟諸国の軍勢は集結して一団となると、あとうかぎり多数の捕虜と、剝奪した武器甲冑とを戦利品としてたずさえて、シュラクサイの町へ引きあげた。そしてかれらが捕えたアテナイ兵をはじめ同盟国諸兵の捕虜たち全部を、採石場の中に追い落とした。ここであれば、きわめて厳重な監視下におけると考えたのである。[37]

かれらは、ギュリッポスが反対をとなえたにもかかわらず、ニキアスとデモステネスの両名を処刑した。[38] というのはギュリッポスにしてみれば、他の数々の手柄に加えて敵側の将軍両名をラケダイモンに連れ帰ることができればおのが身の武勲まことに大ならん、と考えていたからである。しかも敵将の一人デモステネスは、ピュロスならびにその沖の島での戦闘いらいラケダイモン人にとっては不倶戴天の敵と目された人物で、いま一人のニキアスは同一の事件の善後策によって、かれらから無二の信頼をかちえた人物であるという廻りあわせにあった。つまりかつてニキアスはアテナイ人を説いて平和条約を締結させることによって、スパクテリアのラケダイモン兵捕虜を釈放するよう、熱心に画策した人物であったからである。この経緯からラケダイモンはかれにたいして積極的な好意をいだいていたし、じつを言えばニキアスもこれを知っていたので、これが主たる動機となって安んじておのれの身をギュリッポスにゆだねたのであった。

しかしながら伝え聞くところによれば、一部のシュラクサイ市民、ことにニキアスと密通していた一派は、かれが拷問にかけられて内通の事実が明るみに出れば、せっかくの自分の成功にひびが入るのではないかと危惧し、また他のものたち、とくにコリントス人らは、ニキアスは富裕であるから、あるいはやがて賄賂《わいろ》によって要人を動かし脱走をとげるのではないか、そのすえはまたもやかれのために危機に陥ることとなりはしないかと恐れた。そこでこれらのものたちが同盟諸国の代表を説得してかれを処刑に付した、と言われる。こうしてニキアスは、かくのごときかあるいはこれとほとんど大差ない理由によって、死を免れえなかった。かれのつね日ごろの言行が一つとして高き徳に背くところのなかったことを思えば、私の世代のギリシア人がどうあったにせよ、ただかれのみは、このような不運の極《きわ》みに終わるべきいわれはなかったのであるが。

〔八七〕他方また採石場に入れられた捕虜にたいして、シュラクサイ人は最初かなりの期間にわたって、苛酷な待遇を与えた。というのは、深い凹地の底の狭い地面に押し込められた多勢の頭上からは、日中の太陽が照りつけ、息づまるばかりの熱気が屋根もおおいもない所でかれらを苦しめ、夜に入ると今度は秋の夜とて日中とは逆に冷えがきびしく、この激しい変化によって人々の体内に異変を生じ、病人が続出したのである。また空間に余地がないために、捕虜たちは同じ場所ですべての用を足したのみか、負傷や気温湿度の激変をはじめ、その他これらに類する原因で斃れたものらの屍体も、同じ所に累々と重ねられていたので、その悪臭は耐えがたく、さらに飢えや渇きの苦痛に襲われるなど（八ヵ月間かれらは一人当り水一コテュレと食物二コテュレが与えられていた）、このような深い凹地の底に落ちた人間が、当然こうむるであろうようなありとあらゆる悲惨が一つとして残すところなく、かれらを次々と責めさいなんだのである。

こうして約七〇日のあいだ、かれらは全員一ヵ所で雑居生活に耐えていた。その後、シュラクサイ人は、アテナイ人およびシケリアとイタリアの諸市から従軍して捕虜になったものたちを除き、他の捕囚を奴隷として売却した。捕虜になっていたものの総数は、正確に明示することはむずかしいけれども、七〇〇〇名以上に達した模様である。

かくしてこの〔ギリシアあげての〕作戦は、今次大戦中の諸戦に比すればもとよりのこと、筆者の判断によれば、われわれが過去のギリシア史から聞き知るかぎりの事例と比べても、まさしく最大の規模を画すものとなり、しかも勝者がこれにまさる光輝をかち得た例もなく、また敗者がこれにすぐる悲惨に落ちた類もなきものとなった。じじつ、かれらはあらゆる面で徹底的な敗北を喫し、どの点を見てもかれらの損失の大ならざるはなく、全軍潰滅という言葉さながらに、兵も船も、ことごとく失われ、さしもの大軍も、故国に帰りついたものは数えるほどしかいなかった。これがシケリア遠征の顚末《てんまつ》であった。

〔註〕

(1) この夏コリントス海軍が装備した、新しい撃突作戦用の武器で、船首に耳のように突出した角とそれを支える支柱によって、敵船の船首ならびに上段の櫂受けをむしりとる。
(2) 懸架の下をくぐり、柵中に入ろうとすれば、頭上から先の尖った錘が落ちかかり、甲板から船底まで打ち抜く仕掛けになっていた。
（3）第一次遠征軍の重装兵は五一〇〇名。
（4）投槍兵は第一次軍には加わっていない。これは実際には海戦でもちいられることとなる。メッサピア人一五〇名、メタポンティオン人三〇〇名が加わっていた。
（5）攻城装置は巨大な鐘つき棒のような形をして、衝角をそなえた城壁破壊用の仕掛け。
（6）クレタ兵、ロドス兵、メガラ兵、メッセニア兵などの、アテナイ側諸部隊も、方言はドーリス系であった。
（7）すべてをゆだねられていても、なしたことすべてが、本国民会の追認を得られるわけではなかった。指揮官が失態を咎められた例としてはポテイダイア、シケリア干渉、アンピポリス（史家自身）。ニキアスは幸運な軍歴を歩んできたが（五・一六参照）、エウリュメドンは先年のシケリア撤退を咎められて（前四二四年）罰金刑にあい、デモステネスはアイトリアで失敗（前四二六年）、危く非難を逃れている。
（8）前四一三年八月二十七日。作者はこの現象の科学的理由を知っていた。
（9）当時、予言者（占師）は、つねに軍勢とともにあって、合戦に入る前の吉凶の犠牲占いや、その他の儀式を司っていた。
（10）エトルリア地方からの援兵。かれらは前年夏シケリア戦線に到着していた。
（11）シュラクサイでは前四六六年僭主ヒエロンの死後国制は中道民主政となった。前四一三年ころは、最下層の市民を除外した、制限つきの民主政治であったが、アテナイ勢を撃破したのち、軍船漕手であった下層民大衆が参政権を要求した結果、制度が改革されて、全面的な民主政治が施かれた。ここにも、ペルシア戦争後のアテナイ民主制との、相似点がみとめられる。

(12) アイギナは前四三一年、純然たるアテナイ人植民市となり、前四〇五年リュサンドロスが解放するまでこれを占有していた。史家が、「当時」と断りを付しているのは、前四〇五年以後の事実を知っているため。
(13) 一・一一四参照。
(14) いわゆる「デロス同盟」で年賦金支払いを義務づけられている、軍資金調達機構内の諸邦。
(15) 年賦金や裁判権の問題が、条約にふくまれていない同盟諸国。ケルキュラ、ケパレニア、ザキュントスの諸島ならびにアカルナニアの諸都市など、西北部ギリシアの諸兵ならびにアルゴス兵が、この範疇に属する。
(16) レスボス叛乱(前四二八〜四二七)後、残るはキオスと、叛乱のさいアテナイ側についたレスボスのメテュムネだけが、独立の軍船を保持していた。
(17) ギリシア民族の侵入以前に地中海各地にいた先住民族の一つとされている。
(18) 一・二末、一・一二末参照。このころアテナイはイオニア諸都市にたいして、たんに支配者としてだけでなく、いにしえの母国としての地位を主張していた。
(19) プラタイアはボイオティア同盟の盟主テーバイと、前六世紀以来犬猿の仲(三・五二〜六八参照)。このたび参加のプラタイア人は前四二九年アテナイに撤去した子供たち、前四二七年早春脱出したものたち。このころかれらはトラキアのスキオネに居住していた。
(20) ロドス島の諸都市はドーリス系であったが、アテナイ側の軍資金調達機構に属し、イオニア区域の一部に編入されていた。キュテラは前四二四年夏以来アテナイの支配に服していた。
(21) 内乱終熄後のケルキュラは、ますますコリントスを憎悪していた。
(22) ケルキュラは、コリントスのアドリア海沿岸やシケリア方面への勢力伸展の拠点として、シュラクサイと相前後して、建設された。

(23) かつてラケダイモンの国有奴隷であったメッセニア人がナウパクトスに移住した経緯は一・一〇三。かれらがこの記事の事件当時ピュロスを守備していた。

ピュロスは、史家がこの記事を草したときには、すでにラケダイモンに奪回されていたのであろう、「当時」という断りを付している。メッセニア人はナウパクトスからも追われる運命にあったが、それは前四〇一／〇年のことと思われる。これらのデータとアイギナをめぐる年代とを照合すると、史家がこの国際関係図を草したのは、前四〇五～四〇一年のあいだと推定される。

(24) クレタは大戦中中立であった。

(25) レウカス、アンプラキアはともにコリントスの植民地であったので、大戦当初よりペロポネソス側に与していた。

(26) 前四一七年、シキュオンはラケダイモンから武力干渉をうけて以来、牢固たる寡頭体制によってしばられていた。

(27) 八月二十七日の月蝕に先立って。

(28) 七・三六、四〇参照。

(29) アテナイの海軍は、船の機動性を重視して荷重を軽減することを第一とし、船上で陸兵を戦わせることを「時代おくれ」と考えていたのに、ニキアスが得手の戦法をすてたのは、皮肉であり悲劇でもあった。

(30) ここでニキアスが呼びかけている漕手たちは、市民権のない居留民や支配圏の内外から応募したものたちである。かれらは言語や習慣においてはアテナイ人と等しく、またアテナイの支配組織に協力することによって、属国諸邦からはアテナイ人に等しい尊敬をもって遇されてきたが、しかしかれらはアテナイ市民ではないのであるから、アテナイ人のように属領からこうむる怨嗟や謀叛行為をうけずにすんだはずだ、とニキアスは言う。
(31) 七・五九末参照。
(32) 七六艘前後(七・五二初め参照)。
(33) 四・一四以下参照。
(34) 重装兵や騎兵は武器糧食の携行や身の回りの世話をする従卒(奴隷)を戦場にともなっており、それらの従卒には国庫から別途に給費が与えられていた。
(35) 退去、防禦の陣形、敵側騎兵隊が側面にまわりこまぬようにする用心からであった。
(36) この最終的降服の日は、カルネイオス月(アッティカではメタゲイトニオン月)の二十六日(九月半ばすぎ)であった。シュラクサイ人はこれを記念してアッシナリアという祭日をもうけた、と伝えられる。
(37) シュラクサイには幾多の採石場の跡が今も残っている。いずれも、深さ数十メートル、いったんその底に追い落とされれば、容易にここから脱出することはできない。アテナイ人捕虜が入れられたのは、劇場の東側にある採石場であったと言われている。
(38) ヘルモクラテスも、勝つことが勝利ではない、勝者の名を汚さぬことこそ大切である、といって処刑に反対した、と伝えられる。

巻八

『戦史』巻八は、前四一三年秋から同四一一年秋までの二年間にわたる戦況の推移を記している。しかし巻末の最後の文章が中断されているところから、史家は巻八を完成するにはいたらずして世を去ったのではないかと考えられている。またこれまでの諸巻とは異なり、記述のあいだに演説文が入っていない。この巻では史家は、シケリア遠征の失敗がアテナイ側の体制にたいして及ぼした内外の影響を、逐一記述することを目的としている。アテナイ側の権威失墜とともに同盟諸国がこぞって離叛し、またアテナイ本国の政治体制も大きくゆらぐ。事件も諸人物の言動もこれまでになく複雑であるが、二、三の細部が未整理であるほかは、史家はあまたの情報を巧みにまとめて錯綜した経緯を明らかにしている。

前四一三年秋、シケリアにおけるアテナイ軍潰滅の報がギリシア本土に伝えられるや、アテナイでは未曾有の危機に対抗して非常時体制を敷き、年長経験者からなる最高委員会《プロブーロイ》を設ける。かれらがもっとも恐れたのは同盟諸国の離叛であったが、案にたがわず同年冬から翌四一二年春にかけて、キオス、レスボス、ミレトスなどイオニア、アイオリス地方の強大な同盟諸国が叛旗をかかげる。またギリシア諸都市間の争いに漁夫の利をねらうペルシア総督ティッサペルネスからの資金援助をうけたペロポネソス同盟軍が、これらの離叛諸市を助けた。

アテナイ側は大戦当初、緊急のために別置してあった資金一〇〇〇タラントンを放出して軍船と乗員をそろえて叛乱鎮圧を企てる。そして前四一二年冬に入るまで主としてサモスを基地として離叛都市の奪回をこころみるが、戦況は一進一退して見るべき成果をあげえない。ペロポネソス側の水軍も、ペルシア総督との関係に円滑を欠き、また両者間のとりもち役をつとめていたアルキビアデスの利己保身的な策動に弄されて、戦闘力を充分に発揮しえないままいたずらに時を過ごすのである。

しかし前四一二年末から翌年初めにかけて、アテナイ側は、サモスの水軍基地およびアテナイ本国において少数者政権の樹立をねらう一派の台頭によって、内部的な崩壊の危機に見舞われる。この一派は、旧来の民主制を廃し民会を解体し、かわりに四〇〇人の良識者からなる少数者政権を立て、早期にペロポネソス同盟との和約交渉を実現しようとする。またアルキビアデスを介して、ペルシア総督との盟約をも求めようとする。アテナイ本国ではかれらの企ては成功し、前四一一年五月ごろからいわゆる「四〇〇人」支配の実現をみるが、サモスの基地では謀議は失敗し、サモスのアテナイ勢は本国の政権とは袂をわかち、旧来どおりの民主制を維持することとなる。またアルキビアデスも「四〇〇人」政権と相容れず、サモス側と合してあらためてサモス在留アテナイ人によって将軍職に選出される。

本国アテナイの「四〇〇人」支配は約一〇〇日間持続されるが、かれらの内部的派閥抗争のために前四一一年初秋のころに、早くも解体してかわりにテラメネスらの主導する新政治体制が導入された。重装兵として参加しうる市民からなる五〇〇〇人が政治の実権を担うこととなり、公職の手当支給を中止することが定められた。新政権はアルキビアデスの帰国承認、サモスの軍勢との提携をも決めた。史家自身の意見によれば、この新体制は考えられるかぎりの理想に近い政治体制であったという。

アテナイの内紛はこのようにしていちおう収まった。他方イオニア水域のペロポネソス同盟の水軍は資金に窮して、ヘレスポントス方面へ転進する。その地方のペルシア総督からの資金供給の誘いに応じたのである。そしてその方面でのアテナイ側同盟諸国を離叛させようと企てる。サモスのアテナイ勢もただちにヘレスポントス水域に急進して、前四一一年十月ころ、キュノスセマ岬付近の水域でペロポネソス海軍と戦いをまじえ大勝を得て士気大いに上がる。

史家の筆は前四一一年秋、アルキビアデスの動きを報じたるのち、ペルシア総督のあらたな行動を記す文で絶えている。

年　譜

前七七六年
第一回オリュンピア祭が催された。のちにこの祭暦は、ヘロドトス、トゥキュディデスらにおいてときおり年代決定の資料として使われている。

前七五〇〜七〇〇年ころ
ギリシア人の都市国家ポリスが生まれ、最初の叙事詩人ホメロスの『イリアス』『オデュッセイア』などの叙事詩がほぼ形成された。

前七三五〜五五〇年
このころ、地中海、黒海沿岸諸地方において、コルキュラ、シュラクサイ、レオンティノイなどいくたのギリシア人植民市が建設された。

前七三〇〜七一〇年ころ
スパルタ人がメッセニアを征服したのはこのころと思われる。しかしメッセニア人はその後も数回にわたって叛乱を起こしてスパルタを深刻な危機におとしいれ、スパルタの政治、軍事、文化に大きい影響を及ぼすこととなる。

前六八二年
アテナイでは歴代執政官（アルコン）の名譜の記録がはじまる。

前六八〇ころ〜六五二年

カンダウレス王の妃と通じてギュゲスが王位を奪いリュディアを統治したのはこのころと思われる。

前六六四年

ギリシアで最古の海戦がコリントスとケルキュラとの間で戦われた。ギリシアの海軍力伸長の一指標と考えられる。

前六五〇～六〇〇年ころ

このころギリシアの諸都市では、はじめて法制度を整えようとする立法者たちがあらわれ、都市国家制度の基礎ためがおこなわれた。他方、非合法的手段によって統治権を掌中にしようとねらう僭主らが、イオニアの諸都市や、シキュオン、コリントス、メガラなどのギリシア本土諸都市にも台頭した。

前六三二年ころ

アテナイではキュロンが僭主として政権奪取を試みたがこれを果たしえなかった。かれの一味を処断したメガクレスとその一族アルクメオニダイもまた、宗教的禁を犯した咎で汚れたものと見なされ、その影響はペロポネソス戦争初期まで続く。

前六二一年

アテナイでドラコンによる国制制定がおこなわれた。

前六一〇年ころ

エジプトのデルタ地帯にギリシア人の通商基地ナウクラティスが設けられ、以来とみにギリシア、エジプト間の交易が盛んとなった。

前五九四年

アテナイではソロンが執政官となり、借財の切捨てによって下層市民たちの救済につくした。国制を改革し、立法者としての任務を終わってのち、当時の世界をひろく探訪したことがヘロドトスにも記されているが、リュディア王クロイソスとの出あいは年代的にみると史実とは考えられない。

前五九〇年ころ

シキュオンのクレイステネス、僭主として威をふるう。

前五八五年
五月二十八日の日蝕をギリシアの哲人タレスは予告し、その明知はひろくギリシア世界に伝えられた。

前五六九年
アマシスがエジプトの王位を継承。ギリシア人に対して友好的であったこの王のもとで、ナウクラティスのギリシア植民市は大いに殷賑をきわめた。

前五六一／〇年
ペイシストラトス、アテナイの僭主となる。かれはそののち政敵により二度国外に追放されるが、僭主の地位回復の企てをすてず、ついに前五四〇／三九年ころその地位を確立する。僭主とはいえ、かれはソロンの制度を尊重し、小農民を助け、文化政策にも意を用いた。

前五六〇年
クロイソス、リュディア王位を継ぐ。リュディアはその治世下に栄華の絶頂に達するが、前五四六年新興勢力のペルシアに敗れて没落する。そのためにペルシアとイオニア沿岸のギリシア人諸都市は緩衝地帯を失い、やがてペルシア戦争への導因をつくることとなる。そのような歴史の接点における人物としてのクロイソスを、ヘロドトスはくわしく記述している。

前五四六年
ペルシア王キュロスはクロイソスを破ってリュディアを征服し、つづいて翌年小アジア沿岸のギリシア人植民都市を従わしめた。

前五三八年
キュロス王、バビロンを征服。

前五二八／七年
ペイシストラトス没し、僭主の座は長子ヒッピアスが継ぐ。

前五二五年

ペルシア、エジプトを征服。

前五二二年

ペルシア王カンビュセスの死後、前五二一年ダレイオスが王権を掌中にしてペルシアの版図拡大に努める。前五二〇、五一九の両年にわたってバビロンを攻撃奪取したほか、前五一二年にははじめてヨーロッパ大陸に兵を進めてトラキア人を従わしめる。

前五一四～五〇二年

アテナイでは僭主ヒッピアスの弟ヒッパルコスが、ハルモディオスとアリストゲイトンの両市民の手で刺される。原因は恋のさやあてであったと言われるが、その結果ヒッピアスの政治は苛酷となって市民の不評をかい、ついに前五一〇年、ペイシストラトスに始まる一族の半世紀にわたる僭主政治は打倒された。僭主制打倒を助ける目的でスパルタはアテナイに出兵した。その後前五〇八／七年、スパルタは口実をもうけてふたたびアテナイに派兵したが、アテナイ側はこれを巧みに斥けて、クレイステネスによる民主的改革がはじめられる。

前四九九年

イオニアのギリシア人諸都市はペルシアに対する叛乱を企て、翌四九八年同盟諸国の兵をも合わせてサルディスに結集した。この動きはキュプロス島やトラキア地方など、ペルシア支配下の諸地方にひろがる。ペルシア側は征討軍を派するが、この争乱を応援したアテナイを攻略すべくやがて大遠征を企てることとなる。

前四九四年

ペルシア勢、イオニア叛乱の首謀国であるミレトスを攻略、殺戮破壊行為をほしいままにした。

前四九三／二年

知謀の政治家テミストクレス、アテナイの執政官となる。

前四九二年

ペルシアの将軍マルドニオス、トラキアとマケドニアを征定。

前四九〇年

ペルシアの大軍は将軍ダティスの指揮下にギリシア本土を攻め、エウボイア島のエレトリア市を攻略破壊した。続いてアッティカ領マラトンに上陸したが、これを迎えたアテナイ、プラタイア両市のギリシア勢によって侵攻軍は撃退された。

前四八六／五年

エジプト、ペルシアの支配に対して叛乱を起こす。

前四八五年

ダレイオス王没して嫡子クセルクセス、ペルシア王位につく。

前四八四／三年

ペルシアはエジプトを制圧して秩序をとりもどす。他方、大軍勢を海路ギリシアに送る目的のもとに、カルキディケ半島のアトスの岬の陸峡地帯に巨大な運河を掘る。

前四八三／二年

アッティカのラウレイオンにおいて銀の新鉱脈が発見された。テミストクレスはペルシア軍襲来が間近に迫るのを予知してアテナイ人を説き、この銀産による国庫の余裕によって大規模な海軍建造の事業にとりかかった。伝によればこのころ、歴史家ヘロドトスは小アジアのハリカルナッソスの貴族の家に生まれた。父はリュクセス、その名から察すれば古いカリア人の一族の末かと思われる。また叔父には叙事詩人として高名のパニュアッシスがいた。少年期のヘロドトスはペルシア戦争前後の激しい動乱の物語を聞き、また動乱の余波をみずから深く体験するところがあったにちがいない。

前四八一年

ペルシア王クセルクセス、ギリシア遠征軍の総帥として集結地サルディスに到着する。

前四八〇年

春、未曾有の危機に対処するためにアテナイ人は、それまでに追放刑に処されていた有能な将軍や政治家たちを呼びもどした。クサンティッポス、アリスティデスらが復帰した。八月、クセルクセス王はギリシア本土に侵入、テルモピュライの陸戦においてスパルタ軍を破り、ボイオティアの諸邦を従えた。そして九月、アテナイ市を焼き払いサラミス島の沖合でギリシア側海軍に対して決戦を挑む。しかしテミストクレスの謀略にかかってペルシア側は敗北した。クセルクセス王は陸路本国に逃げて帰るが、ペルシアの陸上主力部隊はなお約一年の間ギリシアにとどまってすきをうかがう。同じころシケリア島では、これを攻略しようとするカルタゴ軍と、ギリシア人植民都市同盟軍との間に攻防戦がおこなわれ、ヒメラの決戦でギリシア側が勝利をえた。

前四七九年

八月、プラタイアにおいて、ボイオティアに残留中のペルシア側の陸上主力部隊と、スパルタの将軍パウサニアスの率いるギリシア軍との間に決戦がおこなわれ、ギリシア側が勝つ。ペルシアの大遠征軍はギリシアにおける地歩を失い、退却する。勝勢に乗じたギリシア勢は海路イオニアに向かい、ミュカレでペルシアの残留海軍を撃破、つづいて小アジアのギリシア人諸都市を解放する。ペルシア勢が撤退するとアテナイでは、テミストクレスの提案に基づいて城壁の修復拡大工事がはじめられ、工事は前四七八年にはいちおうの完成をみた。イオニアにおける解放戦の途中、スパルタの将軍パウサニアスは本国に召喚され、かわってアテナイ人が作戦指揮にあたる。これを境にスパルタをはじめとするペロポネソス同盟諸国はペルシア戦争関与から遠のき、アテナイを主とするエーゲ海東岸および島嶼の諸都市がペルシア戦争を続行する。

前四七七年

対ペルシア戦争の軍資金、軍船、軍兵を調達する同盟機構(デロス同盟)がアテナイを盟主として結成され、同盟の資金がデロス島に置かれた。これがアテナイの戦力の飛躍的増強に資することとなり、のちにはスパルタを中心とするペロポネソス同盟にも脅威を及ぼす。

前四七〇年ころ

アテナイはナクソスの同盟離脱を咎めてこれを討ち、自国の隷属国とした。アテナイはその後次々と離叛国を征討し、いつしか同盟機構はアテナイ一国の支配機構とかわっていく。

前四六五／四年

スパルタに大地震があり、混乱に乗じて国有奴隷（ヘイロテス）が叛乱した。国有奴隷たちはイトメの山塞に立てこもり、これを攻めるスパルタ側同盟軍との間に戦いが長びく。しかし叛乱軍は前四五九年ころ、ペロポネソスからの退去を条件として降服した。

前四六二／一年

アテナイの親スパルタ派のキモンが、スパルタの要請により国有奴隷の鎮圧の応援に出征中、エピアルテスとペリクレスの力でアレオパゴス会議（元老院）の政治的権力が剝奪され、民主化がすすむ。同時に指導者ペリクレスの富国強兵、反ペロポネソス政策がはっきりと打ち出されてくる。スパルタの叛乱奴隷をコリントス湾内の軍港ナウパクトスに市民として住まわせたり、スパルタを牽制するためにアルゴスと同盟を結んだりしたのもこのころである。

前四六〇年ころ

このころ歴史家トゥキュディデス、アテナイに生まれる。

前四五九年

アテナイはメガラを支配下に収め、ペロポネソスに対する長大な防壁をメガラ市から港までの間に築いた。アテナイの拡大政策はとみに顕著となる。コリントス、アイギナなどの近隣諸邦と利害の対立をきたしたり、さらに遠くエジプトにまで遠征軍を送って内乱幇助を試みる。この年にはじまり六年有余の長きに及んだエジプト遠征は前四五四年に全滅の憂き目にあう。

前四五七年

ボイオティアのタナグラにおいてペロポネソス同盟軍とアテナイ勢との戦いがあり、ペロポネソス側が勝利を収めたが、約二ヵ月後アテナイはふたたびボイオティアに出兵し、オイノピュタで勝ち、ボイオティア全土に支配権を樹立した。同じころアイギナもアテナイ側の軍事同盟に組み入れられる。

前四五四年

デロス島にあった同盟財務局はアテナイに移転された。アテナ神殿に納められた初穂（同盟市年賦金の六〇分の一）も、この年次からはじまる。

前四五一年

アテナイとペロポネソス同盟との間に五年間休戦条約が結ばれる。また、スパルタとアルゴスとの間に三〇年間平和条約が成立。

前四四七年

コロネイアの戦いに敗れたアテナイは、ボイオティアにおける支配権を失った。

前四四七／六年

エウボイア島諸都市がアテナイから離叛し、同時にアッティカ領は背後からペロポネソス同盟軍の侵攻を受ける。アテナイはエウボイアの乱を鎮圧しえたが、メガラの支配権を失った。

前四四六／五年

アテナイとペロポネソス同盟との間に三〇年間平和条約が成立し、アテナイはそれまでに攻略占領していた都市を返還した。

前四四四／三年

アテナイは南イタリアにトゥリオイの植民都市を築き、全ギリシアから入植者をつのった。当時歴史家ヘロドトスは（サモス逗留ののち、黒海沿岸、スキュティア、マケドニアなどの北方諸地域、バビロン、テュロスなどの東方文明の都、さらにエジプトからリビュアの史蹟探訪の旅を終わり）ペリクレスの治めるアテナイにやってきていたらしい。伝によればヘロドトス自身、すすんでトゥリオイに入植したからである。前四四三年あるいはそれ以降にアテナイを離れ、南イタリアに移住したと思われる。アテナイ滞在中にヘロドトスはソポクレスなどの文人と親交をもち、また、若いトゥキュディデスはヘロドトスの歴史朗読を聞いて大いに感動し、みずからも歴史家たらんと志したという伝も残っている。

前四四〇／三九年

サモスとビュザンティオン、アテナイに対して離叛を唱える。アテナイは多大の戦費を費やして叛乱を鎮圧した。

前四三六年
エピダムノスに内乱が生じ、この処置をめぐってコリントスとその植民市ケルキュラとの間に対立が深まる。
前四三五年
夏、ケルキュラは海戦においてコリントスを大いに破る。コリントスは雪辱のため大海軍の建造に着手する。
前四三三年
夏、ケルキュラはアテナイに援助を乞い、両国間に防衛同盟が成立した。晩夏、シュボタ海域でのケルキュラ対コリントスの戦いにおいてケルキュラに加勢していたアテナイ海軍は、コリントス海軍と戦闘を交えた。これをトゥキュディデスは大戦勃発の誘因の一つに数えている。
前四三二年
コリントスはアテナイへの報復として、自国の植民市でアテナイの同盟国でもあるポテイダイアに働きかけ、アテナイから離叛せしめた。アテナイもただちに出兵し、二年余にわたる困難な攻城戦がはじまった。これもトゥキュディデスによると大戦の一因に数えられている。同年メガラの船舶をアテナイ市とその支配圏内の港湾から閉め出す「メガラ禁令」が発布され、アテナイとペロポネソス同盟との対立はいっそう激化する。夏、スパルタにおいて二度にわたるペロポネソス同盟諸国の会議が開かれ、アテナイに対する全面戦争開始が議決された。同じころアテナイでも民会が召集されて、ペリクレスの提案どおり開戦やむなしの決議がおこなわれた。
前四三一年
三月、テーバイ軍が夜陰にまぎれてプラタイア城内に侵入したが、逆にすきをつかれて敗退。五月末ころ、ペロポネソス同盟軍はオイノエを経てアッティカ領内に侵攻、一ヵ月余破壊行為をおこなったのち撤退した。その間にアテナイ海軍はペロポネソス沿岸諸都市の攻撃に発進し、作戦終了後、晩夏アテナイに帰港した。他の一船隊はロクリス、エウボイア沿岸の警戒に当たった。八月、日蝕があった。トゥキュディデスの観測記事から察すると、かれはこのころ、トラキア、マケドニアなど北部地域において外交任務についていたらしい。九月ころ、ペリクレスはメガラに侵攻、示威作戦をおこなった。

前四三一／〇年

冬、アテナイでは、ペリクレスの葬送演説がおこなわれた。

前四三〇年

五月、ペロポネソス同盟軍はふたたびアッティカに侵攻。アテナイでは間もなく疫病が発生し、多数の人命を奪った。アテナイ側はペロポネソス東岸の諸都市に対して攻撃を加え、またポテイダイア攻城軍に援兵を送るなどの措置をとったが、疫病による士気の低下ははなはだしかった。冬、ポテイダイアはアテナイ軍に降服した。

前四二九年

五月、ペロポネソス同盟軍はプラタイアを包囲して攻城戦に入る。夏、ペロポネソス同盟軍はアカルナニアに遠征してストラトスを攻撃したが作戦は成功しなかった。海路現地に向かったペロポネソス海軍も、アテナイ側に進路を遮断され、大敗する。ペロポネソス側はさらに大規模な海軍をもって雪辱をはかるが、これも惨敗を喫した。同年冬、ペリクレスが病没した。

前四二八年

五月、ペロポネソス同盟軍三たびアッティカに侵攻。同じころレスボス島の諸都市がアテナイに対して離叛し、ペロポネソス同盟に援軍を求めた。アテナイは大いに窮したが、秋、レスボスに対する本格的攻城戦に入った。冬、籠城中のプラタイアの市民約半数が包囲を破って脱出しアテナイにたどりついた。

前四二七年

五月、ペロポネソス同盟軍四たびアッティカに侵攻し、レスボスにも援軍を送った。しかしその夏、レスボスの叛乱都市はアテナイに降服し、その処置をめぐってアテナイではクレオンとディオドトスとの間に激しい論争がおこなわれた。同夏、プラタイア市民は籠城二年有余、ついに降服した。またケルキュラにおいて内乱が起こった。冬、アテナイではふたたび疫病が発生した。

前四二六年

五月、各地に地震、津波があり、ペロポネソス同盟軍のアッティカ侵攻作戦はおこなわれなかった。デモステネスらのアテナイ人遠征軍はギリシア北西部において作戦活動に入り、諸所で大勝した。他方シケリアに送られていた船隊もこの夏期を通じて同地で活躍している。冬、アテナイ人はデロス島の清めをおこなった。

前四二五年

春、エトナ火山の大噴火があった。五月、ペロポネソス同盟軍五たびアッティカに侵攻。同じころアテナイの船隊は、シケリアへの途次ピュロスを占領し、砦を築いた。ピュロスおよびスパクテリア島の攻防戦は晩夏まで続いたが、結局デモステネスとクレオンによってスパクテリア島のスパルタ兵は降服し、アテナイ側の士気は大いに高揚した。

前四二四年

春、シケリアでは交戦中の諸都市代表がゲラに会して、和約を結び、アテナイ側の干渉を絶った。アテナイ側はこの夏キュテラ島を占領し、ピュロスの砦と呼応してしきりにスパルタ本国を脅かした。スパルタ側はブラシダスをメガラに送ってアテナイ勢を破る。ブラシダスは迅速に北進してマケドニア、トラキア地方に入り、アテナイ側の同盟諸国を脅かす。秋、ブラシダスの動静を等閑視していたアテナイ側は、ボイオティアのデリオンで大規模な陸上作戦を展開して、逆に敗北を喫した。その間トラキア地方のアテナイ側同盟国守備のためにトゥキュディデスが任務についていたが、秋も終わるころ、ブラシダスに先を越されてアンピポリスを奪われた。アテナイがうけた衝撃は大きく、トゥキュディデスは責を問われて追放刑をうけた。この事件はトゥキュディデスを歴史記述の道に専心赴かせる決定的なものであったろう。かれはトラキアの有力者たちの間で勢力をもっていた、とみずから記している。おそらく亡命中の大部分の年月はトラキアで過ごしたであろうが、その間ギリシアの各地に旅行したり資料を集め、『戦史』大成のための努力を惜しまなかった。冬期を通じてブラシダスの作戦活動は続き、トラキアにおけるアテナイ側同盟国は次々とかれの支配下に陥る。

前四二三年

夏、アテナイとペロポネソス同盟諸国は、一年間休戦条約を結び、恒常的和約への話合いに入った。しかしトラキア地方ではなおもブラシダスの作戦が続いている。

前四二二年

春、アテナイ人ふたたびデロス島の清めをおこなう。夏、アンピポリスをめぐってブラシダスとクレオンとの間に攻防戦がおこなわれ、アテナイ側は敗退しクレオンは戦死する。ブラシダスも深傷を負って死ぬ。両陣営ともに主戦派の領袖を失って、和平交渉の気運が高まる。

前四二一年

三月ころ、平和条約（「ニキアスの平和」）成立。その直後からペロポネソス同盟諸国間の利害の対立が露呈され、またアテナイ内部でも指導者間の抗争がみられて、国々の間では複雑な外交戦がおこなわれる。前四二〇年夏、アテナイ、マンティネイア、エリス、アルゴスの四ヵ国条約が成立して、アテナイとペロポネソス内部の諸国との結束がかたまった。

前四一九年

夏、アルキビアデスは、ペロポネソス北岸諸都市に武力干渉を試みた。同じころ、アルゴスとエピダウロスの抗争が激化して、エピダウロスは窮地に立つ。冬、スパルタはエピダウロスに援軍を送る。アテナイはピュロスの守備を強化してスパルタを背後から牽制する。

前四一八年

夏、ついにスパルタはアルゴスに出兵し、アルゴスはやむなくスパルタの意に従った。しかし間もなくアルゴスはアテナイからの援軍を得て、マンティネイアにおいてスパルタの精兵と雌雄をきそった。アテナイ、アルゴス勢は敗れ、スパルタはピュロス、スパクテリアの雪辱を遂げた。その後もアルゴスと近隣諸都市との軋轢は絶えなかった。

前四一六年

夏、アテナイ勢、メロス島に侵攻し島民の降服を迫った。島民は降服勧告には応じず、この年冬に至るまで抗戦したが、ついに降った。

前四一五年

春、アテナイではにわかにシケリア遠征の気運が高まり、ニキアス、アルキビアデス、ラマコスの三名が全権将軍に任命された。出発直前にアテナイ市のヘルメス像が破壊され、遠征軍のさいさきに不吉な影を投げる。アテナイからの大遠征軍は六月ころ出発、同盟諸国からの兵を乗せた大船団とケルキュラにおいて合流したのち、夏も終りに近いころ、シケリアに着きカタネ市に基地を定めた。しかし間もなくアルキビアデスはアテナイに召喚された。その途次かれはスパルタに亡命した。

前四一四年

夏、シケリアで越冬したアテナイ勢は、シュラクサイの包囲態勢をかためる。スパルタはアルキビアデスの忠告に従って、知将ギュリッポスをシケリアに派遣し形勢挽回を期した。ギュリッポスのシケリア到着とともにシュラクサイの反撃態勢は俄然活気づく。アルキビアデスには裏切られ、ラマコスも戦死し、みずからは病を得た将軍ニキアスは、現地軍の窮状を本国に報告して指令を仰ぐ。冬、アテナイでは第二次遠征軍派遣を決めた。スパルタでは、アルキビアデスの案にそってアッティカ侵攻作戦の準備を整える。ペロポネソス同盟諸国は、シケリア出兵の手はずを整えた。

前四一三年

春、十一年ぶりにペロポネソス同盟軍がアッティカに侵攻し、領内のデケレイアに砦を築き、駐留部隊は常時破壊活動をおこなった。シケリアではシュラクサイは、湾内の海戦で勝ったのち、アテナイ側の貯蔵庫をも焼き払った。六月、アテナイの第二次遠征軍は将軍デモステネスとともに出発、まもなく第一次遠征軍に合流した。そのころニキアスらは再度の湾内の海戦で惨敗し、士気はいちじるしく衰えていた。即決作戦をえらんだデモステネスは夜間、エピポライの丘陵地から攻撃を敢行したが、混乱を招き惨敗を喫した。アテナイ側は全軍撤退を決めるが、八月二十七日月蝕が起こる。これを不吉の兆と解したニキアスと兵士らは撤退を延期し、好機を逸した。シュラクサイ側は遅疑をきたしたアテナイ勢に対して二度の海戦を挑み、決定的な勝利によってアテナイ軍を砕いた。アテナイ軍は陸路退却を試みるが、シュラクサイ勢によって退路を寸断され、ほとんど全員が戦死、あるいは捕虜となった。ニキアスとデモステネスは処刑された。

前四一二年

アテナイ側同盟諸国はこの年初頭から夏期にかけてペロポネソス同盟の援助をえて次々に離叛した。アテナイではこの危機に対処するために非常時体制が布かれた。この夏、イオニア地方からアテナイ勢力を一掃するために、第一回のペルシア－スパルタ同盟条約が結ばれた。イオニアの離叛国を鎮圧するために派せられたアテナイ海軍は、サモス島に基地を設けて、主としてキオスとミレトスの攻撃に従事した。冬、第二次ペルシア－スパルタ同盟成立。シュメにおいてペロポネソス同盟海軍はアテナイ勢を破った。ロドス島諸都市も離叛してペロポネソス側についた。この冬、アルキビアデスはふたたびアテナイ側に復帰する工作をはじめる。サモスのアテナイ人基地では民主政を廃して寡頭政治を実現させる動きが生じ、この一派と通じたアルキビアデスはペルシアとの交渉を引き受ける。

前四一一年

春、第三回ペルシア－スパルタ同盟成立。アテナイ本国では寡頭派の工作が成功し、民会は解体され、「四〇〇人」が全権を担う。さっそくスパルタに対して和議交渉がはじめられたが成功せず、サモスの基地では民主派が主力を占め、本国とは別の体制で戦争を続けることを決めた。アルキビアデスはサモス派につき、サモスの民会で将軍に任命された。同年秋、アテナイの「四〇〇人」は内紛のために早くも分裂解体して、より民主的な「五〇〇〇人」の体制に移った。エウボイア島が離叛するなど重なる痛手に士気沈滞していたアテナイ側は、ヘレスポントスのキュノスセマの海戦で久方ぶりの勝利を博して明るさをとりもどした。この秋の記事でトゥキュディデスの歴史は中断している。しかしトゥキュディデス自身は大戦終了までの事件を視野に収めているし、また『戦史』の内部的証査によれば、かれは少なくとも前三九八年ころまで生存していたらしい。

前四一〇年

キュジコスの攻防戦でアルキビアデスらはペロポネソス海軍に圧勝、狼狽したスパルタは和議を申し入れたが、アテナイ側は拒絶した。本国アテナイではこれを機に民主政が復活し、サモス基地の将兵たちともふたたび合体した。

前四〇九年

アテナイはコロポンの支配を回復したが、本土においてはニサイアをメガラに奪われ、ピュロスもスパルタによって奪回された。他方シケリアのセリヌスとヒメラは侵攻したカルタゴ人の手で完全に破壊された。

前四〇八年

アテナイは、カルケドン、ビュザンティオン両都市の叛乱を鎮圧し、ふたたびボスポロス海峡沿岸の秩序をとりもどした。

前四〇七年

ペルシア王子キュロス、サルディスに到着、時を同じくしてスパルタの海軍司令官に任命されたリュサンドロスと緊密な連携をはかる。アルキビアデスは正式に復帰の許可が与えられ、最高権限をもつ将軍職に任命された。しかし翌四〇六年春、ノティオン沖の海戦でリュサンドロスに勝利を奪われ、アルキビアデスは戦場にはいなかったが責任を問われて罷免された。

前四〇六年

前年の冬からペロポネソス同盟は大規模な海軍を組織してアテナイ側をキオス、レスボス島付近で圧迫した。アテナイ側はアルギヌサイ群島付近で大海戦を決行して、ペロポネソス海軍を撃破した。しかし嵐のために、味方の死者や破損した船体を救出することができなかった。その咎でアテナイ側の将軍八名は一括裁判に付されて六名が処刑された。冬、アテナイはふたたび東エーゲ海の支配権を握った。スパルタは致命的敗北に狼狽して和平交渉の使節を送ったが、アテナイ側はこれを拒絶した。

前四〇五年

ふたたびリュサンドロスがペロポネソス海軍の実質的な指揮者となり、キュロス王子の援助をえて海軍を建造し、夏の終り、ヘレスポントスのアイゴス・ポタモイ沿岸でアテナイの大船隊を急襲してその大半を捕獲した。アテナイはついに再起不可能となった。海上はリュサンドロスに封鎖され、陸路もペロポネソス同盟軍によって閉じられた。この冬から翌年春に至るまで、アテナイ人は饑餓に耐えながら籠城生活を送る。

前四〇四年

春、アテナイは降服し、ついにペロポネソス戦争終わる。降服の条件は、アテナイの城壁ならびにペイライエウス港への長壁は全部とり潰すこと、領土はアッティカとサラミスのみとし海外所領を全部手放すこと、軍船は一二艘以外全部没収されること、流刑者に帰国を許すこと、アテナイはスパルタの同盟国となりスパルタの指揮に従うこと。この追放解除令によって、二〇年ぶりにトゥキュディデスはアテナイに帰ってきた。アテナイではこの後さらに一年にわたって極端な寡頭派政治を唱える三〇人僭主の時期があり、混乱と暴虐が続く。しかしトラシュブロス以下民主派の反抗により「三〇人」の支配はたおれる。

前四〇三年

秋、戦後の混迷期は終りを告げ、民主政が復活した。

ヤ 行

ラ 行

ナ 行

ハ 行

マ 行

サ　行

タ　行

索　引

ローマ数字およびアラビア数字は、本書に収録した部分のそれぞれ該当する主要な巻数と節番号を示す

ア　行

カ　行

中公
クラシックス
W74

戦《せん》　史《し》

トゥキュディデス

2013年12月20日発行
2024年12月25日 3 版

訳　者　　久保正彰

発行者　　安部順一

印　刷　TOPPANクロレ
製　本　TOPPANクロレ

発行所　中央公論新社
〒100-8152
東京都千代田区大手町 1-7-1
電話　販売 03-5299-1730
　　　編集 03-5299-1740
URL https://www.chuko.co.jp/

訳者紹介

久保正彰（くぼ・まさあき）

1930年生まれ。西洋古典学者。53年ハーヴァード大学卒業（古典語学、古代インド語学専攻）。57年東京大学大学院人文科学研究科修士課程修了。成蹊大学助教授を経て67年東京大学教養学部助教授、75年教授。91年退官、名誉教授。92年に日本学士院に選任され2007年より第24代院長を務めた。トゥキュディデス研究をはじめ『ギリシア思想の素地』他著書訳書編著多数。

©2013　Masaaki KUBO
Published by CHUOKORON-SHINSHA, INC.
Printed in Japan　ISBN978-4-12-160144-5　C1220
定価はカバーに表示してあります。
落丁本・乱丁本はお手数ですが小社販売部宛お送りください。
送料小社負担にてお取替えいたします。

●本書の無断複製（コピー）は著作権上での例外を除き禁じられています。また、代行業者等に依頼してスキャンやデジタル化を行うことは、たとえ個人や家庭内の利用を目的とする場合でも著作権法違反です。

■「終焉」からの始まり
――『中公クラシックス』刊行にあたって

二十一世紀は、いくつかのめざましい「終焉」とともに始まった。工業化が国家の最大の標語であった時代が終わり、イデオロギーの対立が人びとの考えかたを枠づけていた世紀が去った。歴史の「進歩」を謳歌し、「近代」を人類史のなかで特権的な地位に置いてきた思想風潮が、過去のものとなった。

人びとの思考は百年の呪縛から解放されたが、そのあとに得たものは必ずしも自由ではなかった。固定観念の崩壊のあとには価値観の動揺が広がり、ものごとの意味を考えようとする気力に衰えがめだつ。おりから社会は爆発的な情報の氾濫に洗われ、人びとは視野を拡散させ、その日暮らしの狂騒に追われている。株価から醜聞の報道まで、刺戟的だが移ろいやすい「情報」に埋没している。応接に疲れた現代人はそれらを脈絡づけ、体系化をめざす「知識」の作業を怠りがちになろうとしている。

だが皮肉なことに、ものごとの意味づけと新しい価値観の構築が、今ほど強く人類に迫られている時代も稀だといえる。自由と平等の関係、愛と家族の姿、教育や職業の理想、科学技術のひき起こす倫理の問題など、文明の森羅万象が歴史的な考えなおしを要求している。今をどう生きるかを知るために、あらためて問題を脈絡づけ、思考の透視図を手づくりにすることが焦眉の急なのである。

ふり返ればすべての古典は混迷の時代に、それぞれの時代の価値観の考えなおしとして創造された。それは現代人に思索の模範を授けるだけでなく、かつて同様の混迷に苦しみ、それに耐えた強靱な心の先例として勇気を与えるだろう。そして幸い進歩思想の傲慢さを捨てた現代人は、すべての古典に寛く開かれた感受性を用意しているはずなのである。

（二〇〇一年四月）

中公クラシックス既刊より

大衆の反逆

オルテガ
寺田和夫訳
解説・佐々木孝

近代化の行きつく先に、必ずや「大衆人」の社会が到来することを予言したスペインの哲学者の代表作。「大衆人」の恐るべき無道徳性を鋭く分析し、人間の生の全体的立て直しを説く。

意志と表象としての世界I II III

ショーペンハウアー
西尾幹二訳
解説・鎌田康男

ショーペンハウアーの魅力は、ドイツ神秘主義と18世紀啓蒙思想という相反する二要素を一身に合流させていたその矛盾と二重性にある。いまその哲学を再評価する時節を迎えつつある。

エティカ

スピノザ
工藤喜作／斎藤博訳
解説・工藤喜作

ユークリッド幾何学の形式に従い、神と人間精神の本性を定理と公理から〈神即自然〉を演繹的に論証する。フィヒテからヘーゲルに至るドイツ観念論哲学に決定的な影響を与えた。

悲しき熱帯I II

レヴィ＝ストロース
川田順造訳・解説

文化人類学者による「未開社会」の報告はおびただしい数にのぼるが、この本は凡百の類書をはるかに超える、ある普遍的な価値にまで達した一個の作品としての通用力をもっている。

中公クラシックス既刊より

語録　要録

エピクテトス
鹿野治助訳
解説・國方栄二

古代ローマの哲人エピクテトスは奴隷出身でストア派に学び、ストイックな思索に耽るがその思想行動の核は常に神の存在だった。平易な言葉で人生の深淵を語る説得力を持つ。

戦争と文明

トインビー
山本新／山口光朔訳
解説・三枝守隆

なぜ戦争は「制度」として容認されているか？軍拡の自殺性を説き、主著『歴史の研究』をもとに再構成した新しい平和への探求。戦争をめぐる比較文明学。

西洋の没落ⅠⅡ

シュペングラー
村松正俊訳
解説・板橋拓己

百年前に予見されたヨーロッパの凋落。世界史を形態学的に分析し諸文化を比較考察、第一次世界大戦中に西欧文化の没落を予言した不朽の大著の縮約版。

新編　国民統合の象徴

和辻哲郎
解説・苅部直

有史以来の天皇制の実態を分析、新憲法下の「象徴」という文言の妥当性を検証。新に憲法学者佐々木惣一による和辻への反論を収録。国体をめぐる「新憲法論争」の全貌が明らかに。